古典文獻研究輯刊

二四編

潘美月・杜潔祥 主編

第25冊

《臨川四夢》校注（二）
——牡丹亭還魂記（下）

王學奇、李連祥 校注

國家圖書館出版品預行編目資料

《臨川四夢》校注（二）——牡丹亭還魂記（下）／王學奇、
李連祥　校注 — 初版 — 新北市：花木蘭文化出版社，2017〔
民 106〕
目 2+180 面；19×26 公分
（古典文獻研究輯刊 二四編；第 25 冊）
ISBN 978-986-485-015-0（精裝）
1. 牡丹亭 2. 注釋
011.08　　　　　　　　　　　　　　　　106001922

ISBN-978-986-485-015-0

9 789864 850150

古典文獻研究輯刊
二四編　第二五冊　　　　　　　ISBN：978-986-485-015-0

《臨川四夢》校注（二）——牡丹亭還魂記（下）

注　　　者	王學奇、李連祥 校注
主　　　編	潘美月　杜潔祥
總 編 輯	杜潔祥
副總編輯	楊嘉樂
編　　　輯	許郁翎、王筑　美術編輯　陳逸婷
企劃出版	北京大學文化資源研究中心
出　　　版	花木蘭文化出版社
社　　　長	高小娟
聯絡地址	235 新北市中和區中安街七二號十三樓
	電話：02-2923-1455／傳眞：02-2923-1452
網　　　址	http://www.huamulan.tw 信箱 hml810518@gmail.com
印　　　刷	普羅文化出版廣告事業
初　　　版	2017 年 3 月
全書字數	369237 字
定　　　價	二四編 32 冊（精裝）新台幣 62,000 元

《臨川四夢》校注(二)
——牡丹亭還魂記(下)

王學奇、李連祥　校注

《牡丹亭還魂記》目次

第三十齣　懽　撓〔1〕

【搗練子】〔生上〕聽漏下半更多，月影向中那〔2〕。恁時節〔3〕夜香燒罷麼？

一點猩紅〔4〕一點金，十個春纖〔5〕十個針。只因世上美人面，改盡人間君子心。俺柳夢梅是個讀書君子，一味志誠。止因北上南安〔6〕，湊著東鄰西子〔7〕。嫣然一笑，遂成暮雨之來〔8〕；未是五更，便逐曉風而去。今宵有約，未知遲早。正是：金蓮〔9〕若肯移三寸，銀燭先教刻五分〔10〕。則一件，姐姐若到，要精神對付他。偷眠一會，有何不可。〔睡介〕

【稱人心】〔魂旦上〕冥途掙挫〔11〕，要死卻心兒無那。也則爲俺那人兒忒可〔12〕，教他悶房頭守著閒燈火。〔入門介〕呀，他端然睡瞌〔13〕，恁春寒也不把繡衾來摸。多應他袛候〔14〕著我。待叫醒他。秀才、秀才！〔生醒介〕姐姐，失敬也。〔起揖介〕待整衣羅，遠遠相迎個。這二更天風露多，還則怕夜深花睡麼〔15〕？〔旦〕秀才，俺那里長夜好難過，纏著〔16〕你無眠清坐。

〔生〕姐姐，你來的腳蹤兒〔17〕恁輕，是怎的？**【集唐】**〔旦〕自然無跡又無塵〔18〕，〔生〕白日尋思夜夢頻〔19〕。〔旦〕行到窗前知未寢〔20〕，〔生〕一心惟待月夫人〔21〕。姐姐，今夜來的遲些。

【繡帶兒】〔旦〔22〕〕鎮消停〔23〕，不是俺閒情忒慢俄〔24〕。那些兒忘卻俺歡哥〔25〕。夜香殘，迴避了尊親。繡床偎〔26〕收拾起生活，停脫〔27〕。順風兒斜將金佩〔28〕拖，緊摘離〔29〕百忙的淡妝明抹。

〔生〕費你高情，則良夜無酒奈何？〔旦〕都忘了。俺攜酒一壺，花果二色，在楯欄〔30〕之上，取來消遣。〔旦出取酒果花上、生〕生受了。是甚果？〔旦〕青梅數粒。〔生〕這花？〔旦〕美人蕉。〔生〕梅子酸似俺秀才，蕉花紅似俺姐姐。串飲一杯。〔共杯飲介〕

【白練序】〔旦〕金荷〔31〕、斟香糯〔32〕。〔生〕你醞釀春心玉液波。

擦微酡〔33〕，東風外翠香紅釅〔34〕。〔旦〕也摘不下奇花果，這一點蕉花
〔35〕和梅豆呵，君知麼，愛的人全風韻，花有根科〔36〕。

【醉太平】〔生〕細哦〔37〕，這子兒花朵，似美人憔悴，酸子情多。
喜蕉心暗展〔38〕，一夜梅犀點污〔39〕。如何？酒潮微暈笑生渦。待噦〔40〕
著臉恣情的嗚噁〔41〕，些兒個〔42〕，翠偎〔43〕了情波，潤紅蕉點〔44〕，香
生梅唾。

【白練序】〔旦〕活潑、死騰那〔45〕，這是第一所人間風月窩。昨宵
個，微芒暗影輕羅〔46〕，把勢兒〔47〕忒顯豁。為甚麼人到幽期話轉多？
〔生〕好睡也。〔旦〕好月也。消停〔48〕坐，不妒色〔49〕嫦娥、和俺人三
個。

【醉太平】〔生〕無多，花影阿那〔50〕。勸奴奴〔51〕睡也，睡也奴哥
〔52〕。春宵美滿，一煞暮鐘敲破。嬌娥、似前宵雨雲羞怯顫聲訛〔53〕，
敢今夜翠鬘〔54〕輕可。睡則那〔55〕，把膩乳微搓，酥胸汗帖〔56〕，細腰
春鎖〔57〕。

〔淨貼悄上、貼〕道可道，可知道？名可名，可聞名〔58〕？〔生旦笑介、
貼〕老姑姑，你聽，秀才房裏有人。這不是俺小姑姑了。〔淨作聽介〕
是女人聲，快敲門去。〔敲門介、生〕誰？〔淨〕老道姑送茶。〔生〕夜
深了。〔淨〕相公房裏有客哩。〔生〕沒有。〔淨〕女客哩。〔生旦慌介〕
怎好？〔淨急敲門介〕相公，快開門。地方巡警，免的聲揚哩。〔生慌
介〕怎了，怎了！〔旦笑介〕不妨，俺是鄰家女子，道姑不肯休時，便
與他一個勾引的罪名兒。

【隔尾】〔旦〕便開呵，須撒和〔59〕，隔紗窗怎守的到參兒趄〔60〕！
柳郎，則管鬆了門兒。俺影〔61〕著這一幅美人圖那邊躲。

〔生開門旦作躲，生將身遮旦，淨搶進笑介〕喜也。〔生〕什麼喜？〔淨
前看，生身攔介〕

【滾遍】〔貼淨〕這更天一點鑼〔62〕，仙院重門闔。何處嬌娥？怕惹
的乾柴火。〔生〕你便打睃〔63〕，有甚著科〔64〕？是床兒裏窩〔65〕？箱兒

裏那？袖兒裏閣？

〔淨貼向前，生攔不住，內作風起，旦閃下〔66〕介、生〕昏了燈也。〔淨〕分明一個影兒，只這軸美女圖在此。古畫成精了？

【前腔】畫屏人踏歌〔67〕，曾許你書生和。不是妖魔，甚影兒望風躲？相公，這是什麼畫？〔生〕妙娑婆〔68〕，秀才家隨行的香火〔69〕。俺寂靜裏祈求，你莽吆喝〔70〕。

〔淨〕是了。不說不知，俺前晚聽見相公房內啾啾唧唧，疑惑是這小姑姑。俺如今明白了。相公，權留小姑姑伴話。〔生〕請了。

【尾聲】動不動道錄司官了私和〔71〕。則欺負俺不分外〔72〕的書生欺別個！姑姑，這多半覺美魋魋，則被你奚落煞了我。〔淨貼下〕

〔生笑介〕一天好事，兩個瓦剌姑〔73〕。掃興，掃興。那美人呵，好吃驚也！

應陪秉燭夜深遊〔74〕，惱亂春風卒未休〔75〕。

大姑山遠小姑出〔76〕，更憑飛夢到瀛洲〔77〕。

校 注

〔1〕歡撓（náo）——歡會受到阻撓、干擾。

〔2〕那——同「挪」。謂移動。

〔3〕恁時節——那時候。元‧關漢卿《五侯宴》一〔尾聲〕：「恁時節老人家暮古，與人家重生活難做，哎，兒也！你尋些個口銜錢，贖買您娘那一紙放良書。」《紫釵記》二十〔傍妝臺‧前腔〕：「笙歌畫引，平康笑留。煙花夜擁，俺秦樓訴休。恁時節費人勾管爭似不風流。」

〔4〕猩紅——像猩猩血那樣鮮紅的顏色。宋‧陸游《花下小酌》詩：「柳色初深燕子回，猩紅千點海棠開。」

〔5〕春纖——比喻美女的手。元‧李壽卿《度柳翠》二〔感皇恩〕：「他用著春纖玉手忙抹過粉頸油頭。」

〔6〕南安——見第三齣注〔2〕。

〔7〕西子——指西施。宋‧蘇軾《飲湖上初晴後雨》詩：「欲把西湖比西子，淡妝濃抹總相宜。」這裏喻指杜麗娘的幽魂。

〔8〕暮雨之來——意指幽會。戰國楚‧宋玉《高唐賦》描述楚王遊高唐夢見與婦女

成歡，臨別而辭曰：「妾在巫山之陽，高丘之阻，且爲朝雲，暮爲行雨，朝朝暮暮，陽臺之下。」後遂以暮雨朝雲指男女間的歡會。

〔9〕金蓮——三寸金蓮，形容美人的腳小。

〔10〕銀燭先教刻五分——《南史・王僧儒傳》：「（南朝梁）竟陵王（蕭）子良夜集學士，刻燭爲詩，四韻者則刻一寸，以此爲率。文琰曰：『頓燒一寸燭，而成四韻詩，何難之有？』」《全唐詩》卷 615、皮日休《奉和再招》詩：「不知入夜能來否，紅燭先教刻五分。」湯氏改「紅」爲「銀」。

〔11〕掙挫——苦力支撐、掙扎的意思。元・鄭光祖《倩女幽魂》三〔普天樂〕白：「孩兒，你掙挫些兒！」

〔12〕可——猶「稱」，猶「愜」，即稱心如意的意思。元・王實甫《西廂記》一本四折〔甜水令〕：「稔色人兒，可意冤家，怕人知道，看時節淚眼偷瞧。」

〔13〕睡瞌——瞌睡之倒文。疲倦時閉眼假寐的意思。

〔14〕祗候——等候。宋・無名氏《張協狀元》五十〔桃李爭放〕：「不敢直入畫堂，只在廳下祗候。」

〔15〕還則怕夜深花睡麼——語本宋・蘇軾《海棠》詩：「只恐夜深花睡去，故燒高燭照紅妝。」這裏是用海棠花比杜麗娘，故下句說「俺那里長夜好難過。」

〔16〕繾著——戀著。繾，《說文新系・系部》：「繾，繾綣，不相離也。」《玉篇・系部》：「繾，繾綣，不離散也。」唐・元稹《鶯鶯傳》：「留連時有恨，繾綣意難終」參見第十二齣注〔116〕。

〔17〕腳蹤兒——腳步眼。元・關漢卿《緋衣夢》二〔採茶歌〕白：「我踏著腳蹤兒，直到他家打探一遭去。」元・王實甫《西廂記》一本一折〔後庭花〕：「且休題眼角兒留情處，則這腳蹤兒將心事傳。」

〔18〕自然無跡又無塵——語見《全唐詩》卷 515、朱慶餘《逢山人》詩。

〔19〕白日尋思夜夢頻——語見《全唐詩》卷 334、令狐楚《坐中聞思帝鄉有感》詩。

〔20〕行到窗前知未寢——語見《全唐詩》無名氏《雜詩》：「行到階前知未睡。」湯氏把「階」改爲「窗」，把「睡」改爲「寢」。

〔21〕一心惟待月夫人——語見《全唐詩》卷 615、皮日休《寒夜文宴澗卿有期不至》詩，但改動較大，原句爲「存心應降月夫人。」改「存」爲一，改「應降」爲「惟待」。

〔22〕且——且字下，文林、朱墨本俱有「秀才你那曉得」白語。

〔23〕消停——從容。忙迫的反義詞。

〔24〕慢俄——遲緩、拖延。

〔25〕那些兒忘卻俺歡哥——哪裏是忘掉俺情郎？哪些兒，猶「那些個」。《詩詞曲語辭彙釋》卷四：「那些個，猶云那裏是也，說不到也。」歡，相愛男女的昵稱。南朝樂府民歌《子夜歌》：「我念歡的的，子行由豫情。」又《子夜四時歌》：「自

從別歡後，歡音不絕響。」歡哥，古代女子對情郎的昵稱。

〔26〕偎——緊靠著、緊貼著。唐・溫庭筠《南湖》詩：「野船著岸偎春草，水鳥帶波飛夕陽。」下文「生活」，指針線活。

〔27〕停脫——停當、妥帖。

〔28〕金佩——猶「金珮」，金帶上飾金的佩物。元・王實甫《西廂記》四本一折〔混江龍〕：「風弄竹聲則道金珮響，月移花影疑是玉人來。」

〔29〕摘離——離開、脫身。元・鄭光祖《倩女幽魂》三〔上小樓・么篇〕：「他緊摘離，我猛跳起，早難尋難覓。」元・李好古《張生煮海》二〔牧羊關〕：「猛地裏難迴避，可教人怎摘離？」

〔30〕楯（shǔn）欄——欄杆。宋・孟元老《東京夢華錄》卷一「河道」條：「其橋與相國寺皆低平不通舟船，唯西河平船可過。其柱皆青石爲之，石梁石筍楯欄，近橋兩岸，皆石壁。」

〔31〕金荷——「金荷葉」省稱。金製蓮葉形酒杯。宋・胡仔《苕溪漁隱叢話後集・山谷上》：「山谷云：『八月十七日，與諸生步自永安城，入張寬夫園待月，以金荷葉酌客。』」宋・辛棄疾《鷓鴣天・鵝湖歸病起作》詞之一：「明畫燭，洗金荷，主人起舞客齊歌。」

〔32〕糯（nuò）——糯米做的酒。元・曾瑞卿散套《端正好・自序》：「就著老瓦盆，浮香糯，直吃的徹，未醒後又如何。」《聊齋誌異・神女》：「有客饋苦糯，公子飲而美之。」

〔33〕酡（tuó）——飲酒臉紅貌。《楚辭・招魂》：「美人既醉，朱顏酡些。」朱熹集注：「酡，飲而赭色著面。」《紫釵記》十三〔僥僥令・前腔〕：「顏酡春暈顯，花月好難眠。」

〔34〕醱（pō）——酒再釀曰醱。這裏意指在東風吹拂中花紅、酒醉，互作喻詞，即花紅如酒醉，酒醉似花紅也。

〔35〕蕉花——蕉是植物名，芭蕉、香蕉、美人蕉等芭葉科植物的簡稱。蕉花，這裏特指美人蕉之花。南唐・張泌《臨江仙》詞：「煙收湘渚秋江靜，蕉花露泣愁紅。」

〔36〕根科——猶「根株」，即根芽。元・馬致遠《岳陽樓》一〔金盞兒〕白：「翠葉柔絲滿樹枝，根科榮茂正當時。」義同。

〔37〕哦（è）——吟哦，低聲地唱。

〔38〕展——表述、表白。元・無名氏《替殺妻》一〔賺煞〕：「若我這句話合該一千，須我不得將閒話兒展。」

〔39〕梅犀點污——暗喻男女歡會。梅犀，梅子，暗指柳夢梅。金・董解元《西廂記諸宮調》卷五〔甘草子〕：「張珙殊無潘、沈才，輒把梅犀玷污。」凌景埏校注：「梅犀玷污，隱喻男女歡合。」

〔40〕噷（xīn）——吻。宋・黃庭堅《少年心・添字》詞：「待來時，鬲上與廝噷則
　　　個。」此與本劇第十二齣「噷」字注〔78〕義別。金・董解元《西廂記諸宮
　　　調》卷五〔大石調・洞仙歌〕：「拍惜了一頓，嗚喝了多時，緊抱著噷，那孩
　　　兒不動。」

〔41〕嗚喝（zuō）——猶「嗚咂」，謂親吻。金・董解元《西廂記諸宮調》卷五〔梁
　　　州三臺〕：「恣恣地戲了可喜冤家，忍不得恣情嗚喝。」「恣情嗚喝」，謂狂吻也。

〔42〕些兒個——猶云少許、一點點。這裏是幾乎的意思。

〔43〕偃——覆蓋。唐・張喬《尋桃源》詩：「水垂青靄斷，松偃綠蘿低。」宋・蘇
　　　軾《過高郵寄孫君孚》詩：「故國在何處，已偃手種松。」下文「清波」，當指
　　　清澈的眼球。

〔44〕點——小的痕迹。《晉書・文苑傳・袁宏》：「如彼白珪，覓無塵點。」唐・段
　　　成氏《酉陽雜俎》前集卷八「黶」條：「今婦人面飾用花子，起自昭容上官氏
　　　所制，以掩點迹。」

〔45〕騰那（nuó）——謂掉換。「活潑，死騰那」，蓋謂從死寂中掉換來生趣。所以
　　　下句說「這是第一所人間風月窩。」

〔46〕微芒暗影輕羅——意指身上羅衣，在暗淡的光照下，微茫，微弱的光芒。

〔47〕把勢兒——指性交的姿勢。下文「顯豁」，謂顯露。明・賈仲明《對玉梳》二
　　　〔滾繡球〕：「（帶云：）珠翠不戴呵，（唱：）莫不堂前要顯豁？」

〔48〕消停——從容、舒緩，即「不緊張」的意思。《西遊記》第三十四回：「消停些
　　　兒，有話慢說不妨。」清・李漁《蜃中樓》十二〔小蓬萊〕白：「你便消停些，
　　　選個像樣的女婿也好。」

〔49〕妒色——妒忌美色。參見第二齣注〔36〕。

〔50〕阿那——即「婀娜」，輕盈柔美貌。三國魏・曹植《洛神賦》：「含辭未吐，氣
　　　若幽蘭。華容婀娜，令我忘餐。」

〔51〕奴奴——猶「奴家」，婦女自稱之詞。宋・黃庭堅《千秋歲》詞：「奴奴睡，奴
　　　奴睡也奴奴睡。」《西遊記》第二十七回：「生了奴奴，欲扳門第，配嫁他人，
　　　又恐老來無倚。」

〔52〕奴哥——對女子的昵稱。猶今云「好姐姐」。宋・晁元禮《步蟾宮》詞：「奴哥
　　　一向不睬是，算誰敢共他爭氣。」金・董解元《西廂記諸宮調》卷五〔高平調・
　　　糖多令〕：「光景迅如梭，懨懨愁悶多，思量都為奴哥。」

〔53〕雨雲羞怯顫聲訛——意言性交時又羞又怕口中發出顫抖的異聲。金・董解元《西
　　　廂記諸宮調》卷五〔應天長〕：「欲言羞懶顫聲訛。」亦其例。

〔54〕翠顰（pín）——謂皺起翠眉頭也。翠眉者，謂古人以青黛畫眉也。晉・崔豹《古
　　　今注・雜注》：「魏宮人好畫長眉，今多作翠眉警鶴髻。」下「可」字，用作形
　　　容詞語助。

〔55〕那——猶「哪」，語助詞。

〔56〕帖——猶「黏」、猶「貼」。北朝樂府民歌《木蘭詩》：「當窗理雲鬢，對鏡帖花黃。」元·無名氏《陳州糶米》一、白：「有朝事發丟下頭，拚著帖個大膏藥。」

〔57〕春鎖——比喻交歡時緊緊摟抱著。

〔58〕道可道，可知道？名可名，可聞名——語本《老子·一章》。戲曲中道姑習用的上場詩。元雜劇如馬致遠《任風子》第二折、楊景賢《劉行首》第四折、石子章《竹塢聽琴》楔子，或變通、或照抄都有類似的句子。

〔59〕便開呵，須撒和——開呵，在戲曲中爲開場之意。明·徐渭《南詞敘錄》：「開場，宋人凡勾欄未出，一老者先出，誇說大意以求賞，謂之開呵。」這裏引申爲「開門」的意思。撒和，騾馬等牲口饑困時，解下鞍子，讓它溜達、打滾，然後喂點草料，叫做「撒和」。這裏引申爲說好話。全句意思是說：就是要人開門，也要好說好道。

〔60〕參兒趖（suō）——指夜深。參，星。趖，本行走意，引申義爲低斜，即參星等偏西下移也。

〔61〕影——遮蔽、遮蓋。楊朔《三千里江山》第十八段：「朝鮮的霧，又多又怪，說來就來。先從前面大山峽湧過來，影住天，影住山，塵頭似的滾滾而來。」

〔62〕這更天一點鑼——晚上起更時分。按：古代以鑼爲警夜之器。宋·趙彥衛《雲麓漫鈔》卷九：「軍中以鑼爲洗，正如秦漢用刁斗可以警夜。」洗，古代盥洗時接水用的金屬器，

〔63〕打睃——細看。明·無名氏《墨娥小錄》卷十四「行院聲嗽·人事」條：「看，打睃。」明·賈仲明《對玉梳》二〔醉太平〕：「你與我打睃，有甚不瞧科？」

〔64〕著科——著，中（zhòng）也。著科，即中計、著了道兒，抓住把柄之意。「著」作「中」解，元雜劇中多見之。如：元·鄭廷玉〔後庭花〕二〔鬥蝦蟆〕白：「我如今不先下手，倒著他道兒。」元·李致遠《還牢末》楔子、白：「正是虎著重箭難展爪，魚經鐵網怎翻身？」元·無名氏《謝金吾》一〔青哥兒〕白：「我那六郎孩兒，好個性子，他若知道，怕不跑回家來，一發著他道兒了。」

〔65〕窩——窩藏。下文「那」、「閣」都是藏躲的意思。

〔66〕閃下——戲曲術語，謂從前臺上急下。盛明雜劇《錯轉輪》楔子作「急下」。

〔67〕畫屏人踏歌——唐人傳奇故事。唐·段成式《酉陽雜俎》前集卷十四（諾皋記上）：「元和初，有一士人失姓字，因醉臥廳中。及醒，見古屏上婦人等於床頭踏歌……士人驚懼，因叱之，忽然上屏，亦無其它。」

〔68〕娑（suō）婆——「婆娑」的倒文，謂舞蹈。《詩·陳風·東門之枌》：「子仲之子，婆娑其下。」毛傳：「婆娑，舞也。」

〔69〕香火——借指供奉神佛之所。《儒林外史》第二回：「這庵是十方的香火，只得

一個和尚住。」

〔70〕吆喝——高聲喊叫。《京本通俗小說・拗相公》：「說猶未畢，府中開門吆喝，驚醒轉來。」

〔71〕官了私休——官了，指到衙門告狀了結這椿案子。私休，是指私下和解，不經官動府。這是小道姑對老道姑曾對她進行訛詐的斥責。見前第二十九齣〔剔銀燈・前腔〕。

〔72〕不分外——意即守本分、守規矩的。

〔73〕瓦刺姑——即歪刺骨，罵女人不正派。此語寫法很多，詳見《宋金元明清曲辭通釋・歪刺》。

〔74〕應陪秉燭夜深遊——語見《全唐詩》卷 717、曹松《陪湖南李中丞宴隱溪》詩。

〔75〕惱亂春風卒未休——語見《全唐詩》卷 663、羅隱《柳》詩。按：惱，原作「繞」，湯改爲「惱」。

〔76〕大姑山遠小姑出——語見《全唐詩》卷 267、顧況《小孤山》詩。兩「姑」字，原作「孤」。

〔77〕更憑飛夢到瀛洲——語見《全唐詩》卷 731、胡宿《津亭》詩。

第三十一齣　繕　備

【番卜算】〔貼扮文官淨扮武官上〕邊海一邊江〔1〕，隔不斷胡塵漲〔2〕。維揚新築兩城牆，釃酒臨江〔3〕上。

請了。俺們揚州府文武官僚是也。安撫〔4〕杜老大人，爲因李全騷擾地方，加築外羅城〔5〕一座。今日落成開宴，杜老大人早到也。〔眾擁外上〕

【前腔】三千客〔6〕兩行，百二〔7〕關重壯。〔文武迎介、外〕維揚風景世無雙，直上層樓望。

〔見介、眾〕北門臥護要耆英〔8〕。〔外〕恨少胸中十萬兵〔9〕。〔眾〕天借金山爲底柱〔10〕，〔外〕身當鐵甕〔11〕作長城。揚州表裏〔12〕重城，不日成就。皆文武諸公士民之力。〔眾〕此皆老安撫遠略奇謀。屬官竊在下風〔13〕，敢〔14〕獻一杯，效古人城隅之宴〔15〕。〔外〕正好。且向新樓一望。〔望介〕壯哉，城也！眞乃：江北無雙塹〔16〕，淮南第一樓。〔眾〕請進酒。

【山花子】賀層城頓插雲霄敞，雉〔17〕飛騰映壓寒江。據表裏山河一方，控長淮萬里金湯〔18〕。〔合〕敵樓〔19〕高窺臨女牆，臨風灑酒旌旆〔20〕揚。怎想起瓊花〔21〕當年吹暗香，幾點新亭〔22〕，無限滄桑〔23〕。

〔外〕前面高起如霜似雪四五十堆，是何山也？〔眾〕都是各場所積之鹽，商人中納〔24〕。〔外〕商人何在？〔末老旦扮商人上〕占種海田高白玉，掀翻鹽井橫黃金〔25〕。商人見。〔外〕商人麼，則怕早晚要動支兵糧，攢緊上納。

【前腔】這鹽呵，是銀山雪障連天晃，海煎成夏草秋糧。平看取鹽花竈場，盡支排中納邊商。〔合前〕

酒罷了。喜的廣有兵糧，則要眾文武關防如法〔26〕。

【舞霓裳】〔眾〕文武官僚立邊疆，邊疆。休壞了這農桑，士工商。敢大金家早晚來無狀〔27〕，打貼起〔28〕炮箭旗槍。聽邊聲風沙疊蕩〔29〕，猛驚起，見蟠花戰袍舊邊將。

【紅繡鞋】〔眾〕吉日祭賽城隍，城隍。歸神〔30〕謝土安康，安康。祭旗纛〔31〕，犒軍裝。陣頭兒，誰抵當？箭眼裏，好遮藏。

【尾聲】〔外〕按三韜把六出旗門放〔32〕，文和武肅靜端詳。則等待海西頭〔33〕動邊烽那一聲炮兒響。

夾城雲暖下霓旌〔34〕，千里崤函一夢勞〔35〕。

不意新城連嶂起〔36〕，夜來沖斗氣何高〔37〕。

校 注

〔1〕邊海一邊江——指揚州，下文「維揚」亦指揚州。

〔2〕胡塵漲——指李全在北方騷擾作亂，聲勢猖獗。

〔3〕釃酒臨江——釃（shī，又讀shāi）酒，斟酒。宋·蘇軾《赤壁賦》：「釃酒臨江，橫槊賦詩。」

〔4〕安撫——安撫使。官名。宋·趙昇《朝野類要·帥幕》：「安撫之權，可以便宜行事，如俗謂先施行後奏之類也。」

〔5〕羅城——城外的大城。《北史·烈女傳·魏任城國太妃孟氏》：「賊帥姜慶眞陰結

逆黨，襲陷羅城。」

〔6〕三千客——形容門客眾多。戰國時齊國孟嘗君，魏國信陵君，趙國平原君，楚國春申君，皆喜養士，號稱門下有三千人，見《史記》四公子本傳，這裏杜寶藉以表示自己愛賢好客。

〔7〕百二——謂以二敵百，一說百的一倍。後比喻形勢險要、利於戰守。《史記·高祖本紀》：「秦，形勝之國，帶河山之險，縣隔千里，持戟百萬，秦得百二焉。」裴駰集解引蘇林曰：「得百中之二焉，秦地險固，二萬人足當諸侯百萬人也。」司馬貞索隱引虞喜曰：「言諸侯持戟百萬，秦地險固，一倍於天下，故云得百二焉，言倍之也，蓋言秦兵當二百萬也。」

〔8〕北門臥護要耆英——意指憑著老將的威名，就是躺著，也可以收到防守北方的實效。《新唐書·裴度傳》記載：唐文宗開成二年（837），時裴度任中書令兼河東節度使，欲以老疾固辭，帝命吏部郎中盧弘宣諭意曰：「為朕臥護北門可也。」「北門臥護」，是對裴度的高度信任和讚賞，此處借喻安撫使杜寶鎮守淮北的作用。耆英，高年碩德者之稱。

〔9〕胸中十萬兵——猶言胸中甲兵。比喻胸有韜略。語出《魏書·崔浩傳》：「又召新降高車渠帥數百人，賜酒食於前，世祖指浩以示之曰：『汝曹視此人，尪纖儒弱，手不能彎弓持矛，其胸中所懷，乃踰於甲兵。』」《類說》卷二引《名臣傳·范仲淹》：「寶元中，（西夏）元昊叛，上知其才兼文武，起師延安，日夕訓練精兵。賊聞之曰：『無以延州為意，今小范老子腹中自有數萬甲兵，不比大范老子可欺也。』戎人呼知州為老子，大范謂雍也。」宋·楊萬里《送廣帥秩滿之官丹陽》詩：「北門臥護要耆英，小試胸中十萬兵。」

〔10〕天借金山為底柱——金山，地名，在江蘇省鎮江市西北長江中。本為江中一小島，上建有金山寺。《白蛇傳》傳說即指此。元·薩都剌《江城玩雪》詩：「千重鐵甕成銀甕，一夜金山換玉山。」底柱，一作「砥柱」，山名，在三門峽黃河急流中，其形如柱，故稱。金·周昂《底柱圖》詩：「河來天上石不移，安得此心如底柱。」現已炸毀。

〔11〕鐵甕——指鐵甕城，位於京口（今江蘇省鎮江市）北固山前，為三國時孫權所築，以其堅固，故稱鐵甕。唐·杜牧《潤州》詩之二：「城高鐵甕橫強弩，柳暗朱樓多夢雲。」

〔12〕表裏——指外內，表指外，裏指內。《左傳·僖公二十八年》：「若其不捷，表裏山河，必無害也。」杜預注：「晉國外河而內山。」南朝宋·鮑照《代結客少年場行》詩：「升高臨四關，表裏望皇州。」

〔13〕下風——比喻處於下位、低位、卑位。有時用作謙詞，這裏是下屬的意思。

〔14〕敢——為自言冒昧，表示謙恭之詞。凡言「敢」者，如敢問、敢請、敢煩等，皆是以卑觸尊之意。

〔15〕城隅之宴——即指在城上角樓擺宴席。三國魏·曹植《贈丁翼》詩：「嘉賓填城闕，豐膳出中廚。吾與二三子，曲宴此城隅。」城隅，清·姜宸英《湛園札記》以爲：「城隅即今城上譙樓。」

〔16〕塹（qiàn）——壕溝，護城河，這裏指城池。

〔17〕雉（zhì）——古代度量單位名。古代城牆長三丈，高一丈叫一雉。《禮記·坊記》：「古制國不過千乘，都城不過百雉。」鄭玄注：「雉，度名也。高一丈，長三丈爲雉。百雉爲長三百丈。」這裏指城堞，即城上如齒狀的矮牆，通稱女牆。下文「映壓寒江」意指女牆映照的倒影覆壓在寒江上。

〔18〕金湯——「金城湯池」之省文，比喻城池牢不可破。《漢書·蒯通傳》：「必將嬰城固守，皆爲金城湯池，不可破也。」顏師古注：「金以喻堅，湯喻沸熱不可近。」

〔19〕敵樓——城牆上禦敵的城樓，也稱譙樓。宋·曾鞏《瀛洲興造記》：「乃築新城方十五里，高廣堅壯，率加於舊，其上爲敵樓、戰屋。」

〔20〕斾（pèi）——古時旗頂端狀如燕尾的飄帶。

〔21〕瓊花——隋煬帝弒父自立，驕奢淫逸，強徵民夫，大興土木，並開鑿運河，乘船到江都（揚州）觀瓊花，弄得國窮民困，天下擾攘，後卒爲右屯衛將軍宇文化及等縊殺。參見《隋書·煬帝紀》、《隋煬帝豔史》。

〔22〕幾點新亭——謂幾點新亭之淚。泛言爲國家危亡而落淚也。東晉偏安江左，名士周顗在新亭和友人飲酒，爲國勢日頹而發慨歎，事見《世說新語·言語》：「過江諸人，每至美日，輒相邀新亭，藉卉飲宴。周侯中坐而歎曰：『風景不殊，正自有山河之異！』皆相視流淚。」後多用「新亭淚」、「新亭泣」指憂國傷時的悲憤心情。按：周侯，即周顗；新亭，故址在今江蘇省江寧縣南，三國時東吳建，名臨滄觀，晉安帝時重修，改名新亭。

〔23〕滄桑——「滄海桑田」的略語，意即大海變農田，農田變大海。比喻世事變化巨大。語本晉·葛洪《神仙傳·王遠》：「麻姑自說云：『接侍以來，已見東海三爲桑田。』」

〔24〕中納——宋朝政府募商人運糧秣至邊境地區，以供軍需，而給予鈔引作執照，使之到京都或指定地點領取現金或鹽茶等物。這種官、商之間的實物交易，謂之「入中」，也稱「中納」。參見《宋史·食貨志》。前文「支排」，謂安排。

〔25〕占種海田高白玉，掀翻鹽井橫黃金——意言商人借「中納」以致巨富。

〔26〕關防如法——防守警戒的妥當。如法，謂妥當、適宜。金·董解元《西廂記諸宮調》卷五〔大石調·玉翼蟬〕：「多嬌女，映月來，結束的極如法。」

〔27〕無狀——無善狀也，即指越境侵犯。

〔28〕打貼起——原作「打迭起」，意即收拾起、準備好。宋·劉昌詩《蘆蒲筆記》卷三「打」字條：「收拾爲打疊。」清·《廣陽雜記》卷五：「而今預事曰打疊。」

〔29〕疊蕩——亦作「疊邊」,馳突貌。《文選·張衡〈思玄賦〉》:「爛漫麗靡,藐以
　　疊邊。」舊注:「分佈遠馳之貌。」李善注:「疊,過也。邊,突也。」本曲蓋
　　以喻敵騎大勢奔突而來,揚起蔽天塵沙也。

〔30〕歸神——謂凝神。《文選·枚乘〈七發〉》:「流攬無窮,歸神日母。」(日母,
　　太陽,亦指東方日出之處。)李善注:「調流觀攬而窮,然後歸神至日所出也。」

〔31〕纛(dào,又讀 dú)——古代軍隊或儀仗隊裏的大旗。宋·歐陽修《相州晝錦
　　堂記》:「然則高牙大纛,不足爲公榮;桓圭袞裳,不足爲公貴。」

〔32〕按三韜把六出旗門放——《六韜》、《三略》,皆古代的兵書。前者傳爲姜子牙
　　所撰,後者傳爲黃石公所撰。六韜,指霸典、文師、龍韜、虎韜、豹韜、犬韜
　　(見《後漢書·何進傳》李賢注)。三略,見《隋書·經籍志》著錄,已失傳。

〔33〕海西頭——泛指古代西域一帶少數民族建立的國家。一說,海西,瀚海(青海)
　　之西。唐·張說《舞馬千秋萬歲樂府詞》之二:「聖皇至德與天齊,天馬來儀
　　自海西。」

〔34〕夾城雲暖下霓旄——語見《全唐詩》卷 521、杜牧《長安雜題長句六首》之三。
　　夾城,在長安,唐開元時建築。係兩邊築有高牆的通道。《舊唐書·玄宗紀上》:
　　「(開元二十年六月)遣范安及於長安廣萬花樓,築夾城至芙蓉閣。」清·洪
　　昇《長生殿》四十五〔山麻吉〕:「喜聽說如花貌,猶兀自在人間,當面堪邀,
　　忙教,潛出了御院內夾城複道。」霓旄,徐朔方注:「彩色羽毛編綴成的旗子,
　　皇帝儀仗的一種。」或以爲指「彩虹」。

〔35〕千里崤函一夢勞——語見《全唐詩》卷 764、譚用之《途次宿友人別墅》詩。
　　崤函,崤山和函谷,自古爲險要關隘,函谷東起崤山,故以並稱。位於河南省
　　洛寧縣北。

〔36〕不意新城連嶂起——語見《全唐詩》卷 239、錢起《同王員外隴城絕句》詩。
　　按《全唐詩》「意」作「憶」;「嶂」一作「障」。嶂,聳立如屏障的山峰。

〔37〕夜來沖斗氣何高——語見《全唐詩》卷 764、譚用之《古劍》詩。

第三十二齣　冥　誓〔1〕

【月雲高】〔生上〕暮雲金闕〔2〕,風幡〔3〕淡搖拽。但聽得鐘聲絕
〔4〕,早則是心兒熱。紙帳〔5〕書生,有分盦蘭麝〔6〕。喒時還早。蕩花
陰〔7〕,單則把月痕遮。〔整燈介〕溜〔8〕風光,穩護著燈兒燁〔9〕。〔笑
介〕好書讀易盡,佳人期未來。前夕美人到此,並不提防,姑姑攪攘。今宵
趁他未來之時,先到雲堂〔10〕之上攀話一回,免生疑惑。〔作掩門行介〕
此處留人戶半斜,天呵,俺那有心期〔11〕在那些。〔下〕

【前腔】〔魂旦上〕孤神〔12〕害怯，佩環風定夜。〔驚介〕則道是人行影，原來是雲偷月。〔到介〕這是柳郎書舍了。呀，柳郎何處也？閃閃〔13〕幽齋，弄影燈明滅。魂再豔〔14〕，燈油接〔15〕；情一點，燈頭結〔16〕。〔歎介〕奴家和柳郎幽期，除是人不知，鬼都知道。〔泣介〕竹影寺〔17〕風聲怎的遮，黃泉路夫妻怎當賒〔18〕？

待說何曾說，如噸〔19〕不奈噸。把持花下意，猶恐夢中身。奴家雖登鬼錄，未損人身。陽祿將回〔20〕，陰數已盡。前日為柳郎而死，今日為柳郎而生。夫婦分緣，去來明白。今宵不說，只管人鬼混纏〔21〕到甚時節？則怕說時柳郎那一驚呵，也避不得了。正是：夜傳人鬼三分話，早定夫妻百歲恩。

【懶畫眉】〔生上〕畫闌風擺竹橫斜。〔內作鳥聲驚介〕驚鴉閃落在殘紅樹〔22〕。呀，閃兒開也，玉天仙〔23〕光降了紫雲車〔24〕。〔旦出迎介〕柳郎來也。〔生揖介〕姐姐來也。〔旦〕剔燈花這咱〔25〕望郎爺。〔生〕直恁的志誠〔26〕親姐姐。

〔旦〕秀才，等你不來，俺集下了唐詩一首。〔生〕洗耳〔27〕。〔旦念介〕擬託良媒亦自傷〔28〕，月寒山色兩蒼蒼〔29〕。不知誰唱春歸曲〔30〕？又向人間魅阮郎〔31〕。〔生〕姐姐高才。〔旦〕柳郎，這更深何處來也？〔生〕昨夜被姑姑敗興，俺乘你未來之時，去姑姑房頭〔32〕看了他動定，好來迎接你。不想姐姐今夜來恁早哩。〔旦〕盼不到月兒上也。

【太師引】〔生〕歎書生何幸遇仙提揭〔33〕，比人間更志誠親切。下溫存笑眼生花，正漸入歡腸啖蔗〔34〕。前夜那姑姑呵，恨無端風雨把春抄截〔35〕。姐姐呵，誤了你半宵周折〔36〕，累了你好回〔37〕驚怯。不嗔嫌〔38〕，一徑的把斷紅重接。

【鎖寒窗】〔旦〕是不提防他來的哱嚥〔39〕，嚇的個魂兒收不疊〔40〕。仗雲搖月躲，畫影人遮。則沒揣的澀道〔41〕邊兒，閃〔42〕人一跌。自生成不慣這磨滅〔43〕。險些些，風聲揚播到俺家爺，先喫了俺哏〔44〕尊慈痛決〔45〕。

〔生〕姐姐費心。因何錯愛小生至此？〔旦〕愛的你一品人才〔46〕。〔生〕姐姐，敢定了人家〔47〕？

【太師引】〔旦〕並不曾受人家紅定回鸞帖〔48〕。〔生〕喜個甚樣人家？〔旦〕但得個秀才郎情傾意愜。〔生〕小生到是個有情的。〔旦〕是看上你年少多情，迤逗俺睡魂難貼。〔生〕姐姐，嫁了小生罷。〔旦〕怕你嶺南歸客道途賒，是做小伏低〔49〕難說。〔生〕小生未曾有妻。〔旦笑介〕少甚麼舊家根葉〔50〕，著俺異家花草塡接？

敢問秀才，堂上〔51〕有人麼？〔生〕先君官爲朝散，先母曾封縣君。〔旦〕這等是衙內〔52〕了。怎恁婚遲？

【鎖寒窗】〔生〕恨孤單飄零歲月，但尋常稔色誰沾藉〔53〕？那有個相如在客〔54〕，肯駕香車？蕭史無家，便同瑤闕？似你千金笑等閒拋泄〔55〕，憑說，便和伊〔56〕青春才貌恰爭些，怎做的露水相看怱別〔57〕！

〔旦〕秀才有此心，何不請媒相聘？也省的奴家爲你擔驚受怕。〔生〕明早敬造尊庭，拜見令尊令堂，方好問親於姐姐。〔旦〕到俺家來，只好見奴家。要見俺爹娘還早。〔生〕這般說，姐姐當眞是那樣門庭〔58〕。〔旦笑介、生〕是怎來？

【紅衫兒】看他溫香豔玉神清絕〔59〕，人間迥別。〔旦〕不是人間，難道天上？〔生〕怎獨自夜深行，邊廂少侍妾〔60〕？且說個貴表尊名。〔旦歎介、生背介〕他把姓字香沉，敢怕似飛瓊〔61〕漏洩？姐姐，不肯泄露姓名，定是天仙了。薄福書生，不敢再陪歡宴。盡〔62〕仙姬留意書生，怕逃不過天曹罰折〔63〕。

【前腔】〔旦〕道〔64〕奴家天上神仙列，前生壽折。〔生〕不是天上，難道人間？〔旦〕便作是私奔，悄悄何妨說。〔生〕不是人間，則是花月之妖。〔旦〕正要你掘草尋根，怕不待勾辰〔65〕歲月。〔生〕是怎麼說？〔旦欲說又止介〕不明白辜負了幽期，話到尖頭又咽。

【相思令】〔生〕姐姐，你千不說，萬不說。直恁的書生不酬決〔66〕，更向誰邊說？〔旦〕待要說，如何說？秀才，俺則怕聘則爲妻奔則妾〔67〕，

受了盟香説。〔生〕你要小生發願，定爲正妻，便與姐姐拈香去。

【滴溜子】〔生旦同拜〕神天的，神天的，盟香滿爇〔68〕。柳夢梅，柳夢梅，南安郡舍，遇了這佳人提挈，作夫妻。生同室，死同穴〔69〕。口不心齊，壽隨香滅，

〔旦泣介，生〕怎生弔下淚來？〔旦〕感君情重，不覺淚垂。

【鬧樊樓】你秀才郎爲客偏情絕〔70〕，料不是虛脾〔71〕把盟誓撇。哎，話弔在喉嚨剪了舌。囑東君〔72〕在意者，精神打貼。暫時間奴兒迴避趄〔73〕，些兒待說，你敢撲懂忪害跌〔74〕。

〔生〕怎的來？〔旦〕秀才，這春容得從何處？〔生〕太湖石縫裏。〔旦〕比奴家容貌爭多？〔生看驚介〕可怎生一個粉撲兒〔75〕？〔旦〕可知道，奴家便是畫中人也。〔生合掌謝畫介〕小生燒的香到哩。姐姐，你好歹〔76〕表白一些兒。

【啄木犯】〔旦〕柳衙內，聽根節〔77〕。杜南安原是俺親爹。〔生〕呀，前任杜老先生陞任揚州，怎麼丟下小姐？〔旦〕你剪了燈〔78〕。〔生剪燈介〕〔旦〕剪了燈、餘話堪明滅。〔生〕且請問芳名，青春多少？〔旦〕杜麗娘小字有庚帖〔79〕，年華二八，正是婚時節。〔生〕是麗娘小姐，俺的人那！〔旦〕衙內，奴家還未是人。〔生〕不是人，是鬼？〔旦〕是鬼也。〔生驚介〕怕也，怕也。〔旦〕靠邊些，聽俺消詳〔80〕說。話在前教伊休害怯，俺雖則是小鬼頭人半截。

〔生〕姐姐，因何得回陽世而會小生？

【前腔】〔旦〕雖則是陰府別〔81〕，看一面千金小姐，是杜南安那些枝葉〔82〕。注生妃央及煞回生帖，化生娘點活了殘生劫〔83〕。你後生兒蘸定俺前生業〔84〕。秀才，你許了俺爲妻眞切，少不得冷骨頭著疼熱〔85〕。

〔生〕你是俺妻，俺也不害怕了。難道便請起你來？怕似水中撈月，空裏拈花。

【三段子】〔旦〕俺三光不滅〔86〕。鬼胡由〔87〕，還動疊，一靈未

歇。潑殘生〔88〕，堪轉折〔89〕。秀才可諳〔90〕經典？是人非人心不別，是幻非幻如何說？難則似空裏拈〔91〕花，卻不是水中撈月。

〔生〕既然雖死猶生，敢問仙墳何處？〔旦〕記取太湖石梅樹一株。

【前腔】愛的是花園後節，夢孤清，梅花影斜。熟梅時節，爲仁兒〔92〕，心酸那些。〔生〕怕小姐別有走跳〔93〕處？〔旦歎介〕便到九泉無屈折〔94〕，衝〔95〕幽香一陣昏黃月。〔生〕好不冷。〔旦〕凍的俺七魄三魂〔96〕，僵做了三貞七烈〔97〕。

〔生〕則怕驚了小姐的魂，怎好？

【鬥雙雞】〔旦〕花根木節，有一個透人間路穴。俺冷香肌〔98〕早偎的半熱。你怕驚了呵，悄魂飛越，則俺見了你迴心心不滅。〔生〕話長哩。〔旦〕暢好是一夜夫妻〔99〕，有的是〔100〕三生話說。

〔生〕不煩姐姐再三，只俺獨力難成。〔旦〕可與姑姑計議而行。〔生〕未知深淺，怕一時開攢〔101〕不徹。

【登小樓】〔旦〕咨嗟〔102〕、你爲人爲徹〔103〕。俺砌籠棺〔104〕勾有三尺疊，你點剛鍬〔105〕和俺一謎掘。就裏陰風瀉瀉〔106〕，則隔的陽世些些。〔內雞鳴介〕

【鮑老催】〔旦〕咳，長眠人一向眠長夜，則道雞鳴枕空設。今夜呵，夢回遠塞荒雞咽〔107〕，覺人間風味別。曉風明滅，子規聲容易吹殘月。三分話纔做一分說。

【耍鮑老】〔旦〕俺丁丁列列〔108〕，吐出在丁香舌〔109〕。你拆了俺丁香結〔110〕，須粉碎俺丁香節。休殘慢〔111〕，須急節〔112〕。俺的幽情難盡說。〔內風起介〕則這一剪風動靈衣去了也。

〔旦急下、生驚癡介〕奇哉，奇哉！柳夢梅做了杜太守的女婿，敢是夢也？待俺來回想一番。他名字杜麗娘，年華二八，死葬後園梅樹之下。啐，分明是人道交感，有精有血。怎的杜小姐顛倒〔113〕自己說是鬼？

〔旦又上介〕衝內還在此？〔生〕小姐，怎又回來了？〔旦〕奴家還有叮嚀〔114〕。你既以俺爲妻，可急視之，不宜自誤。如或不然，妾事已露，

不敢再來相陪。願郎留心。勿使可惜。妾若不得復生，必痛恨君於九泉之下矣。

【尾聲】〔跪介〕柳衙內你便是俺再生爺。〔生跪扶起介、旦〕一點心憐念，不著俺黃泉恨你，你只罵的俺一句鬼隨邪〔115〕。

〔旦作鬼聲下、回顧介、生弔場低語介〕柳夢梅著鬼了。他說的恁般〔116〕分明，恁般淒切〔117〕，是無是有，只得依言而行。和姑姑商量去。

夢來何處更為雲〔118〕？惆悵金泥簇蝶裙〔119〕。

欲訪孤墳誰引至〔120〕？有人傳示紫陽君〔121〕。

校 注

〔1〕冥誓──冥府的誓約。

〔2〕金闕──本指皇帝和神話中天帝的宮闕，這裏借指道觀。闕以「金」言之者，蓋喻其堅固和華貴也。

〔3〕風幡──風中的旗幡。下「淡」字，微弱貌，見第十四齣注〔50〕。

〔4〕鐘聲絕──謂觀中鐘聲停止。絕，止也。《禮記‧雜記下》：「當祖，大夫至，雖當踊，絕踊而拜之。」孔穎達疏：「絕踊而拜之者，主人則絕止踊而拜此大夫也。」

〔5〕紙帳──以藤皮繭紙縫製的帳子。宋‧蘇軾《自金山放船至焦山》詩：「困眠得就紙帳暖，飽食未厭山蔬甘。」

〔6〕氳蘭麝──彌漫著香氣。氳，謂彌漫、充塞。蘭麝，蘭與麝香，皆名貴的香料。《晉書‧石崇傳》：「崇盡出其婢妾數十人以示之，皆蘊蘭麝，被羅縠。」「有分氳蘭麝」，意言有緣分與美人歡會。

〔7〕蕩花陰──穿過花叢遮蔽不見光線之處。蕩，本碰撞之意，這裏引申為穿過。

〔8〕溜──瞥視、掃視。宋‧呂渭老《千秋歲》詞：「洞房晚，千金未直橫波溜。」元‧喬吉《兩世姻緣》一〔寄生草〕：「我溜一眼偎著他三魂喪。」

〔9〕燁（yè）──光盛貌。

〔10〕雲堂──出家人或隱士的住處，猶「雲房」、「雲窩」。

〔11〕心期──期望。《南齊書‧豫章王嶷傳》：「居今之地，非心期所及。」下文「那些」，謂那裏，指所在。

〔12〕孤神──猶「孤魂」杜麗娘自指。

〔13〕閃閃──光焰四射，閃爍不定。《世說新語‧容止》：「雙目閃閃，若岩下電。」

〔14〕豔──豔麗。持指人的容顏美好。《左傳‧桓公元年》：「宋華父督見孔父之妻

於路，目逆而送之，曰：『美而豔。』」杜預注：「色美曰豔。」

〔15〕接——迎接。以上兩句，意言杜麗娘雖然豔麗，但柳郎不在屋，只有燈光來迎接。

〔16〕結——凝聚、聚合。《玉臺新詠·古詩〈爲焦仲卿妻作〉》：「寒風摧樹木，嚴霜結庭蘭」此指杜麗娘對柳郎的情愛，都凝聚在明滅的燈頭上。

〔17〕竹影寺——「竹林寺有影無形」的縮語。元明戲曲如元·馬致遠《漢宮秋》、喬吉《金錢記》、孫季昌散套《端正好》、無名氏《黃花峪》，明·王子一《誤入桃源》等作品中皆有之。它的原義是說寺中的塔有影而無形，比喻事情無形迹、無消息。這裏反用其義，謂既有影，人們捕風捉影，就免不了人家說閒話。

〔18〕賒（shē）——長遠。唐·呂岩《七言》詩：「常憂白日光陰促，每恨青天道路賒。」

〔19〕嚬（pín）——同「顰」，謂皺眉，表示憂愁或不快。《韓非子·內儲說上》：「吾聞明主之愛一嚬一笑，嚬有爲嚬，而笑有爲笑。」

〔20〕陽祿——指人的壽命。《京本通俗小說·拗相公》：「兒不幸陽祿先盡，受罪極重，非齋醮可解。」

〔21〕混（hùn）纏——糾纏，攪在一起。

〔22〕榭（xiè）——建在高臺上的木屋。《書·太誓上》：「惟宮室臺榭。」孔傳：「土高曰臺，有木曰榭。」

〔23〕玉天仙——潔白如玉的美女，杜麗娘自指。

〔24〕紫雲車——仙車，神話傳說中西王母的座車。紫雲，紫色雲，古以爲祥瑞之意，言車爲紫色雲所籠罩也。「玉天仙光降了紫雲車」，喻言杜麗娘到來，如同仙女下凡。

〔25〕這咱——這時候。參見第二十八齣注〔48〕。

〔26〕直恁的志誠——竟然如此的誠懇老實，禮貌周到。「志誠」之「志」，亦作「至」，同音通用。

〔27〕洗耳——形容恭敬地傾聽。宋·王邁《送族侄千里歸漳浦》詩：「洗耳候凱音，嘉節迫吹帽。」元·周權《秋霽》詩：「酒醒誰鼓《松風操》，炷罷爐薰洗耳聽。」

〔28〕擬託良媒亦自傷——語見《全唐詩》卷 670、秦韜玉《貧女》詩。

〔29〕月寒山色兩蒼蒼——語見《全唐詩》卷 803、薛濤《送友人》詩。《全唐詩》「兩」作「共」。蒼蒼，深青色。

〔30〕不知誰唱春歸曲——語見《全唐詩》卷 641、曹唐《小遊仙詩九十八首》之六十三。春歸，《全唐詩》作「歸春」。

〔31〕又向人間魅阮郎——語見《全唐詩》卷 468、劉言史《贈成煉師四首》之三。《全唐詩》「又」作「更」。阮郎指晉時與劉晨同去天台山採藥的阮肇，這裏

用以代指柳夢梅。

〔32〕房頭——房間。參見第二十八齣注〔44〕、第三十六齣注〔66〕。

〔33〕歡書生何幸遇仙提揭——意言我柳夢梅何幸得到你杜麗娘的垂愛。提揭，猶「提絜」，謂提攜、扶持、幫助。按：揭，高舉也。《說文·手部》：「揭，高舉也。」《詩·小雅·大東》：「維北有斗，西柄之揭。」高亨注：「揭，高舉。」皆其證。

〔34〕啖蔗——意即吃甘蔗。甘蔗從尖兒吃起越吃越甜。這裏用以比喻魂旦和柳郎正甜蜜的時刻。本於《世說新語·排調》：「顧長康啖甘蔗，先食尾。問所以，云：『漸至佳境』。」

〔35〕抄截——包抄堵擊，即繞道攻擊攔阻對方。

〔36〕周折——指事情進行曲折，即受干擾、不順暢之意。上文「誤」，意謂妨害。唐·杜甫《奉贈韋佐丞丈二十二韻》詩：「紈絝不餓死，儒冠多誤身。」

〔37〕好回——好一回也。意言時間之長。好，用作甚詞。

〔38〕嗔（chēn）嫌——謂怒怨。《古今小說·蔣興哥重會珍珠衫》：「因興哥做人有些古怪，容易嗔嫌，老身輩從不曾上他的階頭。」

〔39〕唓嗻——厲害。詳參《宋金元明清曲辭通釋·唓嗻》。

〔40〕不疊——不及。元·石君寶《秋胡戲妻》三〔普天樂〕白：「他是何人，卻走到園裏來，著我穿衣服不疊。」

〔41〕澀道——不滑曰澀。澀道，即指刻有波紋的階踏（石階），行之不易滑倒。無級次，亦可登。元·孫仲章《勘頭巾》二〔南呂一枝花〕：「出司房，忙進步，登澀道，下階址。」詳參《宋金元明清曲辭通釋·澀道》。

〔42〕閃——躲避。義同第七齣注〔69〕、第八齣注〔68〕。

〔43〕磨滅——折磨、磨難。金·董解元《西廂記諸宮調》卷八：「從來呵，慣受磨滅。他家今日心已邪，盡人問當不應對。虧人不怕神夭折！惱得人頭百裂。」

〔44〕哏——同「狠」，用作狀詞。

〔45〕痛決——痛打。謂狠狠地處以杖刑。明·沈德符《野獲編》卷十九：「太省·按臣笞將領」條：「旨下即行御史逮問，至日便文治痛決三十板。」這裏當是嚴厲懲處的意思。

〔46〕一品人才——上等才學。一品，猶言「第一等」。人才，指才學、才能。元·高明《元本琵琶記》四〔吳小四〕外白：「你這般人才如何不去赴選？」

〔47〕定了人家——謂訂婚。人家，即指郎君。

〔48〕受人家紅定回鸞帖——謂定婚。紅定。指男方向女方定親時送的紅絹等物。回鸞帖，以鸞帖回覆，即表示答應結婚的意思。

〔49〕做小伏低——指做妾。

〔50〕根葉——指樹的根和葉，多借喻事物的各個方面，這裏似指妻房。

〔51〕堂上——指父母。清·陳家祺《郎潛紀聞》卷十二:「甲申而後,堂上健存,柴車屢徵,忍恥一出。」

〔52〕衙內——本是古代掌管禁衛的官職名稱。到唐五代時藩鎮相沿多以自己的子弟充任這種職務。到了宋元,便習稱官員子弟爲衙內。

〔53〕尋常稔色誰沾藉——稔色,用作名詞,指美人、麗人。尋常稔色,即指一般女子,沾藉,沾惹。

〔54〕那有個相如在客,肯駕香車?蕭史無家,便同瑤闕——這兩句都是柳夢梅表示自己尚未婚娶。相如,指司馬相如。客,在外做客。《西廂記》四本一折〔村裏迓鼓〕:「姐姐,你則是可憐見爲人在客。」肯駕香車,指卓文君駕車私奔司馬相如。蕭史,傳說中人物名,相傳爲秦秋秦穆公名時人,善吹簫,能致孔雀、白鶴於庭。便同瑤闕,指秦穆公以女弄玉妻之,並爲築鳳臺,使蕭史夫婦居其上,數年後皆隨鳳凰飛去。總結起來是說:誰肯像卓文君一樣愛慕一個異鄉人,蕭史不碰到弄玉,怎能結爲夫婦,雙雙飛上天去?

〔55〕拋泄——拋棄。

〔56〕便和伊——縱使和你。便,用作連詞,表讓步關係,意謂縱然、即使。唐·杜甫《送鄭十八虔貶台州司戶》:「便與先生應永訣,九重泉路盡交期。」伊,用爲第二人稱「你」也,此用法唐五代時已見。詳見《宋金元明清曲辭通釋·伊》。下文「爭」字,意猶「差」。

〔57〕怎做的露水相看恘別——意爲怎能做露水夫妻,輕易離別。露水,喻情愛的短暫。恘(pǐ)別,離別也。南朝宋·謝惠連《西陵遇風獻康樂》詩:「哲兄感恘別,相送越坰林。」

〔58〕門庭——家門、門戶。《初刻拍案驚奇》卷十八:「我只是打死這賤婢罷!羞辱門庭,要你怎的?」

〔59〕清絕——極爲清雅的意思。清·陳維崧《百字令·題徐晉遺表弟所畫牡丹圖並以致悼》詞:「璧人年少,記臨風側帽,姿尤清絕。」

〔60〕侍妾——指婢女。

〔61〕飛瓊——神話中女仙名。姓許。後泛指仙女。《漢武帝內傳》:「王母乃命諸侍女……許飛瓊鼓震靈之簧。」唐·孟棨《本事詩·事感第二》:「詩人許渾,嘗登山,有宮室凌雲,人云此崑崙也。既入,見數人方飲酒,招之,至暮而罷。詩云:『曉入瑤臺露氣清,坐中唯有許飛瓊。塵心未斷俗緣在,十里下山空自明。』他日復至其夢,飛瓊曰:『子何故顯余姓名於人間?』座上即改爲『天風吹下步虛聲』,曰:『善。』」

〔62〕盡(jǐn)——任憑、聽任。唐·白居易《題山石榴花》詩:「爭及此花簷戶下,任人採弄盡人看。」《西遊記》第八十四回:「(賊)衝開門進來,諕得那寡婦娘女們戰戰兢兢的關了房門,盡他外邊收拾。」

〔63〕罰折——「折罰」的倒文，意謂懲罰。

〔64〕道——用作助詞，無義。元‧孫仲章《勘頭巾》三〔掛金索〕白：「（正末云：）道你認的我麼？」《盛世新聲》散套《南呂一枝花‧箭空攢白鳳翔》：「我羞見程咬金知心友，道和我尉遲恭刎頸交。」皆其例。

〔65〕勾辰——「辰勾」之倒文，暗用「辰勾」，比喻佳期阻隔，難得如願。參見第二十七齣注〔49〕。

〔66〕酬決——應對決斷，說個明白。明‧方孝孺《先府君行狀》：「要官勢吏，徵索糧芻，爭欲先得，相索授，喧錯於前，先君從容酬決，無不如意。」

〔67〕聘則爲妻奔則妾——語出《禮記‧內則》：「聘則爲妻奔則爲妾。」聘，謂以禮聘問。奔，謂無媒自通，不備禮。

〔68〕爇（ruò）——點燃、焚燒。《淮南子‧兵略訓》：「毋爇五穀，毋焚積聚。」「爇」、「焚」互文爲義。

〔69〕生同室，死同穴——《詩‧王風‧大車》：「谷則異室，死則同穴。」谷（穀），生也，活著。異室，不得同居一室。

〔70〕偏情絕——感情至深。偏，用作甚辭，有很、頗、甚等義。清‧劉淇《助字辨略》卷二：「偏，畸重之詞也。」唐‧李華《海上生明月》詩：「照水光偏白，浮雲色最明。」「偏」、「最」互文爲義。皆可證。

〔71〕虛脾——虛情假意。明‧徐渭《南詞敘錄》：「虛脾，虛情也。」五臟，惟脾最虛。故以爲喻。

〔72〕東君——傳說中的春神。元‧王實甫《西廂記》五本四折〔折桂令〕：「你個東君索與鶯鶯做主，怎肯將嫩枝折與樵夫。」元‧張壽卿《紅梨花》三〔石榴花〕：「若是他夢魂遇著東君，這花也端的多風韻。」皆其義。這裏杜麗娘以花自比，以東君喻柳夢梅。下文「在意」意謂留意、留心。

〔73〕趑——趑趄，猶豫不進貌。明‧吾丘瑞《運甓記》二十四〔雙聲子〕：「你趑趄進退，攪人腸腹。」清‧周如璧《孤鴻影》六〔上小樓‧么〕：「只落得那壁廂重趑趄，這壁廂費躊躇。」

〔74〕些兒待說，你敢撲儱忪害跌——些兒待說，意即「待說些兒」，一點點的意思。敢，謂恐怕，爲推想或然之辭，語氣不肯定。撲儱忪，猶「撲通」，形容跌倒。

〔75〕一個粉撲兒——一個模樣。明‧阮大鋮《燕子箋》六〔七娘子‧前腔〕白：「雲娘，我看你的天資出色，與這畫明妃，分明一個粉撲兒，不差什麼。」義同上。粉撲兒，敷粉時用來蘸粉拍臉之物。老舍《二馬》第三段一：「溫都姑娘先去洗了手，又照著鏡子，歪著臉，用粉撲兒撲了粉。」

〔76〕好歹——猶云「無論如何」。兩字分開用，而意不變，如：張國賓《合汗衫》二〔紫花序兒〕白：「父親，恁孩兒好共歹走一遭去。」元‧無名氏《貨郎旦》一〔混江龍〕白：「我好也要娶他，歹也要娶他。」

〔77〕根節——節由。明・劉還初《李丹記》下一〔啄木子・前腔〕:「休驚詫了這段根節,似夢猶醒。」

〔78〕剪燈——猶「剪燭」,謂促膝夜談。

〔79〕庚帖(tiě)——舊俗訂婚時男女雙方交換的寫有姓名、生辰八字、籍貫、祖宗三代等的帖子,以其載有年庚,故名。清・李漁《蜃中樓》九〔駐馬聽・前腔〕白:「我又不曾有庚帖婚書,寫到他家去,怕他拾了我女兒去不成!」

〔80〕消詳——慢慢地。參見第二十齣注〔17〕。

〔81〕陰府別——意言人間和陰府不一樣。別,區別、不同。《廣韻・薛韻》:「別,異也。」

〔82〕枝葉——枝條和樹葉,比喻同宗的旁支。元・關漢卿《單刀會》四〔沉醉東風〕:「則你這東吳國的孫權和俺劉家卻是甚枝葉?」元・無名氏《隔江鬥智》四〔碧玉簫〕白:「玄德公漢朝枝葉,孫小姐出自名門,正相應天緣匹配。」

〔83〕「看一面千金小姐」四句——(陰府判官)看在我是杜南安官家小姐之面,就極力央求注生妃讓我還魂,極力央求化生娘娘讓我復活。按:注生妃、化生娘,疑係迷信傳說中負責生死簿與執掌輪迴投生的鬼神。回生帖,疑指還陽證。

〔84〕你後生兒蘸(zhàn)定俺前生業——後生兒,指青年小夥子,這裏直指柳夢梅。蘸,本謂將物浸入水中。《玉篇・艸部》:「蘸,以物內水中。」以言人事,引申為沾惹。業,緣業,緣分。前生業,謂我麗娘與你柳郎前生就有婚姻緣分。

〔85〕著疼熱——謂知疼著熱,痛癢相關也。

〔86〕三光不滅——三光,日、月、星的總稱。漢・班固《白虎通・封公侯》:「天有三光日月星,地有三形高下平。」據迷信傳說,人死後鬼魂是看不見三光的。這裏說「三光不滅」,意指杜麗娘還魂復活,故云。

〔87〕鬼胡由,還動曡——鬼魂還在走動。鬼胡由,指鬼魂;胡由,蓋狀其飄忽不定也。現在北方話還有悠悠忽忽的說法。悠忽,即「胡由」的倒文。元・高文秀《黑旋風》四〔滿庭芳〕:「專等待來追究,便將他牢監固守,只落得盡場兒都作了鬼胡由。」清・洪昇《長生殿》三十〔三仙橋〕:「苦變做了鬼胡由,誰認得是楊玉環的行徑!」皆其例。動曡,活動,走動。曡,猶「的」。

〔88〕潑殘生——將死未死之人曰殘生,「潑」為詈詞,表示厭惡。對自己說,則「潑殘生」,謂命苦,含自憐自惜意。

〔89〕堪轉折——堪,謂經得起、受得住。轉折,凡事物在發展過程中改變原來的方向或形勢,皆謂之轉折。這裏是指杜麗娘命運的轉變。

〔90〕諳(ān)——熟悉、熟記。唐・王建《新嫁娘》詩:「未諳姑食性,先遣小姑嘗。」

〔91〕拈(nián)——猶「持」,猶「拿」。《廣雅・釋詁三》:「拈,持也。」

〔92〕仁——?音「人」，指柳夢梅。

〔93〕走跳——走動、活動。《金瓶梅》第一回：「這幾日我心裏不耐煩，不出來走跳。」

〔94〕屈折——疑指九泉之下路無曲折。

〔95〕衠（zhūn）——有眞、盡、純、全等義。《篇海類編・人事類・行部》：「衠，眞也；正也；不雜也。」徐嘉瑞《金元戲曲方言考》：「衠，完全。」張相《詩詞曲語辭彙釋》卷二：「衠，猶盡也。」

〔96〕七魄三魂——道家認爲人有三魂七魄，即指魂魄、靈魂。《水滸傳》第一回：「驚得太尉三魂蕩蕩，七魄悠悠。」魂魄，一經驚嚇，便昏厥或至死亡。

〔97〕三貞七烈——舊時封建道德，極言婦女固守貞操之詞，一般寫作「三貞九烈」，這裏爲照應「七魄三魂」而略爲改動。

〔98〕香肌——參見第二十七齣注〔34〕。

〔99〕暢好是一夜夫妻——暢好是，眞是或正是之意。一夜夫妻，諺語「一夜夫妻百夜恩」之省文，意謂一旦成爲夫妻，便有深情厚義。

〔100〕有的是——謂所有很多。今俗語猶然。

〔101〕攢（zuān）——穿孔、進入。《集韻・換韻》：「攢，穿也。」《西遊記》第四十二回：「只見那龜點點頭，攢下水去了。」《紅樓夢》第五十二回：「晴雯又罵小丫頭子們，那裏攢沙去了。」

〔102〕咨嗟——歎息。漢・焦贛《易林・離之升》：「車傷牛罷，日暮咨嗟。」《紫釵記》二十四〔醉扶歸・前腔〕：「杜鵑來了好咨嗟，知後會甚時節？」義並同。

〔103〕爲人爲徹——諺語有「爲人須爲徹」，意謂做好事要做到底。元・關漢卿《望江亭》三〔鬼三臺〕：「官人，你救黎，『爲人須爲徹』；拿濫官，『殺人須見血』。」《水滸傳》第九回：「魯智深道：『殺人須見血』，『救人須救徹』；灑家放你不下，直送兄弟到滄州。」皆此義。

〔104〕籠棺——疑是棺材的一種，形制不詳。下文「疊」，謂重疊、累積。《玉篇・畾部》：「疊，重也，累也。」這裏引申爲「厚」。

〔105〕點剛鍬——即「點鋼鍬」，謂鋒刃用鋼製成的鐵鍬。《清平山堂話本・柳耆卿詩酒玩江樓記》：「我將那點鋼鍬掘倒了玩江樓。」「鋼」是正寫，「剛」爲借用。下文「一謎」，用作副詞；謂一味、一個勁地。

〔106〕瀝瀝——象聲詞，形容陰風聲。

〔107〕夢回遠塞荒雞咽——化用南唐李璟《浣溪紗》詞之二：「細雨夢回雞塞遠。」李詞意旨是說：在細雨中入夢，夢中的境界應該是日思夜想的美妙的環境，可是一覺醒來，依然是隻身遠在邊荒的地方。咽，音義同「噎」，聲塞也。唐・岑參《醉後戲與趙歌兒》詩：「向使逢著漢帝憐，董賢氣噎不能語。」荒雞咽，謂荒野之雞不能鳴也。劇意是說杜麗娘魂靈復活，像是睡了一覺。

〔108〕丁丁列列——形容說話吞吞吐吐。

〔109〕丁香舌——舌頭尖。丁香，女人舌頭的喻詞。南唐・李煜《一斛珠》詞：「向人微露丁香顆，一曲清歌，暫引櫻桃破。」金・董解元《西廂記諸宮調》卷五〔仙呂調・繡帶〕：「丁香笑吐舌尖兒送。」

〔110〕丁香結——丁香的花蕾。比喻愁緒鬱結。唐・尹鶚《撥棹子》詞：「寸心恰似丁香結，看看瘦盡胸前雪。」

〔111〕殘慢——懶散、遲慢。

〔112〕急節——謂急迫、匆忙緊促。元・關漢卿《玉鏡臺》三〔紅繡鞋〕：「則見他無發付氳氳惡氣，急節裏不能勾步步相隨。」《南柯記》七〔江兒水〕白：「俺淳于棼可是遇仙也！他三回自語，一顧傾人，急節中間，難以相近。」

〔113〕顛倒——用作轉折詞，猶云反倒、反而。元・無名氏《馬陵道》一〔混江龍〕白：「著我擺陣，你顛倒在公子根前，下這等讒言！」明・賈仲明《蕭淑蘭》二〔聖藥王〕：「本待成就您，顛倒連累咱。」

〔114〕丁寧——囑咐。

〔115〕鬼隨邪——謂風流鬼，發瘋著魔。元・無名氏《百花亭》一〔金盞兒〕：「只索央及你撮合山花博士，休使俺沒亂煞，做了鬼隨邪。」

〔116〕恁般——這樣。《醒世恒言・賣油郎獨佔花魁》：「似你恁般花貌，等閒的料也不敢扳。」

〔117〕淒切——淒涼悲切。

〔118〕夢來何處更為雲——語見《全唐詩》卷539、李商隱《促漏》詩。

〔119〕惆悵金泥簇蝶裙——按，詩人韋氏子，不見《全唐詩》。

〔120〕欲訪孤墳誰引至——語見《全唐詩》卷468、劉言史《慟柳論》詩。

〔121〕有人傳示紫陽君——語見《全唐詩》卷476、熊孺登《贈侯人山》詩。示，《全唐詩》作「是」，作者改為「示」。傳示，謂傳達告知。紫陽君，道家崇奉的僊人名。

第三十三齣　秘　議

【繞池遊】〔淨上〕芙蓉冠帔〔1〕，短髮難簪繫。一爐香鳴鐘叩齒〔2〕。

【訴衷情】風微臺殿響笙簧〔3〕。空翠冷霓裳〔4〕。池畔藕花深處，親切〔5〕夜聞香。人易老，事多妨，夢難長。一點深情，三分淺土〔6〕，半壁斜陽。俺這梅花觀，為著杜小姐而建。當初杜老爺分付陳教授看管。三年之内，則是〔7〕他收取祭租，並不常川〔8〕行走。便是杜老爺去後，謊〔9〕了一府州縣士民人等許多分子〔10〕，起了個生祠〔11〕。昨日老身

打從祠前過，豬屎也有，人屎也有。陳最良，陳最良，你可也叫人掃刮〔12〕一遭兒。到是杜小姐神位前，日逐〔13〕添香換水，何等莊嚴清淨。正是：天下少信掉書子〔14〕，世外有情持素人〔15〕。

【前腔】〔生上〕幽期密意，不是人間世。待聲揚徘徊了半日。

〔見介、生〔16〕〕落花香覆紫金堂〔17〕。〔淨〕你年少看花敢自傷？〔生〕弄玉〔18〕不來人換世。〔淨〕麻姑〔19〕一去海生桑。〔生〕老姑姑，小生自到仙居，不曾瞻禮寶殿。今日願求一觀。〔淨〕是禮。相引前行。〔行到介、淨〕高處玉天〔20〕金闕，下面東嶽夫人〔21〕，南斗真妃〔22〕。〔内鐘鳴生拜介〕中天積翠玉臺遙，上帝高居絳節朝。遂有馮夷來擊鼓，始知秦女善吹簫〔23〕。好一座寶殿哩。怎生左邊這牌位上，寫著「杜小姐神王」，是那位女王？〔淨〕是沒人題主〔24〕哩。杜小姐。〔生〕杜小姐爲誰？

【五更轉】〔淨〕你說這紅梅院，因何置？是杜參知〔25〕前所爲。麗娘原是他香閨女，十八而亡，就此攢瘞〔26〕。他爹呵，陞任急，失題主，空牌位。〔生〕誰祭掃他？〔淨〕好墓田，留下有碑記。偏他沒頭主兒，年年寒食〔27〕。

〔生哭介〕這等說起來，杜小姐是俺嬌妻呵。〔淨驚介〕秀才當真麼？〔生〕千真萬真。〔淨〕這等，知他那日生，那日死了？

【前腔】〔生〕俺未知他生，焉知死〔28〕？死多年、生此時。〔淨〕幾時得他死信？〔生〕這是俺朝聞夕死〔29〕了可人矣。〔淨〕是夫妻，應你奉事香火。〔生〕則怕俺未能事人，焉能事鬼〔30〕？〔淨〕既是秀才娘子，可曾會他來？〔生〕便是這紅梅院，做楚陽臺〔31〕，偏倍〔32〕了你。〔淨〕是那一夜？〔生〕是前宵你們不做美〔33〕。〔淨驚介〕秀才著鬼了。難道，難道。〔生〕你不信時，顯個神通你看。取筆來，點的他主兒會動。〔淨〕有這等事？筆在此。〔生點介〕看俺點石爲人，靠夫作主。

你瞧，你瞧。〔淨驚介〕奇哉，奇哉。主兒真個會動也。小姐呵！

【前腔】則道墓門梅，立著個沒字碑〔34〕，原來柳客神〔35〕纏住在

香爐裏。秀才，既是你妻，**鼓盆歌、廬墓三年禮**〔36〕。〔生〕還要請他起來。**〔淨〕你直恁**〔37〕**神通，敢閻羅是你？**〔生〕少些人夫用。**〔淨〕你當夫，他爲人，堪使鬼**。〔生〕你也幫一鍬兒。〔淨〕大明律〔38〕：開棺見屍，不分首從〔39〕皆斬哩。**你宋書生是看不著皇明例，不比尋常，穿籬挖壁**。

〔生〕這個不妨，是小姐自家主見。

【前腔】是泉下人，央及你。個中人、誰似伊。〔淨〕既是小姐分付，待俺檢個日子。〔看介〕恰好明日乙酉〔40〕，可以開墳。**〔生〕喜金雞玉犬非牛日**〔41〕**，則待尋個人兒，開山力士**〔42〕。〔淨〕俺有個侄兒癩頭黿可用。只事發之時怎處？**〔生〕但回生，免聲息，停商議。可有偷香竊玉劫墳賊？**還一事，小姐倘然回生，要些定魂湯藥。〔淨〕陳教授開張藥鋪。只說前日小姑姑，黨了凶煞〔43〕，求藥安魂。〔生〕煩你快去也。**這七級浮屠**〔44〕**，豈同兒戲**。

濕雲如夢雨如塵〔45〕**，初訪城西李少君**〔46〕。

行到窈娘身沒處〔47〕**，手披荒草看孤墳**〔48〕。

〔生下淨弔場介〕奇哉，奇哉，怕沒這等事。既是小姐分付，便喚侄兒備了鋤鍬。俺問陳先生討藥去來。寧可信其有，不可信其無。

校 注

〔1〕芙蓉冠帔（pèi）——道士的禮服。帔，古代披在肩上的服飾。

〔2〕叩齒——迷信傳說，在向神禱告時，要把牙齒上下不住的對擊，口中念念有詞，說有這樣的虔誠表示，禱告才靈驗。叩，擊也。《論語・子路》：「以杖扣其脛。」

〔3〕笙簧——指「笙」，中國的民族樂器。簧，笙中的簧片。《禮記・明堂位》：「垂之和鐘，叔之離磬，女媧之笙簧。」鄭玄注：「笙簧，笙中之簧也。」

〔4〕空翠冷霓裳——空翠，碧空、蒼天。唐・白居易《大水》詩：「蒼茫生海色，渺漫連空翠。」霓裳，道士的衣服。《隋書・隱逸傳・徐則》：「霓裳羽蓋，既且騰雲，空槨餘衣，詎藉墳壟。」唐・錢起《柏崖老人號無名先生男削髮女黃冠自以雲泉獨樂命予賦詩》：「長男棲月宇，少女炫霓裳。」

〔5〕親切——親近、切實。

〔6〕三分淺土——謂埋在薄土之下，意即淺埋。三分，十分之三，言土不多也。

〔7〕是——文林、朱墨、朱校、清暉、竹林五本俱作「見」。

〔8〕常川——謂常常、經常、連續不斷也。取意於《中庸》「川流不息」句。清·錢大昕《恒言錄》卷四謂：「今章奏公文多用之。予見《明永樂實錄》有『常川操練』之語。」而不知戲曲小說亦常用之。

〔9〕謊——騙。

〔10〕分（fèn）子——爲婚喪、喜慶等事，眾人籌款備禮，各人拿出的一份錢，叫分子。《水滸傳》第二十四回：「眾鄰舍鬥分子來與武松人情，武大又安排了回席。」亦作「分資」，清·無名氏《偸甲記》十二〔燕歸梁〕白：「我這寒官，此等分資，怕不得相隨了。」

〔11〕生祠——爲活人建立的祠廟。

〔12〕掃刮——就是「掃」。刮，亦「掃」也。元·關漢卿《陳母教子》三〔醉春風〕白：「母親的言語，著你過去燒火剁蔥，掃田刮地，擡卓搬湯。」「掃」「刮」互文爲義。

〔13〕日逐——「逐日」的倒文，意謂每日、天天。清·劉淇《助字辨略》卷五：「逐，追逐也；追逐有相隨之意，故逐得爲隨也。自宋以後，多用逐字爲辭，如逐人、逐事、逐件、逐年、逐月、逐日、逐時之類，皆爲隨其事物以爲區處，無所脫漏，故雲逐也。」

〔14〕掉書子——即「掉書袋」，意謂引經據典，炫耀博學。馬令《南唐書·彭利用傳》：「利用對家人稚子，下逮奴隸，言必據書史，斷章破句，以代常談，俗謂之掉書袋。」這裏的「掉書子」，是指讀書人。

〔15〕持素人——這裏指道士。持素，遵守戒律不吃葷食。《梁書·文學傳下·劉杳》：「自居母憂，便長斷腥膻，持齋蔬食。」

〔16〕生——原無此字，據朱墨、朱校、清暉、獨深、竹林各本補。

〔17〕紫金堂——指梅花觀。言「紫金」者，蓋喻其華貴也。

〔18〕弄玉——暗指杜麗娘。參見第三十二齣注〔54〕。

〔19〕麻姑——神話中女仙名。晉·葛洪《神仙傳》載，麻姑自云：「接侍以來，已見東海三爲桑田。」唐·李白《短歌行》：「蒼穹浩茫茫，萬劫太極長。麻姑垂兩鬢，一半已成霜。」

〔20〕玉天——道教所稱的「三清」之一，即玉清天。唐·李白《避第司空原言懷》詩：「一隨王喬去，長年玉天賓。」

〔21〕東嶽夫人——東嶽大帝的夫人。東嶽大帝是道教所奉東嶽廟中的泰山之神，迷信謂其掌管人間生死。

〔22〕南斗眞妃——南斗，即「斗宿」，有星六顆，在北斗星以南，形似斗，故稱。眞妃，即楊貴妃。因楊曾爲道士，號太眞，故稱。

〔23〕「中天積翠玉臺遙」四句——語見《全唐詩》卷228、杜甫《玉臺觀》詩。中天，指上界，神仙世界。唐·白居易《曲江醉後贈諸親故》詩：「中天或有長生藥，下界應無不死人。」積翠，翠色重疊，形容草木繁茂。絳節，紅色符節，傳說中上帝或仙君的一種儀仗。宋·陸游《老學庵筆記》卷九：「天下神霄，皆賜威儀，設於殿帳座外。面南，東壁，從東第一架六物：曰錦傘、曰絳節、曰寶蓋、曰珠幢、曰五明扇、曰旌。」明·屠龍《彩毫記》三十八〔窣地錦鐺〕：「太清宮殿九霞高，玉珮群眞絳節朝。」馮夷，神話傳說中的水神名，即「河伯」。《莊子·大宗師》：「馮夷得之，以遊大川。」三國魏·曹植《洛神賦》：「馮夷鳴鼓，女媧清歌。」元·關漢卿《裴度還帶》二〔梁州〕：「鮮甲縱橫上下飛，可端的羨沙馮夷。」秦，《全唐詩》作「嬴」。

〔24〕題主——舊時禮制，人死後，立一木牌，上寫死者名字，用墨筆先寫作「×××之神王」，然後出殯之前，請名人用朱筆在「王」字上加點成爲「主」字，謂之「點主」，也叫「題主」。周振鶴《蘇州風俗·婚喪禮俗·凶禮》：「七、題主：出殯之前日……亡者神主，必請當道之顯者題主。儀仗恭迎，別闢一室，燈綵搖紅，孝子吉服迎敘。既而主題者陞堂，南面而坐，紅燭高燒；孝主捧主跪請；左右襄筆去瓯遞筆；鳴炮，奏樂。點畢，孝子跪謝。」

〔25〕參知——即「參知政事」，官名。唐初任宰相偶用此名，宋以同中書門下章事爲宰相，以參知政事爲副相。元代行中書省亦設此職，爲行省的副長官。本劇杜寶從安南知府提升爲安撫使，主政一方，故以稱之。

〔26〕攢瘞（yì）——穿穴埋葬。攢，同「鑽」，穿孔，穿穴。瘞，謂埋葬。晉·潘岳《西徵賦》：「夭赤字於新安，坎路側而瘞之。」

〔27〕寒食——節日名。在清明前一日或二日。相傳春秋時晉文公負其功臣介之推。之推憤而隱於綿山。文公悔悟，燒山逼令出仕，之推仍不肯出來，報樹焚死。晉文公爲紀念他，每年在這一天不舉火。後人因稱這天爲「寒食」或「禁煙」。這裏意指年年寒食節沒有親人祭奠杜麗娘。

〔28〕未知他生，焉知死——語本《論語·先進》：「未知生，焉知死？」

〔29〕朝聞夕死——語本《論語·里仁》：「朝聞道，夕死可矣！」下文「可人」，意即稱心如意之人。

〔30〕未能事人，焉能事鬼——語見《論語·先進》

〔31〕楚陽臺——戰國時楚王夢遇神女於陽臺（見宋玉《高唐賦》）。後多指男女歡會之處。宋·樂史《太平寰宇記》謂陽臺在今湖北漢川縣南漢水之陽，山行如臺，故以名之。

〔32〕偏倍——隱匿私情，不讓人知道。倍，通「背」。清·李應桂《梅花詩》二〔玉山供〕白：「欲傍他山之石，緣何文在茲？懷兄爲何偏背小弟？」

〔33〕不做美——謂不成全人的好事。現代漢語仍有「天公不作美」的說法。

〔34〕沒字碑——沒有刻上文字的碑，常用來比喻虛有儀表而不通文墨的人。

〔35〕柳客神——巫蠱術的一種用具，刻柳木作人形。這裏指柳夢梅。採徐朔方說。

〔36〕鼓盆歌、廬墓三年禮——鼓盆歌，敲打瓦罐子而歌。《莊子・至樂》：「莊子妻死，惠子弔之，莊子則方箕踞鼓盆而歌。」成玄英疏：「盆，瓦缶也。莊子知生死之不二，達哀樂之爲一，是以妻亡不哭，鼓盆而歌。」後用以指喪妻。廬墓，古人於父母或師長死後，服喪期間在墓旁搭蓋小屋居住，守護墳墓，謂之廬墓。北魏・酈道元《水經注・泗水》：「今泗水南有夫子冢……即子貢廬墓處也。」《明史・劉玭傳》：「玭初遭母喪，廬墓三年。」這裏是老道姑對柳夢梅的調笑。

〔37〕直恁——怎麼這樣。

〔38〕大明律——明朝的法典。成書於明洪武六年。按本劇乃託稱宋代事，卻說到明代事，是作者借老道姑的嘴，有意調謔柳夢梅，故下文又明說「宋書生看不著」。這種情況，元雜劇中也屢見不鮮，例如：明・王驥德《曲律・雜論三十九上》云：「元人作劇，曲中用事，每不拘時代先後。馬東籬《三醉岳陽樓》，賦呂純舊事也。〔寄生草〕曲：『這的是燒豬佛印待東坡，抵多少騎驢魏野逢潘閬』，俗子見此有不訾以爲傳唐人用宋人事耶。」

〔39〕首從——即首犯和從犯。首犯，爲首的罪犯。從犯，跟隨首犯一起犯罪的人。

〔40〕乙酉——古代紀年、紀日，以天干、地支相搭配。乙酉，是日子所值的天干、地支。

〔41〕金雞玉犬非牛日——陰陽家迷信說，金雞，酉日；玉犬，戌日；宜開墳。牛日，丑日，忌開墳。

〔42〕開山力士——指開掘墳墓的大力士。

〔43〕黨了凶煞——迷信說法，謂衝撞了兇神惡煞，就會害病。黨，衝撞也。

〔44〕七級浮屠——意猶「救命」。古諺有云：「救人一命，勝造七級浮屠。」浮屠，梵語的音譯，意爲佛塔。七級浮屠，即七層佛塔。造浮屠，即做善事、行功德的意思。元・馬致遠《黃粱夢》二〔醋葫蘆・么篇〕白：「大人，饒夫人一命，勝造七級浮屠。」元・鄭光祖《㑳梅香》二〔歸塞北〕白：「救人一命，勝造七級浮屠。」清・孔尚任《小忽雷傳奇》三十六〔二學士〕白：「自古道救人一命，勝造七級浮屠。」

〔45〕濕雲如夢雨如塵——語見《全唐詩》卷567、崔魯《題云夢亭》詩。濕雲，《全唐詩》作「薄煙」。

〔46〕初訪城西李少君——語見《全唐詩》卷348、陳羽《遊洞靈觀》詩。城西，《全唐詩》作「西城」。李少君，《全唐詩》作「禮少君」。按：改李少君，合於史實。《史記・封禪書》謂李少君是漢武帝時的方士，自稱有神妙的法術。曾親自向漢武帝說：「祠竈則致物，致物而丹沙可化爲黃金，黃金成以爲飲食器則

益壽，益壽而海中蓬萊仙者乃可見，見之以封禪則不死。」又說：「臣嘗遊海上，見安期生，安期生食巨棗，大如瓜。安期生仙者，通蓬萊中，合則見人，不合則隱」云云。

〔47〕行到罛娘身沒處──語見《全唐詩》卷518、雍陶《洛中感事》詩。

〔48〕手披荒草看孤墳──語見《全唐詩》卷151、劉長卿《送李將軍》詩。荒草，《全唐詩》注：一作「江草」。

第三十四齣　詞〔1〕藥

〔末上〕積年〔2〕儒學理粗通，書簏成精變藥籠。家童喚俺老員外〔3〕，街坊喚俺老郎中〔4〕。俺陳最良失館，依然重開藥鋪。今日有看甚人來？

【女冠子】〔淨上〕人間天上，道理都難講。夢中虛誑，更有人兒思量泉壤。

陳先生利市〔5〕哩。〔末〕老姑姑到來。〔淨〕好鋪面〔6〕！這「儒醫」二字，杜太守贈的。好「道地藥材」〔7〕！這兩塊土中〔8〕甚用？〔末〕是寡婦床頭土。男子漢有鬼怪之疾，清水調服良〔9〕。〔淨〕這布片兒何用？〔末〕是壯男子的褲襠。婦人有鬼怪之病，燒灰喫了效。〔淨〕這等，俺貧道床頭三尺土，敢換先生五寸襠？〔末〕怕你不十分寡。〔淨〕啐〔10〕，你敢也不十分壯。〔末〕罷了，來意何為？〔淨〕不瞞你說，前日小道姑呵！

【黃鶯兒】年少不提防，賽江神，歸夜忙。〔末〕著〔11〕手了？〔淨〕知他著甚閒空曠〔12〕？被凶神煞黨〔13〕。年災月殃，瞑然一去無迴向〔14〕。〔末〕欠老成哩！〔淨〕細端詳，你醫王〔15〕手段，敢對的住活閻王。

〔末〕是活的，死的？〔淨〕死幾日了。〔末〕死人有口吃藥？也罷，便是這燒襠散〔16〕，用熱酒調下。

【前腔】海上有仙方，這偉男兒深褲襠。〔淨〕則這種藥，俺那裏自有。〔末〕則怕姑姑記不起誰陽壯。剪裁寸方，燒灰酒娘〔17〕，敲開齒縫把些兒放。不尋常，安魂定魄，賽過了反精香〔18〕。

〔淨〕多謝了。

還隨女伴賽江神〔19〕，爭奈多情足病身〔20〕。

岩洞幽深門盡鎖〔21〕，隔花催喚女醫人〔22〕。

校　注

〔1〕詷（xìong）——《廣雅・釋詁三》：「詷，求也。」梁啓超《中國前途之希望與國民責任》：「詷諸史乘，歷歷可稽。」

〔2〕積年——資格老，閱歷、學識豐富的人。元・關漢卿《金線池》四〔太平令〕白：「你在我衙門裏供應多年，也算的個積年了，豈不知衙門的法度？」《醒世恒言・賣油郎獨佔花魁》：「那鴇兒是老積年，見貌辨色。」

〔3〕員外——古代官名。名「員外」者，別於正額（正式編制）官而言。六朝以來，始置員外郎，以別於侍郎。唐末五代以來，官爵泛濫，以官名相濫稱，成為一時風氣，故有財勢之徒皆得假借其銜，更進而演變為對一般人的尊稱。

〔4〕郎中——原為官名，唐五代時亦受官名濫稱的影響，中國南方習稱醫生為郎中。唐・杜甫有《韋有夏郎中》詩、宋・洪邁《夷堅志》載有「杜涇郎中」條，皆可為證。

〔5〕利市——猶云「吉利」。祝人發財，交好運。元明間・無名氏《貧富興衰》三〔紅繡鞋〕白：「好不利市也！」明・賈仲明《金安壽》一〔仙呂八聲甘州〕白：「一個先生來化齋利市，不知先生從那裏來？」

〔6〕鋪（pù）面——店鋪的門面。

〔7〕道地藥材——意即所備藥材，是眞正有名的土特產。據稱舊時中藥鋪掛在門前的招牌上往往寫這四個字，以招攬顧客。

〔8〕中——意猶「堪」，「中甚用」，謂堪作何用也。元・秦簡夫《東堂老》三〔紅繡鞋〕白：「今日受窮，才知道這錢中使。」元・無名氏《藍采和》二〔賀新郎〕：「這言語也不中聽。」兩「中」字，亦「堪」之義。

〔9〕良——好也；與下文「燒灰吃了效」句中之「效」字，對應為義。

〔10〕啐（cuì）——感歎詞。表示鄙棄、輕蔑、斥責。元・無名氏《盆兒鬼》二〔上小樓・么篇〕白：「啐！我養著家生哨裏，我一年二祭，好生供養你，你不看覰我，反來折挫我，直恁的派賴！」明・周朝俊《紅梅記》十九〔駐馬聽〕白：「啐！小遭瘟，我到說出刻毒些。」

〔11〕著（zhāo）——上當。《水滸傳》第四十三回：「又有若干菜蔬，也把藥來拌了。恐有不吃肉的，也教他著手。」

〔12〕空曠——迷信說法，謂空曠無人之處多鬼神。

〔13〕煞黨——迷惑住。黨，《集韻・映韻》：「儻，不動意。或作黨。」

〔14〕迴向——本佛家語。回者，回轉；向者，趨向也。謂回轉自己所修之功德，而

趨向於所期望者也。

〔15〕醫王——指醫術極精的人。

〔16〕燒襠散——一種藥名，具體不詳。

〔17〕酒娘——即酒釀，帶糟的甜米酒。清·李斗《揚州畫舫錄》卷十三：「其燒酒未蒸者，爲酒娘兒，飲之鮮美。以泉水燒酒和之，則成燒密酒。《夢香詞》云：『鶯聲巷陌酒娘兒』是也。」

〔18〕反精香——即「反魂香」。神話傳說，西海聚窟洲產反魂樹。根煮汁，製成「反魂香」，能起死回生。見《漢武帝內傳》。轉引徐朔方《牡丹亭》注。

〔19〕還隨女伴賽江神——語見《全唐詩》卷310、於鵠《江南曲》。

〔20〕爭奈多情足病身——語見《全唐詩》卷683、韓偓《江樓二首》之二。《全唐詩》「足」作「是」。

〔21〕岩洞幽深門盡鎖——語見《全唐詩》卷344、韓愈《奉和李相公題蕭家林亭》詩。

〔22〕隔花催喚女醫人——語見《全唐詩》卷302、王建《宮詞》四十五。《全唐詩》原句作「隔簾教喚女醫人」。作者改動了兩個字。

第三十五齣　回　生

【字字雙】〔丑疙童持鍬上〕豬尿泡疙疸偌盧胡，沒褲〔1〕。鏵鍬兒入的土花疏〔2〕，沒骨〔3〕。活小娘不要去做鬼婆夫〔4〕，沒路。偷墳賊拿倒做個地官符〔5〕，沒趣〔6〕。

〔笑介〕自家梅花觀主家癩頭黿便是。觀主受了柳秀才之託，和〔7〕杜小姐啓墳。好笑，好笑，說杜小姐要和他這裏重做夫妻。管他人話鬼話，帶了些黃錢〔8〕，掛在這太湖石上，點起香來。

【出隊子】〔淨攜酒同生上〕玉人何處，玉人何處？近墓西風老綠蕪〔9〕。《竹枝歌》〔10〕唱的女郎蘇〔11〕。杜鵑〔12〕聲啼過錦江無？一窖愁殘〔13〕，三生夢餘〔14〕。

〔生〕老姑姑，已到後園。只見半亭瓦礫，滿地荊榛〔15〕。繡帶重尋，娟娟藤花夜合〔16〕；羅裙欲認，青青蔓草春長〔17〕。則記的太湖石邊，是俺拾畫之處。依稀似夢，恍惚如亡。怎生〔18〕是好？〔淨〕秀才不要忙，梅樹下堆兒是了。〔生〕小姐，好傷感人也。〔哭介、丑〕哭甚的。趁〔19〕時節了。〔燒紙介、生拜介〕巡山使者〔20〕，當〔21〕山土地，顯

聖顯靈。

【啄木鸝】〔生〕開山紙〔22〕，草面上鋪。煙罩山前紅地爐〔23〕。〔丑〕敢太歲頭上動土〔24〕？向小姐腳跟挖窟。〔生〕土地公公，今日開山，專為請杜麗娘。不要你死的，要個活的。**你為神正直應無妒，俺陽神觸煞俱無慮**〔25〕。**要他風神笑語都無二，便做著**〔26〕**你土地公公女嫁吾。呀，春在小梅株。**好破土哩。

【前腔】〔丑淨鍬土介〕**這三和土**〔27〕**一謎鋤。**小姐呵，**半尺孤墳你在這的**〔28〕**無？**〔生〕你們十分小心。〔看介〕到棺了。〔丑作驚丟鍬介〕到棺沒活的了。〔生搖手介〕噤聲。〔內旦作哎喲介、眾驚介〕活鬼做聲了。〔生〕休驚了小姐。〔眾蹲向鬼門，開棺介、淨〕原來釘頭鏽斷，子口〔29〕登開，小姐敢別處送雲雨去了。〔內哎喲介、生見旦、扶介、生〕哎，小姐端然在此。異香襲人，幽姿〔30〕如故。天也，**你看正面上那些兒塵漬**〔31〕，**斜空處沒半米蚍蜉**〔32〕。**則他暖幽香四片斑斕木**〔33〕，**潤芳姿半榻黃泉路，養花身五色燕支土**〔34〕。〔扶旦軟彈〔35〕介、生〕**俺為你款款偎將睡臉扶，休損了口中珠**〔36〕。

〔旦作嘔出水銀介、丑〕一塊花銀，二十分多重，賞了癩頭〔37〕罷。

〔生〕乃小姐龍含鳳吐之精，小生當奉為世寶。你們別有酬犒。〔旦開眼歎介、淨〕小姐開眼哩。〔生〕天開眼〔38〕了。小姐呵！

【金蕉葉】〔旦〕**是真是虛？劣夢魂猛然驚遽**〔39〕。〔作掩眼介〕**避三光業眼**〔40〕**難舒，怕一弄兒**〔41〕**巧風吹去。**

〔生〕怕風怎麼好？〔淨扶旦介〕且在這牡丹亭內，進還魂丹，秀才剪襠。〔生剪介、丑〕待俺湊些加味〔42〕還魂散。〔生〕不消了。快熱酒來。

【鶯啼序】〔調酒灌介〕**玉喉嚨半點靈酥。**〔旦吐介、生〕哎也，**怎生呵落在胸脯。姐姐再進些，纔喫了三個多半口還無。**〔覰介〕好了，好了！**喜春生顏面肌膚。**〔旦覰介〕這些都是誰？**敢是些無端道途**〔43〕**，弄的俺不著墳墓**〔44〕？〔生〕便是柳夢梅。〔旦〕**眊矇**〔45〕**覰，怕不是梅邊柳邊人數**〔46〕。

〔生〕有這道姑爲證。〔淨〕小姐可認的貧道？〔旦看不語介〕

【前腔】〔淨〕你乍回頭記不起俺這姑姑。〔生〕可記得這後花園？〔旦不語介、淨〕是了，你**夢境模糊**。〔旦〕只那個是柳郎？〔生應旦作認介〕柳郎眞信人〔47〕也。虧殺你**撥草尋蛇**，虧殺你**守株待兔**。棺中實玩收存，餘俱〔48〕拋散池塘裏去。〔眾〕呸！〔丟去棺物介〕向人間別畫個葫蘆〔49〕。**水邊頭洗除凶物**〔50〕。〔眾〕虧小姐，整整睡這三年。〔旦〕**流年度，怕春色三分，一分塵土**〔51〕。

〔生〕小姐，此處風露，不可久停。好處將息〔52〕去。

【尾聲】死工夫救了你活地獄，七香湯瑩了美食相扶〔53〕。〔旦〕扶往那裏去？〔淨〕梅花觀。〔旦〕可知道洗棺塵，都是這高唐觀中雨。

天賜燕支一抹腮〔54〕，**隨君此去出泉臺**〔55〕。

俺來穿穴非無意〔56〕，**願結靈姻愧短才**〔57〕。

校　注

〔1〕豬尿泡疙疸偌盧胡，沒褲——這是對癩痢頭形象的嘲謔。豬尿泡，即豬脬。疙疸，即疙瘩，指皮膚上突起或肌肉上結成的硬塊。盧胡，謂笑聲在喉間。明·桑紹良《獨樂園》二〔普天樂〕：「對東風一任盧胡。」

〔2〕土花疏——苔蘚稀疏。土花，謂苔蘚。唐·李賀《金銅僊人辭漢歌》：「三十六宮土花碧。」疏，謂稀而不密也。《玉篇·疋部》：「疏，闊也。」《淮南子·道應》：「知伯圍襄子於晉陽，襄子疏隊而擊之，大敗知伯。」高誘注：「疏，分也。」

〔3〕沒骨——沒有石塊。

〔4〕鬼婆夫——指女鬼，也呼「鬼婆婆」。明·無名氏《白兔記》四〔小引〕白：「（淨：）叫道人快把十五殿門關了！（丑：）怎麼說？（淨：）我見你這鬼婆婆都走出來了。」「鬼婆夫」之「夫」，由婆字帶出，無實義。

〔5〕地官符——意指活埋。道家爲人驅病，有天官符、地官符、水官符之說。謂把地官符埋入土內，即可除病免災。《三國志·魏志·張魯傳》注引《典略》曰：「爲鬼吏，主爲病者請禱。請禱之法，書病人姓名，說服罪之意。作三通，其一上之天，著山上，其一埋之地，其一沉之水，謂之三官手書。使病者家出米五斗以爲常，故號曰五斗米師。實無益於治病。但爲淫妄，然小人昏愚，竟共

事之。」

〔6〕趣（cù）──與上文「褲」、「骨」、「路」叶韻。

〔7〕和──用作介詞，引出服務對象，相當於「替」、「給」。本劇第三十九齣〔尾聲〕：「盼今朝得傍你蟾宮客，你和俺倍精神金階對策。」取義正同。

〔8〕黃錢──舊時用黃表紙折成，焚化給鬼神的紙錢。本劇第五十五齣〔北水仙子〕：「他、他、他，點黃錢，聘了咱。」義同。

〔9〕綠蕪──叢生的綠草。唐・韓偓《船頭》詩：「兩岸綠蕪齊似剪，掩映雲山相向晚。」明・孫仁孺《東郭記》二十五〔朱奴兒〕：「傷心曲，秋風綠蕪，丟不下情親去。」

〔10〕竹枝歌──亦稱《竹枝詞》。樂府《近代曲》之一。本為巴渝（今四川東部）一帶民歌。唐詩人劉禹錫據以改作新詞，歌詠三峽風光和男女戀情，盛行於世。唐貞元、元和間也流行到湖南一帶。其形式為七言絕句，語言通俗，音調輕快。如劉禹錫《洞庭秋月》詩：「蕩槳巴童歌竹枝，連檣估客吹羌笛。」

〔11〕蘇──再生，更生。《小爾雅・廣名》：「死而復生謂之蘇。」

〔12〕杜鵑──鳥名。啼聲肖似「不如歸去」。下文「錦江」，在四川，岷江的支流。無，用於句末，表示疑問，相當於「否」。唐・白居易《問劉十九》詩：「晚來天欲雪，能飲一杯無？」元・馬致遠《薦福碑》一〔後庭花〕：「遠阻隔三千里，你可便近新來安樂無？」四川是杜麗娘的故鄉，故曰「杜鵑聲啼過錦江無？」

〔13〕一窖愁殘──意言杜麗娘在陰間淒苦哀愁。窖，地穴。

〔14〕夢餘──夢後。唐・許渾《秦樓曲》詩：「秦女夢餘仙路遙，月窗風簟夜迢迢。」宋・范成大《枕上》詩：「明月無聲滿屋梁，夢餘分影上人床。」

〔15〕荊榛──泛指叢生灌木，多用以形容荒蕪情景。唐・李白《古風》之一：「王風委蔓草，戰國多荊榛。」金・元好問《續小娘歌》之七：「傷心此日河平路，千里荊榛不見人。」

〔16〕嫋嫋藤花夜合──嫋嫋，搖曳不定貌。藤，蔓生植物。白藤、紫藤的通稱。南朝齊・謝朓《敬亭山》詩：「交藤荒且蔓，樛枝聳復低。」夜合，即「夜合花」，「合歡」的別名。《太平御覽》卷九五八引晉・周處《風土記》：「夜合，葉晨舒而暮合，一名合昏。」按：合昏，亦即「合歡」。唐・杜甫《佳人》詩：「合昏尚知時，鴛鴦不獨宿。」

〔17〕羅裙欲認，青青蔓草春長──取意於五代・牛希濟《生查子》詞：「記得綠羅裙，處處憐芳草。」

〔18〕怎生──用作疑問詞，意猶「怎麼」、「怎樣」。「生」為語助詞，無義。唐・呂岩《絕句》詩：「不問黃芽肘後方，妙道通微怎生說？」是唐語已然。

〔19〕趁（chèn）──謂乘便、乘機。唐・白居易《早發楚城驛》詩：「月乘殘夜出，

人趁早涼行。」宋・辛棄疾《水調歌頭・和趙景明知縣韻》詞：「君要花滿縣，桃李趁時栽。」這裏「趁時」謂「趁時節」，意即抓緊時間。

〔20〕巡山使者——神話傳說中的山神名。

〔21〕當（dàng）——意猶「本」、猶「此」。當山，即本山也。元・石君寶《秋胡戲妻》一〔後庭花〕：「早新婦兒遭惡運，送的他上邊庭離當村。」

〔22〕開山紙——破土前焚化的黃紙，迷信的做法。

〔23〕煙罩山前紅地爐——意言焚化黃紙的紅煙飛騰在假山前，就像通紅的火爐。唐・范攄《雲溪友議》卷下「雜嘲戲」引《題金花》詩云：「陰陽爲火地爲爐，鑄得金錢不用模。」

〔24〕太歲頭上動土——古人迷信以木星爲太歲，目爲凶煞。如果在它出現的方向破土動工，就會招來災禍。因以「太歲頭上動土」比喻觸犯兇惡強暴的人。清・越雪山人《雙南記》五〔雙勸酒・前腔〕白：「老先生這般勢力，誰敢來太歲頭上動土？（付淨：）又有個不知死活的，偏要來撩撥，所以要求個妙策。」

〔25〕無慮——謂無所顧慮。《淮南子・原道訓》：「大丈夫恬然無思，澹然無慮。」

〔26〕便做著——就當做。

〔27〕三和土——即「三合土」。類似現在的混凝土。明・宋應星《天工開物・石灰》：「用以襄墓及貯水池，則灰一分，入河沙、黃土二分，用糯米粳、羊桃藤汁和勻，輕築堅固，永不墮壞，名曰三和土。」下文「鉏（chú）」，鋤的異體字，這裏用作動詞。

〔28〕這的——謂這裏。下「無」字，見本齣杜鵑注。

〔29〕子口（kǒu）——凡瓶、罐、箱、匣等器物上與蓋子相密合的地方，均謂之子口，亦即合縫處。這裏是指棺木合縫處。

〔30〕幽姿——幽雅的姿態。唐・白居易《畫竹歌》：「幽姿遠思少人別，與君相顧空長歎。」

〔31〕塵漬（zì）——塵土與油垢。

〔32〕半米蚍蜉——半米，半粒，在這裏意猶「半隻」。蚍蜉，大螞蟻。《禮記・學記》：「蛾子時術之。」漢・鄭玄注：「蛾，蚍蜉也，蚍蜉之子微蟲耳，時術蚍蜉之所爲，其功乃復成大垤。」垤，亦蟻也。

〔33〕斑斕木——斑斕，色彩錯雜燦爛貌。斑斕木，蓋指麗娘之棺木也。

〔34〕燕支土——燕支，即「胭脂」，一種紅色顏料，婦女用作化妝品。燕支土，蓋指埋葬麗娘之土地。

〔35〕軟軃（duǒ）——無力貌。明・徐復祚《投梭記》十一〔剔銀燈・前腔〕：「你平日間嘴喳喳說開說合，今日裏似燒蔥一堆軟軃。」

〔36〕口中珠——舊時人死入殮，在口中放珍珠、穀米等物，謂之「銜口」。這是古

代一種習俗。《莊子·外物》:「小儒曰:『未解裙襦,口中有珠。《詩》固有之曰:青青之麥,生於陵陂。生不布施,死何含珠爲!』接其鬢,壓其顪（huì,頤下鬚）,儒以金椎控其頤,徐別其頰,无傷口中珠。」但此僅限富貴人家爲之。爲了屍體防腐,有的把水銀灌入死人口中。故下文有「嘔出水銀介」。

〔37〕癩頭——長黃癬的頭。

〔38〕天開眼——謂蒼天睜開眼睛,喜慶之詞。暗示有情人死而復生,終成眷屬。

〔39〕驚遽——驚醒貌。遽,通「蘧」。《莊子·大宗師》:「成然寐,蘧然覺。」唐·成玄英疏:「成然是閒放之貌。蘧然是驚喜之貌。寐,寢也,以譬於死也。覺是寤也,以況於生。」

〔40〕業眼——造孽的眼,多於自怨自詈時用之。金·董解元《西廂記諸宮調》卷六〔石榴花〕:「願薄幸的冤家夢中見,爭奈按不下九曲迴腸,合不定一雙業眼。」

〔41〕一弄兒——猶云「一片」。元·白樸《東牆記》二〔正宮端正好〕:「過迴廊一弄凄涼景,好教我添悲興。」清·洪昇《長生殿》十二〔普天堂芙蓉〕:「愛風來一弄明紗。」「一弄明紗」,一片明紗也。

〔42〕加味——在原來處方外,再加幾味藥。

〔43〕無端道徒——這裏指無賴、歹徒。無端,用作詈詞。猶「無賴」。元·孟漢卿《魔合羅》三〔醋葫蘆·么篇〕白:「（詞云:）你個無端的賊吏姦猾,將老夫一謎裏欺壓。」明·葉憲祖《素梅玉蟾》二〔長拍〕:「劃地喧呼,無端狂少打散我一場驚攪。」

〔44〕不著墳墓——不在墳墓。

〔45〕眳矇（míng méng）——看不清的樣子。

〔46〕人數——一般意指眾人或人的數目,這裏即指人。數,在這裏只起音節作用,不爲義。

〔47〕信人——誠實的人、有信用的人。《孟子·盡心下》:「浩生不害問曰:『樂正子何人也?』孟子曰:『善人也,信人也。』」

〔48〕餘俱——有諸般、種種、一切等義。唐·韓愈《贈劉師服》詩:「朱顏皓頸訝莫親,此外諸餘訴更數。」下文「拋散」,謂拋棄散落,猶「拋撒」。明·湯顯祖《邯鄲記》三、白:「貧道立取黃金拋撒。」義同上。

〔49〕向人間別畫個葫蘆——謂重新做人。漢語諺語有「依樣畫葫蘆」或「依本畫葫蘆」等說法,意即照樣模仿,不加改動。宋·魏泰《東軒筆錄》卷一:「建隆以後,爲宰相者,往往不由文翰,而聞望皆出（陶）穀。穀不能平,乃俾其黨與,因事薦引,以爲久在詞禁,宣力實多,亦以微詞上旨。太祖笑曰:『頗聞翰林草制,皆檢前人舊本,改換詞語,此乃俗所謂依樣畫葫蘆耳,何宣力之有?』穀聞之,乃作詩,書於玉堂之壁,曰:『官職須由生處有,才能不管用時無。堪笑翰林陶學士,年年依樣畫葫蘆。』太祖益薄其怨望,遂決意不

用矣。」

〔50〕凶物──這裏指喪葬用品。

〔51〕怕春色三分，一分塵土──意謂怕青春流逝。宋·蘇軾《水龍吟·次韻章質
夫楊花》詞：「春色三分，二分塵土，一分流水。」宋·葉青臣《賀賀朝·留
別》詞，亦有類似句子：「三分春色，二分愁，更一番風雨。」

〔52〕將息──謂將養休息。唐·韓愈《與崔群書》：「將息之道，當先理其心。」唐·
王建《留別張廣文》詩：「千萬求方好將息，杏花寒食約同行。」

〔53〕七香湯瑩了美食相扶──七香湯，加多種香料供沐浴的湯水。漢·伶玄《趙飛
燕外傳》：「後浴五蘊七香湯，踞通香沈水坐，燎降神百蘊香。」瑩，
磨治珠玉使發光彩，比喻美人沐浴。《韓詩外傳》卷四：「良珠度寸，雖百仞之水，不能
掩其瑩。」美食相扶，謂用好食品補養身體。

〔54〕天賜燕支一抹腮──語見《全唐詩》卷 656、羅隱《梅》詩。《全唐詩》燕支，
猶胭脂。

〔55〕隨君此去出泉臺──詩人景舜英及其詩句，均不見《全唐詩》。泉臺，指墳墓。

〔56〕俺來穿穴非無意──語見《全唐詩》卷 511、張祐《題朱兵曹山居》詩。《全唐
詩》「俺」作「我」。

〔57〕願結靈姻愧短才──語見《全唐詩》卷 778、潘雍《贈葛氏小娘子》詩。《全唐
詩》「願」作「欲」。靈姻，謂與神靈結合的婚姻。短才，低下之才，淺薄之才；
這裏是柳夢梅的謙詞。

第三十六齣　婚　走

　　【意難忘】〔淨扶旦上〕如笑如呆，歡情絲不斷，夢境重開。〔淨〕
你驚香辭地府，輿櫬出天台〔1〕。〔旦〕姑姑，俺強掙作〔2〕，軟哈哈〔3〕，
重嬌養〔4〕起這嫩孩孩。〔合〕尚疑猜，怕如煙入抱〔5〕，似影投胎。

　　【畫堂春】蛾眉秋恨滿三霜〔6〕，夢餘荒冢斜陽。土花零落舊羅裳，睡
損紅妝〔7〕。〔淨〕風定彩雲猶怯，火傳金炬〔8〕重香。如神如鬼費端詳
〔9〕，除是高唐。〔旦〕姑姑，奴家死去三年。為鍾情一點，幽契〔10〕重
生。皆虧柳郎和姑姑信心〔11〕提救。又以美酒香酥〔12〕，時時將養。數
日之間，稍覺精神旺相〔13〕。〔淨〕好了，秀才三回五次，央俺成親哩。
〔旦〕姑姑，這事還早。揚州問過了老相公、老夫人，請個媒人方好。
〔淨〕好消停〔14〕的話兒。這也由你。則問小姐前生事可都記的些？

　　【勝如花】〔旦〕前生事，曾記懷。為傷春病害，困春遊夢境難捱。

寫春容那人兒拾在〔15〕。那勞承〔16〕、那般頂戴〔17〕，似盼天仙盼的眼哈〔18〕，似叫觀音叫的口歪。〔淨〕俺也聽見些。則小姐泉下怎生得知？〔旦〕雖則塵埋，把耳輪兒熱壞。感一片志誠無奈，死淋浸〔19〕走上陽臺，活森沙〔20〕走出這泉臺〔21〕。

〔淨〕秀才來哩。

【生查子】〔生上〕豔質久塵埋，又掙出這煙花〔22〕界。你看他含笑插金釵，擺動那長裙帶。

〔見介〕麗娘妻。〔旦羞介、生〕姐姐，俺地窟裏扶卿做玉真〔23〕。〔旦〕重生勝過父娘親。〔生〕便好今宵成配偶。〔旦〕懵騰〔24〕還自少精神。〔淨〕起前〔25〕說精神旺相，則瞞著秀才。〔旦〕秀才，可記得古書云：必待父母之命，媒妁之言〔26〕。〔生〕日前雖不是鑽穴相窺，早則鑽墻而入了。小姐今日又會起書來。〔旦〕秀才，比前不同。前夕鬼也，今日人也。鬼可虛情，人須實禮。聽奴道來：

【勝如花】青臺〔27〕閉，白日開。〔拜介〕秀才呵，受的俺三生禮拜，待成親少個官媒〔28〕。〔泣介〕結盞〔29〕的要高堂人在。〔生〕成了親，訪令尊令堂，有驚天之喜。要媒人，道姑便是。〔旦〕秀才，忙待怎的？也曾落〔30〕幾個黃昏陪待。〔生〕今夕何夕〔31〕？〔旦〕直恁的急色〔32〕秀才。〔生〕小姐搗鬼〔33〕。〔旦笑介〕秀才搗鬼。不是俺鬼奴臺〔34〕妝妖作乖。〔生〕為甚？〔旦羞介〕半死來回，怕的雨雲驚駭。有的是這人兒活在，但將息俺半載身材。〔背介〕但消停〔35〕俺半刻情懷。

【不是路】〔末上〕深院閒階，花影蕭蕭〔36〕轉翠苔。〔扣門介〕人誰在？是陳生探望柳君來。〔眾驚介、生〕陳先生來了，怎好？〔旦〕姑姑〔37〕俺可迴避去。〔下、末〕忒奇哉，怎女兒聲息紗窗外，硬抵門兒應不開？〔又扣門介、生〕是誰？〔末〕陳最良。〔開門見介、生〕承車蓋〔38〕，俺衣冠未整因遲待。〔末〕有些驚怪。〔生〕有何驚怪？

【前腔】〔末〕不是天台〔39〕，怎風度嬌音隔院猜？〔淨上〔40〕〕原來陳齋長到來。〔生〕陳先生說裏面婦娘聲息，則是老姑姑。〔淨〕是了，長

生會〔41〕，蓮花觀〔42〕裏一個小姑來。〔末〕便是前日的小姑麼？〔淨〕另是一眾。〔末〕好哩，這梅花觀一發興哩。也是杜小姐冥福所致。因此徑來相約，明午整個小盒兒〔43〕，同柳兄往墳上隨喜〔44〕去。暫告辭了。**無閑會，今朝有約明朝在，酒滴青娥**〔45〕**墓上回。**〔生〕承拖帶〔46〕，這姑姑點不出個茶兒待〔47〕。即來回拜。〔末〕慢來回拜。〔下〕

〔生〕喜的陳先生去了，請小姐有話。〔旦上、淨〕怎了，怎了？陳先生明日要上小姐墳去。事露之時，一來小姐有妖冶〔48〕之名，二來公相無閨閫之教〔49〕，三來秀才坐〔50〕迷惑之譏，四來老身招發掘之罪。如何是了？〔旦〕老姑姑，待怎生好？〔淨〕小姐，這柳秀才待往臨安取應〔51〕。不如曲成親事，叫童兒尋隻贛船，夤夜開去，以滅其蹤。意下何如？〔旦〕這也罷了。〔淨〕有酒在此。你二人拜告天地。〔拜把酒介〕

【榴花泣】〔生〕**三生一夢，人世兩和諧。承合卺**〔52〕**，送金杯。比墓田春酒這新醅**〔53〕**，纔醱**〔54〕**轉人面桃腮。**〔旦悲介〕**傷春便埋，似中山醉夢**〔55〕**三年在。**只一件來，**看伊家龍鳳姿容，怎配俺這土木形骸**〔56〕**！**

〔生〕那有此話！

【前腔】相逢無路，良夜肯疑猜？眠一柳，當了三槐〔57〕**。杜蘭香**〔58〕**真個在讀書齋，則柳耆卿**〔59〕**不是仙才。**〔旦歎介〕**幽姿**〔60〕**暗懷，被元陽鼓的這陰無賴**〔61〕**。**柳郎，奴家依然還是女身。〔生〕已經數度幽期，玉體豈能無損？〔旦〕那是魂，這纔是正身〔62〕陪奉。**伴情哥則是遊魂，女兒身依舊含胎**〔63〕**。**

〔外扮舟子歌上〕春娘愛上酒家子樓〔64〕，不懷歸遲總弗子愁。推道那家娘子睡，且留教住要梳子頭。〔又歌〕不論秋菊和那春子個花，個個能嚜空肚子茶。無事莫教頻入子庫，一名閑物他也要些子些。〔丑疙童上〕船，船，船，臨安去。〔外〕來，來，來。〔攏船介、丑〕門外船便，相公纂下小姐班〔65〕。〔淨辭介〕相公、小姐，小心去了。〔生〕小姐無人伏侍，煩老姑姑一行，得了官時相報。〔淨〕俺不曾收拾。〔背介〕事發相連，走為上計。〔回介〕也罷，相公賞姪兒什麼，著他收拾俺房頭〔66〕，俺伴小姐去來。〔丑〕使得。〔生〕便賞他這件衣服。〔解衣介、

丑〕謝了，事發誰當？〔生〕則推不知便了。〔丑〕這等請了。秃廝兒〔67〕權充道伴，女冠子眞當梅香。〔下〕

【急板令】〔衆上船介〕別南安孤帆夜開，走臨安把雙飛路排。〔旦悲介、生〕因何弔下淚來？〔旦〕歎從此天涯，歎從此天涯。歎三年此居，三年此埋。死不能歸，活了纏回。〔合〕問今夕何夕？此來、魂脈脈〔68〕，意哈哈〔69〕。

【前腔】〔生〕似倩女返魂〔70〕到來，採芙蓉回生並載。〔旦歎介、生〕爲何又弔下淚來？〔旦〕想獨自誰挨，想獨自誰挨？翠黯〔71〕香囊，泥漬金釵。怕天上人間，心事難諧。〔合前〕

〔淨〕夜深了，叫停船。你兩人睡罷。〔生〕風月舟中，新婚佳趣，其樂何如！

【一撮棹】藍橋驛〔72〕，把奈河橋〔73〕風月篩。〔旦〕柳郎，今日方知有人間之樂也。七星版三星照〔74〕，兩星〔75〕排。今夜呵，把身子兒帶，情兒邁，意兒挨。〔淨〕你過河衣帶緊，請寬懷。〔生〕眉橫黛，小船兒禁重載？這歡眠自在，抵多少嚇魂臺〔76〕。

【尾聲】〔生〕情根一點是無生〔77〕債。〔旦〕歎孤墳何處是俺望夫臺〔78〕？柳郎，俺和你死裏淘生情似海。

偷去須從月下移〔79〕，好風偏似送佳期〔80〕。

傍人不識扁舟意〔81〕，惟有新人子細知〔82〕。

校 注

〔1〕輿櫬出天台——輿櫬，謂以車載棺相隨。《資治通鑒・晉愍帝建興四年》：「帝乘羊車，肉祖，銜璧，輿櫬出東門降。」天台，仙界，這裏代指地府。這句話意指杜麗娘死而復生。

〔2〕掙作——掙扎、振作。

〔3〕軟哈哈——軟綿綿、無力貌。與本劇第十二齣注〔129〕同。

〔4〕嬌養——嬌生慣養。本劇第三齣〔玉抱腔・前腔〕：「嬌養他掌上明珠，出落的人中美玉。」清・孔尙任《桃花扇》二〔梧桐樹〕白：「一向嬌養慣了，不曾學

習。」

〔5〕如煙入抱——神話故事，出晉‧干寶《搜神記》卷十六「紫玉」條，文云：「吳
　　王夫差小女，名曰紫玉，年十八，才貌俱美。童子韓重，年十九，有道術。
　　女悅之，私交信問，許爲之妻……王怒，不與女。玉結氣死，葬閶門之外……
　　重哭泣哀慟，具牲幣，往弔於墓前。玉魂從墓出，見重……取徑寸明珠以送
　　重……夫人聞之，出而抱之，玉如煙然。」這句和下句「似影投懷」，都是虛
　　無縹緲的意思，猜疑杜麗娘的重生。

〔6〕三霜——降三次霜，意言三年。

〔7〕土花零落舊羅裳，睡損紅妝——化用宋‧黃庭堅《畫堂春》詞：「杏花零落燕泥
　　香，睡損紅妝。」土花，此指金屬器表面長期受泥土剝蝕而留下的殘迹。與本
　　劇第三十五齣「土花」義別。零落，散落。

〔8〕金炧（xiè）——香的餘燼。炧，《集韻‧苛韻》：「炧，燭餘。」唐‧鄭畋《題緱
　　山王子晉廟》詩：「古殿香殘炧，荒階柳長條。」《紫簫記》九〔好姐姐‧前腔〕：
　　「燈炧香煤暗驚。十郎，你蚤不相尋，到此已似遲了。」徐朔方校注《牡丹亭》
　　云：「金炧，蠟燭的餘燼，這裏指香爐。」

〔9〕端詳——揣摩、思量。元‧孫仲章《勘頭巾》三〔逍遙樂〕：「我爲你親身來牢
　　內，審問虛實，端詳就裏。」

〔10〕幽契——幽冥中的默契。

〔11〕信心——謂相信自己的願望定能實現。

〔12〕香酥——指食物芳香酥軟。宋‧蘇軾《浣溪紗‧有感》詞：「傅粉郎君又粉奴，
　　莫教施粉與施朱。自然冰玉照香酥。」

〔13〕旺相——旺盛。元‧李好古《張生煮海》三、白：「鍋裏水滿了也，再放這枚
　　銅錢在內，用火燒著，只要火氣十分旺相，一時間將此水煎滾起來。」

〔14〕消停——意謂現成、自在。此與本劇第十齣注〔105〕、第二十四齣注〔13〕
　　義別。

〔15〕拾在——拾著。在，不作一般介詞用，而用在助詞，相當現代漢語中的「著」
　　或「了」。唐‧白居易《酬別微之》詩：「且喜筋骸俱健在，勿嫌鬚鬢各皤然。」
　　此「健在」猶「健著」，下與「然」字相對應。宋‧王安石《寄友人》詩：「登
　　臨舊興無多在，但有浮槎意未忘。」此「無多在」，猶云「不多了」。

〔16〕勞承——此語由動詞轉爲名詞，猶云「冤家」，舊時對所歡者的昵稱。此字亦
　　作「牢承」，參見本劇第十六齣注〔28〕。

〔17〕頂戴——敬禮的意思。參見本劇第二十六齣注〔22〕。

〔18〕眼哈（hāi）——眼呆。「哈」作「呆」解，不見一般詞書，此採徐朔方說。

〔19〕死淋浸——謂死呆呆地，沒有生氣地。按《開天傳信錄》載蘇頲《詠兔》詩：
　　「兔子死蘭單，將來掛竹竿。」「死淋浸」，疑即「死蘭單」的音轉。參見《宋

金元明清曲辭通釋‧死臨侵》。

〔20〕活森沙——意即活活地。森沙，詞尾，用作助詞。詳參《宋金元明清曲辭通釋‧生各支》。

〔21〕泉臺——謂黃泉、陰間、墓穴。

〔22〕煙花——泛指都市繁華景象。唐‧杜甫《清明》詩之二：「秦城樓閣煙花裏，漢主河山錦繡中。」與此同例。本劇第十八齣注〔61〕，與此義別，可互參。

〔23〕玉真——仙女。這裏喻指杜麗娘。義同本劇第二十五齣注〔18〕。

〔24〕懵（měng）騰——糊裏糊塗，神志不清。明‧陸采《明珠記》二十五〔黃鶯兒〕：「思家路遙，思親壽高，因此上驀然愁絕懵騰倒。」

〔25〕起前——起先、從前。

〔26〕必待父母之命，媒妁之言——語見《孟子‧滕文公下》，文云：「丈夫生而願為之有室，女子生而願為之有家。父母之心，人皆有之。不待父母之命，媒妁之言，鑽穴隙相窺，踰牆相從，則父母國人皆賤之。」朱熹集注：「男以女為室，女以男為家。妁，亦媒也。言為父母者，非不願其男女之有室家，而亦惡其不由道。」按：禮教之所謂「道」者，男女成親，「必待父母之命，媒妁之言」也。

〔27〕青臺——這裏意泉臺、黃泉。亦指歌樓酒館，如湯顯祖《送安卿》詩：「五陵年少宿青臺，一歲煙花幾度開。」

〔28〕官媒——宋元習俗，介紹婚姻的媒人由政府選任，故稱以做媒人為職業的婦女曰官媒。《元典章‧戶部四‧婚禮‧女婿財錢定例》條，便有「今後媒妁，從合屬官司社長鄉長耆老人等推舉，選保信實婦人充官為籍」的規定。這種制度明清沿用。《金瓶梅》第九十回：「知縣拘將官媒人來，當官變賣。」《紅樓夢》第七十二回：「前兒官媒拿了庚帖來求親。」

〔29〕結盞——即「合巹」，指婚禮。下文「高堂」指父母。見第二十齣注〔41〕。

〔30〕落（luò）——謂所獲得的結果。猶「落得」。

〔31〕今夕何夕——語見《詩‧唐風‧綢繆》。詩云：「今夕何夕？見此良人！子兮子兮，如此良人何？」高亨注：「良人，好人，女對男的稱呼。如此良人何，把這個好人怎麼樣？」這首詩是寫一對戀人在晚上幽會的情景。

〔32〕急色——猶「急色鬼」，俗謂「色情狂」。元‧鄭光祖《㑇梅香》二〔好觀音〕：「恰正午怎盼的日頭落，不曾見這急色的呆才料。」《南柯記》二十九〔四塊玉〕：「（內鼓譟介）（太：）快回將話來，俺要媳婦兒緊。（旦：）奇哉這賊！忒急色！」

〔33〕搗鬼——耍花招。《二刻拍案驚奇》卷十七：「魏撰之不知其故，憑他搗鬼，只道真有個姊妹罷了。」

〔34〕鬼奴臺——猶「鬼奴才」。奴臺，「奴胎」之省寫。奴胎，罵辭，卑賤之稱，猶

云奴才。用「胎」字作詈辭，謂在娘胎裏已是奴才，如同說「賤種」。今鄂語有「坯子」或「賤坯子」的說法，與「奴胎」之意相近。

〔35〕消停──安靜。元明間·無名氏《捉彭寵》一〔尾聲〕：「我和你背路裏倒消停，大路上人間鬧。」明·朱有燉《香囊怨》二〔正宮端正好〕：「喚官身當祗應，幾曾得片時間心上消停？」

〔36〕蕭蕭──稀疏貌。唐·车融《遊報本寺》詩：「茶煙嫋嫋籠禪榻，竹影蕭蕭掃徑苔。」明·高濂《玉簪記》二〔一翦梅〕：「白髮蕭蕭今已老，歸閒堪守林皋，夢回青瑣戀王朝。」

〔37〕姑姑──原無此二字，依朱墨、朱校、清暉三本補。

〔38〕承車蓋──承蒙光臨。車蓋，古代車上遮雨蔽日的篷，代指車。唐·杜甫《病柏》詩：「有柏生崇岡，童童狀車蓋。」

〔39〕天台──指天台山，在浙江天台縣北。相傳漢代劉晨、阮肇採藥進入此山，遇仙女留宿半年。

〔40〕上──原無「上」字，依朱墨、朱校、清暉、獨深、竹林本補。

〔41〕長生會──泛指道觀作的法事，祈禱長久生存，永不衰老。

〔42〕蓮花觀──道觀名。

〔43〕整個小盒兒──準備一份酒食。整，整治也。引申為準備。《三國演義》第二十三回：「（曹操）叫手下文武，整酒於東門外送之。」《初刻拍案驚奇》卷四：「又叫整飯，意甚殷勤。」小盒兒，小型的由底蓋相合而成的盛器，這裏是指把祭奠用的酒食裝在裏面，因引申為攜帶酒食外出的代稱。

〔44〕隨喜──見本劇第二齣注〔47〕。

〔45〕青娥──喻指美麗的少女。元·李材《海子上即事》詩：「少年勿動傷春感，喚取青娥對酒歌。」這裏暗指杜麗娘。

〔46〕拖帶──意謂帶挈、提攜、幫助。《醒世姻緣傳》第二十一回：「正是『一人有福，拖帶滿屋』。」

〔47〕點不出個茶兒待──不能泡茶招待客人。點茶，即泡茶。唐宋時泡茶之法，注湯於盞中，使茶葉浮起，謂之點茶。宋·蔡襄《茶錄》「熁茶」條：「凡欲點茶，先須熁盞，令熱，冷則茶不浮。」又同書「點茶」條云：「茶少湯多則云腳散，湯少茶多則粥面聚。」（見商務印書館《說郛》本卷八十一）由此可見，茶和湯的比例要求要適當。

〔48〕妖冶──謂美而不正也。宋·曾鞏《靖安幽谷亭》詩：「一不謹所守，名聲別妖冶。」

〔49〕閨閫之教──即指對婦女的封建教育。閨閫，內室，婦女所居。這裏借指婦女。明·王錂《春蕪記》八〔解三酲·前腔〕：「他傾心屬意憐閨閫，我自合謝伊情。」

〔50〕坐——謂「由……而獲罪」也。唐・玄應《一切經音義》卷二:「坐,罪也。
　　　謂相緣罪也。」

〔51〕取應——科舉時代,應朝廷考試,以求得功名,謂之取應。《邯鄲記》十〔七
　　　娘子〕白:「天賜一位夫君,歡心正濃,忽動功名之興,我將家資打發他上京
　　　取應,一口氣得中頭名狀元,果中奴之願矣。」

〔52〕合巹——結婚的一種儀式。古代剖瓠為二巹,舉行婚禮時,夫婦雙方各執一巹
　　　同酳酒漱口,稱為「合巹」。《儀禮・士昏禮》:「合巹而酳。」後因稱夫妻成婚
　　　日合巹。

〔53〕醅(pēi)——未濾的酒。《廣韻・灰韻》:「醅,酒未濾也。」唐・杜甫《客至》
　　　詩:「盤飧(sūn)市遠無兼味,樽酒家貧只舊醅。」

〔54〕醱(pō)——義同「酦」,酒再釀也。《集韻・末韻》:「醱,酦謂之醱。」元・
　　　薛昂夫散套《端正好・高隱》:「果然你無酒時渾醅再醱。」

〔55〕中山醉夢——典出《太平廣記》卷二三三「千日酒」條引《博物志》云:「昔
　　　有人名玄石,從中山酒家酤酒。酒家與千日酒,忘語其節,至家醉臥,不醒數
　　　日,家人不知,以為死也,俱棺殮葬之。酒家至千日,乃憶玄石前來沽酒,醉
　　　當醒矣,遂往索玄石家而問之。云:石亡已三年,今服闋焉。於是與家人至玄
　　　石墓,掘冢開視。玄始醒,起於棺中。」杜麗娘借這個傳說以自況。

〔56〕土木形骸——謂形體像土木一樣本色,比喻人不加修飾也。這是麗娘自謙之
　　　詞。語出《晉書・嵇康傳》:「康早孤,有奇才,遠邁不群。身長七尺八寸,美
　　　詞氣,有風儀,而土木形骸,不自藻飾,人以為龍章鳳姿,天質自然。」

〔57〕眠一柳,當了三槐——意謂歡會一夜,就當做獲取功名。眠一柳,清・張澍輯
　　　《三輔故事》:「漢苑中有柳,狀如人,號曰人柳。一日三眠三起。」清・謝垣
　　　《漫叟詩話》:「嘗見曲中使柳三眠事,不知所出,後讀玉谿生賦云:『豈知河
　　　畔牛星,隔歲只聞一過;苑中人柳,終朝剩得三眠。』注云:「漢苑中有柳,
　　　狀如人形,一日三眠三起。」眠一柳,意即柳(柳夢梅自指)一眠,柳與杜一
　　　夜之歡也。當,當做。宋・杜耒《寒夜》詩:「寒夜客來茶當酒,竹爐湯沸火
　　　初紅。」三槐,相傳周代宮庭外有三株槐樹,三公朝天子,面向三槐而立。後
　　　因以三槐喻三公。這裏指應考及第,獲取功名。

〔58〕杜蘭香——神話傳說中的仙女,見晉・干寶《搜神記》卷一。清・趙翼《詠谷》
　　　詩:「杜蘭香本仙家女,一點春心便謫凡。」這裏借指杜麗娘。

〔59〕柳耆卿——即柳永,字耆卿,景祐元年進士,為屯田員外郎。以作詞擅名,著
　　　有《樂章集》一卷。這裏借指柳夢梅。

〔60〕幽姿——見本劇第三十五齣注〔30〕。

〔61〕被元陽鼓的這陰無賴——意即被男性引惹的她的情思無可奈何。元陽,中醫
　　　謂人體陽氣的根本。宋・范成大《問人醫賦》:「元陽之氣,可斤可兩,人受

其中，有脊有臟。」俗亦謂男子的精氣。《西遊記》第三十二回：「唐僧乃金蟬長老臨凡。十世修行的好人，一點元陽未泄。」下文「鼓」，漲也。《素問·腹中論》：「鼓脹。」王冰注：「心腹脹滿，不能再食，形如鼓脹，故名鼓脹也。」《紅樓夢》第四十回：「說完，卻鼓著腮幫子，兩眼直視，一聲不語。」下文「無賴」，謂無可奈何也。漢·焦贛《易林·泰之豐》：「龍蛇所聚，大水來處，滑滑沛沛，使我無賴。」《三國志·魏志·華佗傳》：「彭城夫人夜之廁，蠆螫其手，呻呼無賴。」

〔62〕正身——謂確本人實體。杜麗娘自指。元·石君寶《秋胡戲妻》四〔得勝令〕白：「一心妄想洞房春，誰料金榜擂捶有正身。」明·徐元《八義記》二十三〔唐多令〕白：「（老旦：）相公無端殺他三百口，可傷！（淨：）可傷甚的？正身尚未拿獲。」

〔63〕含胎——謂懷孕。

〔64〕春娘愛上酒家子樓——本句及以下各句，皆出宋·孫光憲《北夢瑣言》卷十：「唐咸通中，前進士李昌符有詩名，久不登第，常歲卷軸，怠於裝修。因出一奇，乃作《婢僕詩》五十首，於公卿間行之。有詩云：『春娘愛上酒家樓，不怕歸遲總不留。推道那家娘子臥，且留教住待梳頭。』又云：『不論秋菊與春花，個個能嚃空肚茶。無事莫教頻入庫，一名閒物要些些。』諸篇皆中婢僕之諱。浹旬，京城盛傳其詩篇，為奶媼輩怪罵騰沸，盡要摑其面。」按：《婢僕詩》醜化勞動婦女，招來奶媼輩怪罵，甚至欲摑其面，乃理所當然之事也。嚃，不加節制地吃喝。

〔65〕相公纂下小姐班——句意是請相公扶小姐下船。相公，舊時對讀書人的敬稱；後多指秀才。明·賈仲明《玉壺春》二、白：「（琴童云：）相公，你不思進取功名，只要上花臺，做子弟，有什麼好處？」

〔66〕房頭——見本劇第二十八齣注〔44〕。

〔67〕禿廝兒——禿童也。按：「廝兒」或「小廝」，謂男孩子，猶今云「小子」。清·平步青《釋諺》云：「今人呼小子，古曰小廝。」今浙江溫州方言仍如此呼之。「兒」為名詞語尾，無義。禿廝兒，即禿頭小子，這裏指的是石道姑的侄子癩頭黿。下文「女冠子」，意即女道士，指石道姑。

〔68〕脈脈——猶「默默」。《資治通鑑·隋文帝開皇二十年》：「弼後語頲：皇太子於己，出口入耳，無所不盡。公終久何必不得弼力，何脈脈邪？」胡三省注：「脈脈，有言不得吐之意。」鄒魯《黃花岡》詩：「岡上黃花岡下魂，精靈相通竟脈脈。」

〔69〕哈哈——戲曲中多用為樂曲節奏的語助詞，寓有欣喜意。

〔70〕倩女返魂——唐人陳玄祐傳奇小說《離魂記》故事：倩娘（倩女）與愛人王宙離別後，相思成病。她的靈魂脫離病體軀殼，後面趕來，追上王宙，和他同居。

後來兩人回到倩娘家裏，倩娘的靈魂便與臥病在床的自己的軀體合而爲一。元劇作家據此寫出有名的《倩女離魂》雜劇，明著名戲曲家臧晉叔選收在《元曲選》內。這裏用來比喻杜麗娘爲愛情死而復生的動人情節。

〔71〕黯（àn）——深黑、昏暗。用作動詞。下「香囊」，盛香料的小囊，佩於身或懸以帳，以爲裝飾物。

〔72〕藍橋驛——藍橋，橋名，在陝西省藍田縣東南藍溪之上。驛，驛站。唐人傳奇故事：爲唐人裴航遇仙女雲英處，後來雙雙成仙。唐·裴鉶《傳奇·裴航》：「一飲瓊漿百感生，玄霜搗盡見雲英。藍橋便是神仙窟，何必區區上玉清。」後常用爲男女約會之處。這裏借指柳夢梅遇見杜麗娘。

〔73〕奈河橋——一作漆河橋，見本劇第二十三齣注〔38〕。

〔74〕七星版三星照——七星版，即七星板。舊時停屍床上及棺內放置的木板。針鑿梡槽一道，使七孔相連，大斂時納於棺內。北齊·顏之推《顏氏家訓·終制》：「吾當松棺二寸，衣帽以外，一不得自隨，床上唯旐七星板。」《金瓶梅》第六十三回：「放下一七星板，擱上紫蓋，件作四面用長命丁一齊釘起來。」三星，《詩·唐風·綢繆》：「三星在天。」毛傳：「三星，參也。」鄭玄箋：「三星，謂心星也。」

〔75〕兩星——指牽牛、織女兩星。神話傳說，謂每年七夕過銀河相會一次。這裏是指柳夢梅和杜麗娘兩情相悅，以致結合在一起。

〔76〕抵多少嚇魂臺——抵多少，勝過的意思。元·關漢卿《拜月亭》三〔滾繡球〕：「搠起柄夫榮妻貴三簷傘，抵多少爺飯娘羹馬車。」嚇魂臺，謂陰司中掌管生死句押推勘的地方。

〔77〕無生——佛教語。謂沒有生滅，不生不滅。這是佛家修行的最高境界。「情根一點是無生債」，意言有了一點情根，還不能達到無生的境界。

〔78〕望夫臺——即望夫石，在湖北武昌北山上，有石如人立。據相傳這是丈夫從役未歸，妻子登山望盼，日久而變爲石頭的。《初學記》卷五引南朝宋·劉義慶《幽明錄》：「武昌北山有望夫石，狀若人立。古傳云：昔有貞婦，其夫從役，遠赴國，攜弱子餞送北山，立望夫而化爲立石。」各地類似傳說都有，餘不備引。

〔79〕偷去須從月下移——語見《全唐詩》卷 687、吳融《高侍御話及皮博士池中白蓮成一章寄博士兼奉呈》詩。

〔80〕好風偏似送佳期——語見《全唐詩》卷 624、陸龜蒙《中秋待月》詩。

〔81〕傍人不議扁舟意——語見《全唐詩》卷 702、張蠙《經范蠡舊居》詩。《全唐詩》「傍」作「他」，「議」作「見」。

〔82〕惟有新人子細知——語見《全唐詩》卷 274、戴叔倫《撫州被推昭雪答陸太祝三首》之一。《全唐詩》「惟」作「唯」。但兩字音義並同。

第三十七齣　駭　變

【集唐】〔末上〕風吹不動頂垂絲〔1〕，吟背春城出草遲〔2〕。畢竟百年渾是夢〔3〕，夜來風雨葬西施〔4〕。俺陳最良。只因感激杜太守，爲他看顧小姐墳塋。昨日約了柳秀才墳上望去，不免走一遭。〔行介〕嚴扉不掩雲長在，院徑無媒草自深。待俺叫門。〔叫介〕呀，往常門兒重重掩上，今日都開在此。待俺參了聖〔5〕。〔看菩薩介〕咳，冷清清沒香沒燈的。呀，怎不見了杜小姐牌位？待俺問一聲老姑姑。〔叫三聲介〕俗家〔6〕去了。待俺叫柳兄問他。〔叫介〕柳朋友！〔又叫介〕柳秀才！一發不應了。〔看介〕嗄，柳秀才去了。醫好了他，來不參，去不辭。沒行止〔7〕！待俺西房瞧瞧。哎喲，道姑也搬去了。磬兒，鍋兒，床席，一些都不見了。怪哉！〔想介〕是了。日前小道姑有話，日昨又聽的小道姑聲息，於中必有柳夢梅勾搭事情。一夜去了。沒行止，沒行止！由他，由他。且後園看小姐墳去。〔行介〕

【懶畫眉】深徑側老蒼苔，那幾所月榭風亭久不開。當時曾此葬金釵〔8〕。〔望介〕呀，舊墳高高兒的，如今平下來了。緣何不見墳兒在？敢是狐兔穿空倒塌來？

這太湖石，只左邊靠動了些，梅樹依然。〔驚介〕哎呀，小姐墳被劫了也。〔放聲哭介〕

【朝天子】小姐，天呵！是甚發塚無情短倖材〔9〕？他有多少金珠葬在打眼〔10〕來！小姐，你若早有人家，也搬回去了。則爲玉鏡臺無分照泉臺〔11〕。好孤哉！怕蛇鑽骨，樹穿骸，不提防這災。

知道了，柳夢梅嶺南人，慣會劫墳。將棺材放在近所，截了一角爲記，要人取贖。這賊意思，止不過說杜老先生聞知，定來取贖。想那棺材，只在左近埋下了。待俺尋。〔見介〕咳呀，這草窩裏不是朱漆板頭？這不是大鏽釘？開了去。天呵，小姐骨殖〔12〕丟在那裏？〔望介〕那池塘裏浮著一片棺材。是了，小姐屍骨拋在池裏去了。狠心的賊也！

【普天樂】問天天〔13〕，你怎把他昆池碎劫無餘在〔14〕？又不欠觀音鎖骨連環債〔15〕，怎丟他水月魂骸〔16〕？亂紅衣〔17〕暗泣蓮腮，似黑

月重拋業海。待車乾池水，撈起他骨殖來。怕浪淘沙碎玉難分派。到不如
當初水葬無猜。賊眼腦〔18〕生來毒害，那些個〔19〕憐香惜玉，致命圖財！

先師云：虎兕出於柙，龜玉毀於櫝中，典守者不得辭其責〔20〕。俺如今
先稟了南安府緝〔21〕拿，星夜往淮揚，報知杜老先生去。

【尾聲】石虔婆〔22〕他古弄裏〔23〕金珠曾見來。柳夢梅，他做得個
破周書汲冢〔24〕才。小姐呵，你道他為甚麼向金蓋銀牆做打家賊？

丘墳發掘當官路〔25〕，春草茫茫墓亦無〔26〕。

致汝無辜由俺罪〔27〕，狂眠恣飲是凶徒〔28〕。

校　注

〔1〕風吹不動頂垂絲——語見《全唐詩》卷 518、雍陶《詠雙白鷺》詩。《全唐詩》
「吹」作「飄」。

〔2〕吟背春城出草遲——語見《全唐詩》卷 514、朱慶餘《尋僧》詩。

〔3〕畢竟百年渾是夢——語見《全唐詩》卷 411、元稹《酬樂天秋興見贈本句云莫怪
獨吟秋興苦比君校近二毛年》詩。《全唐詩》「渾」作「同」。

〔4〕夜來風雨葬西施——語見《全唐詩》卷 683、韓偓《哭花》詩。西施，古代美女。
這裏以人喻花，意言一夜之間，把花吹落。

〔5〕聖——這裏指菩薩。舊時迷信稱神佛為聖。亦作「聖賢」。元・石子章《竹塢
聽琴》二〔中呂粉蝶兒〕：「不免的喚道姑添淨水，我剛剛的把聖賢來參罷。」

〔6〕俗家——僧、道出家前的家庭。唐・段成式《酉陽雜俎》續集卷二（支諾皋中）：
「太和七年，上都青龍寺僧契宗，俗家在樊州（一作「川」）。」《初刻拍案驚
奇》卷三十四：「和尚道：『我出家在靈隱寺，今到俗家探視，卻要回去。』」
俗，原作「誰」，依朱墨、朱校、清暉本改。

〔7〕沒行（xíng）止——謂行為不端、品德不正。元・高明《琵琶記》三十四〔銷金
帳・前腔〕白：「天那！我不曾見這般沒行止的人。」

〔8〕金釵——婦女插於髮髻的金製首飾，因借指婦女。唐・李賀《殘絲曲》：「綠鬢
年少金釵客，縹粉壺中沉琥珀。」王琦彙解：「金釵客，指女子。」這裏借比杜
麗娘。

〔9〕短倖材——詈詞，意謂短命薄幸的人。猶俗雲短命鬼。金・無名氏《劉知遠諸
宮調》二〔般涉調・尾〕：「著手指，村內妻，知遠到此不得已，發短幸辜恩悟
賺了你。」

〔10〕打眼——謂看得上眼，引人注目，以至使人滋生覬覦的念頭。

〔11〕玉鏡臺無分照泉臺——玉鏡臺，晉代溫嶠曾以征劉聰有功所獲玉鏡臺爲信物，和他表妹結婚。後引申作婚娶聘禮的代稱。分，緣分。泉臺，指陰符、墳墓。全句是說：你（麗娘）生前既未能受聘，死後也就沒有這種緣分了。

〔12〕骨殖——屍骨。見本劇第六齣注〔15〕。

〔13〕天天——即「天」，重言以呼之則曰「天天」。亦有迭用三字者。都是無可奈何的一種感情宣泄。宋・張先《夢仙鄉》詞：「離聚此生緣，無計問天天。」元・王實甫《西廂記》一本一折〔柳葉兒〕：「恨天天不與人行方便，好著我難消遣，端的是怎留連？」

〔14〕昆池碎劫無餘在——意言劫去屍骨拋進池塘一點沒有留下來。昆池，即昆明池，傳爲漢武帝於長安近郊所鑿，宋已湮沒。詳見《漢書・武帝紀》。這裏用以比喻池塘。

〔15〕觀音鎖骨連環債——宗教傳說，有所謂「鎖骨觀音」，是觀音菩薩行道事迹的變相之一。林紓《譯〈塊肉餘生述〉序》：「古所謂鎖骨觀音者，以骨節鉤聯，皮膚腐化後，揭而舉之，則全身鏘然，無一屑落者。」相傳唐大曆時，延州一婦人死，有西域胡僧敬禮焚香，圍繞讚歎於其墓，謂彼即鎖骨觀音。眾人即開墓，視遍身之骨，鉤結皆如鎖狀，果如僧言。州人異之，爲設大齋起塔焉。（見唐・李復言《續玄怪錄・延州婦人》）這裏代指杜麗娘的屍骨。

〔16〕水月魂骸——言麗娘靈魂骸骨如水中月一樣明淨也。

〔17〕紅衣——荷花瓣的別稱。唐・趙嘏《長安晚秋》詩：「紫豔半開籬菊靜，紅衣落盡渚蓮愁。」宋・姜夔《惜紅衣・荷花》詞：「虹梁水陌，魚浪吹香，紅衣半狼藉。」暗泣蓮腮，意言蓮花瓣也爲之哭泣。

〔18〕眼腦——即「眼」。「腦」，在戲曲中稱人體某一部分時，作爲語尾助詞，無義。下文「毒害」，厲害的意思。

〔19〕那（nǎ）些個——意謂說不上，那裏是。《宋元戲文輯佚・宦門子弟錯立身》十三〔尾聲〕：「事到如今不自由，那些個男兒得志秋？」

〔20〕「虎兕（sì）出於柙（xiá）」三句——語見《論語・季氏》：「（孔子曰）虎兕出於柙，龜玉毀於櫝中，是誰之過與？」朱熹集注：「兕，野牛也。柙，檻也。櫝，匱也。在柙而逸，在櫝櫝而毀，典守者不得辭其過。」按：兕、柙，今俗雲獸圈。櫝（dú），匱也，匱同「櫃」；龜，龜甲。上古時皆認爲是寶物。典守，主管人。

〔21〕緝——搜捕。

〔22〕虔婆——舊指以甘言取悅人的不正派的媒婆。明・周祈《名義考》卷五「方言」條：「方言謂賊爲虔，虔婆，猶賊婆也。」曲中，多用作詈詞。

〔23〕古弄裏——意言窟窿裏，這裏即指墳墓裏。陳最良說石道姑裝殮的杜麗娘，故知放在棺內的珍珠寶物。

〔24〕破周書汲冢——據《周書・武帝本紀》：咸寧五年，「汲郡人不准掘魏襄王家，

得竹簡小篆古書十餘萬言，藏於秘府。」汲郡，今河南汲縣。「破周書汲冢才」，
這裏借指柳夢梅掘墓。

〔25〕丘墳發掘當官路——語見《全唐詩》卷344、韓愈《題廣昌館》詩。《全唐詩》
　　注：路，一作「道」。

〔26〕春草茫茫墓亦無——語見《全唐詩》卷455、白居易《羅符水》詩。《全唐詩》
　　「墓」作「暮」。

〔27〕致汝無辜由俺罪——語見《全唐詩》卷344、韓愈《去歲自刑部侍郎以罪貶潮
　　州刺史乘驛赴任其後家亦譴逐小女道死殯之層峰驛旁山下蒙恩還朝過基墓留
　　題驛梁》詩。《全唐詩》「俺」作「我」。

〔28〕狂眠恣飲是凶徒——語見《全唐詩》卷824、僧子蘭《長安傷春》詩。《全唐
　　詩》「眠」作「遊」，「是」作「盡」。按：此子蘭乃昭宗朝文章供奉，非作僧
　　人之子蘭。

第三十八齣　淮　警

【霜天曉角】〔淨引眾人上〕英雄出眾，鼓譟〔1〕紅旗動。三年繡甲
錦蒙茸〔2〕，彈劍把雕鞍斜鞚〔3〕。

　　賊子豪雄是李全，忠心赤膽向胡天。靴尖踢倒長天塹〔4〕，卻笑江南土
　　不堅。俺溜金王〔5〕奉大金之命，騷擾江淮三年。打聽大金家兵糧湊齊，
　　將次〔6〕南征，教俺淮揚開路，不免請出賤房〔7〕計議。中軍〔8〕快請。
　　〔眾叫介〕大王叫箭坊〔9〕。〔老旦軍人持箭上〕箭坊俱已造完。〔淨笑
　　惱介〕狗才，怎麼說？〔老旦〕大王說，請出箭坊計議。〔淨〕胡說！
　　俺自請楊娘娘，是你箭坊？〔老旦〕楊娘娘是大王箭坊，小的也是箭
　　坊。〔淨喝介〕

【前腔】〔丑上〕蓮帳〔10〕深擁，壓寨的〔11〕陰謀重。〔見介〕大王
興〔12〕也！你夜來鏖戰〔13〕好粗雄。困的俺垓心沒縫〔14〕。

　　大王夫，俺睡倦了。請俺甚事商量？〔淨〕聞得金主南侵，教俺攻打淮
　　揚，以便征進。思想揚州有杜安撫鎮守，急切難攻。如何是好？〔丑〕
　　依奴家所見，先圍了淮安，杜安撫定然赴救。俺分兵揚州，斷其聲援，
　　於中取事。〔淨〕高、高！娘娘這計，李全要怕你了。〔丑〕你那一宗兒
　　不怕了奴家！〔淨〕罷了。未封王號時，俺是個怕老婆的強盜，封王之
　　後，也要做怕老婆的王。〔丑〕著了。快起兵去攻打淮城。

【錦上花】撥轉磨旗峰〔15〕，促緊先鋒。千兵擺列，萬馬奔沖。鼓通通，鼓通通，譟的那淮揚動。

【前腔】軍中母大蟲〔16〕，綽〔17〕有威風。連環陣勢，煙粉牢籠〔18〕。哈哄哄〔19〕，哈哄哄，哄的那淮揚動。〔丑〕溜金王，行軍到處，不許你搶佔半名婦女。如違，定以軍法從事。〔淨〕不敢。

日暮風沙古戰場〔20〕，軍營人學內家妝〔21〕。

如今領帥紅旗下〔22〕，擘破雲鬟金鳳凰〔23〕。

校　注

〔1〕鼓譟——古代指出戰時擂鼓吶喊。《墨子·備蛾傳》：「夜半，而城上四面鼓譟，敵人必或，破軍殺將。」《後漢書·光武帝紀上》：「城中亦鼓譟而出，中外合執，震呼動地，莽兵大潰。」

〔2〕蒙茸——猶「蒙戎」，雜亂貌。《史記·晉世家》：「孤裘蒙戎，一國之公，吾誰適從？」裴駰集解引服虔曰：「蒙戎以言亂貌。」《詩·邶風·毛丘》作「蒙戎」。毛傳：「蒙戎，亂也。」這裏借衣甲散亂不齊，以喻軍旅生活之匆忙也。

〔3〕鞚（kòng）——帶嚼子的馬籠頭。這裏用作動詞，意指拉住馬的繮繩。

〔4〕靴尖踢倒長天塹——言靴尖能踢倒長江天險。意謂渡江攻宋非常容易。這句話出於南宋叛將呂文煥答宋太皇太后書。書云：「孤城其如彈丸，謂靴尖之踢倒；長江雖曰塹固，欲提鞭而斷流。」（見《說郛》商務版卷七引《錢塘遺事》）塹，水溝，意指長江天險。

〔5〕溜金王——即李全。見本劇第十五齣注〔18〕。

〔6〕將次——將要、就要。清·劉淇《助字辨略》卷二：「將次，欲及之辭。凡云次者，當前舍止之處，言、行且及之也。將欲之而猶未及之，故雲將次。」同劇第五十三齣〔風入松慢〕：「想他將次南征。」義同。

〔7〕賤房——對別人謙稱自己的妻子。

〔8〕中軍——中軍官的省稱，即傳令官。

〔9〕箭坊——製造箭的作坊。這裏是指造箭的工匠。箭坊、賤房？音，故藉以打諢。

〔10〕蓮帳——營帳也。原顛倒為「帳蓮」，今正。意即營帳、帳幕。以「蓮」名帳，蓋取義於《南史·庾杲之傳》。傳云：「安陸侯、蕭緬與儉書曰：『盛府之僚，實難其選。庾景行（庾杲之的字）泛淥水，依芙蓉，何其麗也！』時人以入儉府為蓮花池，故緬書美之。」

〔11〕壓寨的——即壓寨夫人，山寨首領的妻子。此處的「的」字，代指夫人。元·

王實甫《西廂記》五本三折〔天淨沙〕:「手橫著霜刀,高叫道要鶯鶯做壓寨夫人。」

〔12〕興——起來。《詩・衛風・氓》:「夙興夜寐,靡有朝矣。」鄭玄箋:「早起夜臥。」

〔13〕鏖戰——比喻激烈地爭強賭勝。明・王世貞《鳴鳳記》八〔霜天曉角〕:「文場鏖戰,未遂登庸願。」

〔14〕垓心沒縫——意指心裏沒縫,言睏的很厲害。

〔15〕撥轉磨旗峰——磨旗,謂揮動旗幟。峰,指旗幟的頂尖。轉磨旗峰,意即改變行軍的方向。

〔16〕母大蟲——意即母老虎。常用作兇悍婦女的綽號。這裏代指李全的妻子。

〔17〕綽——用作甚詞,謂很、甚。

〔18〕煙粉牢籠——煙粉,指女人,這裏指李全妻。牢籠,關禽獸的籠檻,引申為控制。言軍事局勢為李全妻所控制。

〔19〕哈哄哄——猶言鬧哄哄。

〔20〕日暮風沙古戰場——語見《全唐詩》卷 143、王昌齡《從軍記》七首之三。《全唐詩》「風」作「雲」。

〔21〕軍營人學內家妝——語見《全唐詩》卷 633、司空圖《歌》詩。內家妝,宮廷內女人梳妝的式樣。清・洪昇《長生殿》十八〔風雲會四朝元〕白:「聞道君王前殿宿,內家各自撤紅燈。」徐朔方注:「內家,指后妃、宮嬪等。」

〔22〕如今領帥紅旗下——語見《全唐詩》卷 275、張建封《酬韓校書愈打球歌》。《全唐詩》「如今領帥」作「今來帥領」。「旗」作「旌」。

〔23〕擘破雲鬟金鳳凰——語見《全唐詩》卷 640、曹唐《玉女杜蘭鄉下嫁於張碩》詩。《全唐詩》「凰」作「皇」。

第三十九齣　如〔1〕杭

【唐多令】〔生上〕海月未塵埋〔2〕,〔旦上〕新妝倚鏡臺。〔生〕捲〔3〕錢塘風色破書齋。〔旦〕夫,昨夜天香〔4〕雲外吹,桂子月中開。

〔生〕夫妻客旅悶難開,〔旦〕待喚提壺酒一杯。〔生〕江上怒潮千丈雪,〔旦〕好似禹門〔5〕平地一聲雷。〔生〕俺和你夫妻相隨,到了臨安京都地面。賃下這所空房,可以理會〔6〕書史。爭奈〔7〕試期尚遠,客思轉深。如何是好?〔時〕早上分付姑姑,買酒一壺,少解夫君之悶,尚未見回。〔生〕生受了,娘子。一向不曾話及:當初只說你是西鄰女子,誰知感動幽冥,匆匆成其夫婦。一路而來,到今不曾請教。小姐,

可是見小生於道院西頭？因何詩句上「不是梅邊是柳邊」，就指定了小生姓名？這靈通委是怎的？〔旦笑介〕柳郎，俺說見你於道院西頭是假。我前生呵！

【江兒水】偶和你後花園曾夢來，擎一朵柳絲兒要俺把詩篇賽〔8〕。奴正題詠間，便和你牡丹亭上去了。〔生笑介〕可好哩？〔旦笑介〕咳，正好中間，落花驚醒。此後神情不定，一病奄奄〔9〕。這是聰明反被聰明帶〔10〕，真誠不得真誠在，冤親做下這冤親債。一點色情難壞，再世為人，話做了兩頭分拍〔11〕。

【前腔】〔生〕是話兒〔12〕聽的都呆答孩〔13〕。則俺為情癡信及你人兒在。還則怕邪淫惹動陰曹怪，忌亡墳觸犯陰陽戒〔14〕。分〔15〕書生領受陰人愛，勾的你色身無壞。出土成人，又看見這帝城風采。

〔淨提酒上〕路從丹鳳城〔16〕邊過。酒向金魚館內沽。呀，相公、小姐不知：俺在江頭沽酒，看見各路秀才，都赴選場去了。相公錯過天大好事。〔生旦作忙介、旦〕相公，只索〔17〕快行。〔淨〕這酒便是狀元紅〔18〕了。〔旦把酒介〕

【小措大】喜的一宵恩愛，被功名二字驚開。好開懷這御酒三杯，放著四嬋娟人月在〔19〕。立朝馬五更門外〔20〕，聽六街〔21〕裏喧傳人氣概。七步才〔22〕，蹬上了寒宮八寶臺〔23〕。沉醉了九重春色〔24〕，便看花〔25〕十里歸來。

【前腔】〔生〕十年窗下〔26〕，遇梅花凍九〔27〕纔開。夫貴妻榮八字〔28〕安排。敢你七香車〔29〕穩情載，六宮宣〔30〕有你朝拜。五花誥〔31〕封你非分外。論四德〔32〕、似你那三從結願諧。二指大泥金報喜〔33〕。打一輪皂蓋〔34〕飛來。

〔旦〕夫，記的春容詩句。

【尾聲】盼今朝得傍你蟾宮客〔35〕，你和〔36〕俺倍精神〔37〕金階對策〔38〕。高中了，同去訪你丈人、丈母呵，則道俺從地窟裏登仙那大喝綵。

良人的的有奇才〔39〕，恐失佳期後命催〔40〕。

紅粉樓中應計日〔41〕，遙聞笑語自天來〔42〕。

校 注

〔1〕如——用作動詞，謂往也、去也。如杭，意即去杭州。

〔2〕海月未塵埋——海月，海生貝殼類動物，圓形，薄而透明，多用來嵌裝門窗或房頂，以透光線。因又名窗貝。《文選·郭璞〈江賦〉》：「王珧海月，土肉石華。」李善注引《臨海水土物志》：「海月，大如鏡，白色，正圓，常死海邊，其柱如搔頭大，中食。」這裏借指鏡子、鏡臺。未塵埋，言（鏡）未被塵沙埋沒也。

〔3〕捲（juǎn）——收捲。《說文·手部》：「捲，卷收也。」唐·王勃《滕王閣序》：「畫棟朝飛南浦雲，珠簾暮捲西山雨。」

〔4〕天香——祭神的香。古俗於年節朔望燒之，以表敬天之意。

〔5〕禹門——即龍門，在今山西河津縣西北，陝西韓城縣東北。相傳為夏禹開鑿，故以名之。古代神話傳說，鯉魚跳過龍門，就可以變成龍。後來便藉此比喻赴京應考中第的人。宋·辛棄疾《鷓鴣天·送廓之秋試》詞：「禹門已准桃花浪，月殿先收桂子香。」元·關漢卿《陳母教子》一〔油葫蘆〕：「可正是禹門三級桃花浪，俺孩兒平奪得一個狀元郎。」明·無名氏《尋親記》二十七〔歸朝歌〕：「倚門望你身脫白，須作禹門驚雷客，莫比庸凡空點額。」下文「平地一聲雷」意謂聲名驟起。

〔6〕理會——溫習。

〔7〕爭奈——怎奈。

〔8〕賽——比賽、較量。《正字通·貝部》：「賽，相誇勝曰賽。」《魏書·任城王澄傳》：「特令澄為七言連韻，與高祖往復賭賽。」

〔9〕奄奄——氣息微弱貌。晉·李密《陳情表》：「氣息奄奄，人命危淺，朝不慮夕。」

〔10〕帶——帶累、拖累。

〔11〕分拍——分說。

〔12〕是話兒——所有的講話。是，猶「凡」，總括之詞，包舉一切在內。

〔13〕呆答孩——癡呆貌。答孩，又作打頦，打孩，均為「呆」字的詞尾，無義。

〔14〕陰陽戒——陰間和陽交界的地方。戒，通「界」。《字彙補·戈部》：「戒，又與界義同。」《新唐書·天文志一》：「而一行以為天下山河之象，存乎兩戒。」清·歸莊《和錫山友人無家詩次韻》：「紙上山河劃有戒。」兩「戒」字均與「界」通。

〔15〕分（fèn）——甘願、情願。《文選·曹植〈上責躬應詔詩表〉》：「自分黃耇，永

無執珪之望。」李善注：「分，謂甘愜也。」郁達夫《毀家詩記》之十六：「此身已分炎荒老，遠道多愁驛遞遲。」「分書生領受陰人愛」，意謂甘心情願接受杜麗娘陰魂的愛情。

〔16〕丹鳳城——指京城。唐・沈佺期《古意》詩：「白狼河北音書斷，丹鳳城南秋夜長。」唐・杜甫《送覃二判官》詩：「餞爾白頭日，永懷丹鳳城。」蔡夢弼注：「公懷長安帝城也。」

〔17〕只索——只好、只得。《京本通俗小說・錯斬崔寧》：「若是照前這般不順溜，只索罷了。」

〔18〕狀元紅——美酒名。《精注雅俗故事讀本上・飲食》：「竹葉青、狀元紅，俱爲美酒。」這裏是借酒名爲彩，祝柳夢梅考中狀元。

〔19〕四嬋娟人月在——四嬋娟，指花、竹、人、月。唐・孟郊《嬋娟篇》：「花嬋娟，泛春泉；竹嬋娟，籠曉煙；妓嬋娟，不長妍；月嬋娟，真可憐。」人月在，意指人、月俱在，雙雙獲得團圓。

〔20〕立朝馬五更門外——朝馬，舊時大臣在紫禁城中所乘之馬。是帝王對年老宰輔和功臣的恩賜。五更，特指第五更，即天將明，大臣上朝的時候。南朝陳・伏知道《從軍五更轉》詩之五：「五更催送籌，曉色映山頭。」

〔21〕六街——唐、宋時代，京都有六條主要大街。《資治通鑑・唐睿宗景雲元年》：「中書舍人韋元徼巡六街。」胡三省注：「長安城中，左右六街。」《宋史・魏丕傳》：「六街巡警皆用禁卒。」文藝作品中的「六街」，和史書的具體記載不同，是泛指多數，形容市面上街道縱橫、繁華熱鬧。下文「喧傳」，猶哄傳、盛傳。唐・張仲素《賀獲劉闢表》：「萬里喧傳，兆人鼓舞。」宋・周邦彥《訴衷情》詞：「喧傳京國聲價，年少最無量。」「氣概」，猶氣派、聲勢。清・沈元滄《涿州》詩：「風雲氣概樓桑里，土壤膏腴督亢圖。」以上兩句是杜麗娘想像柳夢梅到京後的得意情狀。

〔22〕七步才——形容人才思敏捷，出口成章。典出《世說新語・文學》：「文帝（曹丕）令東阿王（曹植）七步中作詩，詩不成者行大法。應聲便爲詩曰：『煮豆持作羹，漉菽以爲汁。其在釜下然，豆在釜中泣。本自同根生，相煎何太急！』帝深有慚色。」

〔23〕蹭上了寒宮八寶臺——意即中了狀元。寒宮，廣寒宮之簡稱，亦即月宮。唐・段成式《酉陽雜俎》前集卷一「天咫」條：「月乃七寶合成。」這裏改「七寶」爲「八寶」，是因爲〔小措大〕曲用巧體，每句以數字相嵌故也。

〔24〕九重春色——九重，天子住處。三國魏・曹植《當牆欲高行》詩：「君門以九重，道遠河天津。」唐・杜甫《丹青引贈曹將軍霸》詩：「斯須九重真龍出，一洗萬古凡馬空。」春，喻酒。唐・杜甫《奉和賈至舍人早朝大明宮》詩：「五夜漏聲催曉箭，九重春色醉仙桃。」唐・韓翃《田倉曹東亭夏夜飲得春字》詩：

「玉佩迎初夜，金壺醉老春。」前蜀・牛嶠《女冠子》詞：「錦江煙水，卓女燒春濃美。」

〔25〕看花——唐・孟郊《登科後》詩：「春風得意馬蹄急，一日看盡長安花。」形容士子登科後的喜悅心情。

〔26〕十年窗下——喻指長期苦讀。元・關漢卿《陳母教子》一〔油葫蘆〕白：「（大末云：）十年窗下無人問，一舉成名天下知。」明・賈仲明《玉壺春》一、白：「豈不聞『十年窗下無人問，一舉成名天下知。』信有之也。」

〔27〕凍九——指數九日子，一年中最冷的時候。

〔28〕八字——星命家以人生出生的年、月、日、時，各配以天干、地支，每項兩個字，合稱「八字」，據以推算人的命運。《醒世恒言・大樹坡義虎送親》：「這是生成八字內注定虎傷，哭也沒用。」

〔29〕七香車——舊時貴婦人所乘的華麗車子。《太平御覽》卷七七五載《曹操與楊彪書》云：「今贈足下畫輪四望通幰七香車二乘。」唐・盧照鄰《長安古意》詩：「長安大道連狹斜，青牛白馬七香車。」下文「穩情」，謂一準、一定、包管。元・陳以仁《存孝打虎》一〔柳葉兒〕：「他們都忙挾策，上壇臺，將軍你穩情掛勢劍金牌。」

〔30〕六宮宣——皇后的宣召。六宮，古代皇后決定寢宮，正寢一，燕寢五，合為六宮。唐・白居易《長恨歌》：「回眸一笑百媚生，六宮粉黛無顏色。」

〔31〕五花誥——古代丈夫做了官，妻子可以依照丈夫的品級得到皇帝給予的相應的封號；這種封號的證書叫做「誥」。因它是用五色綾羅做的，其上又有金色花飾，故名之曰「五花誥」或「金花誥」。下文「分外」，謂非分、過分。

〔32〕四德——封建禮教指婦女應有四種德行。《周禮・天官・九嬪》：「掌婦學之法，以教九御婦德、婦言、婦容、婦功。」鄭玄注：「婦德謂貞順，婦言謂辭令，婦容謂婉娩，婦功謂絲枲。」下文「三從」，禮教認為婦女應該做家從父，出嫁從夫，夫死從子。及《儀禮・喪服》：「婦人有三從之義，無專用之道，故未嫁從父，既嫁從夫，夫死從子。」亦見《禮記・郊特牲》。

〔33〕泥金報喜——五代・王仁裕《開元天寶遺事・天寶下》：「新進士才及第，以泥金書帖子附家書中，用報登科之喜。」

〔34〕皂蓋——黑色之傘，用來遮陽光或蔽雨，為古代官員出行時儀仗之一。《後漢書・輿服志上》：「中二千石，二千石皆皂蓋，朱兩幡。」唐・杜甫《戲題寄上漢中王三首》之一：「不能隨皂蓋，自醉逐浮萍。」

〔35〕蟾宮客——指中第者。

〔36〕和——見第三十五齣注〔7〕。

〔37〕倍精神——打起精神。

〔38〕金階對策——舉人參加禮部會試中選後再參加殿試，由皇帝主持，謂之金階對

策。金階，帝王宮殿的臺階。《宣和遺事》前集：「（殿頭官）踏著金階，口傳聖旨。」「階」以「金」言者，蓋讚美之詞也。對策，從經義政事中出題目，叫考生回答曰對策。考中第一名的爲狀元，以次叫做榜眼、探花、進士。

〔39〕良人的的有奇才——語見《全唐詩》卷 799、劉氏《天下第一》詩。劉氏《全唐詩》注：一作趙氏。的的，謂確確實實。

〔40〕恐失佳期後命催——語見《全唐詩》卷 231、杜甫《送李八秘書赴杜相公幕》詩。

〔41〕紅粉樓中應計日——語見《全唐詩》卷 62、杜審言《贈蘇綰書記》詩。

〔42〕遙聞笑語自天來——語見《全唐詩》卷 286、李端《長門怨》詩。

第四十齣　僕　偵

【孤飛雁】〔淨郭駝挑擔上〕世路平消長〔1〕，十年事老頭兒心上。柳郎〔2〕君翰墨人〔3〕家長。無營運〔4〕，單承望〔5〕，天生天養，果樹成行。年深樹老，把園圃〔6〕拋漾〔7〕。你索〔8〕在何方？好沒主量〔9〕。悽惶〔10〕，趁〔11〕上他身衣口糧。

> 家人做事興〔12〕，全靠主人命。主人不在家，園樹不開花。俺老駝一生依著柳相公，種果爲生。你說好不古怪：柳相公在家，一株樹上摘百十來個果兒；自柳相公去後，一株樹上生百十來個蟲。便胡亂長幾個果，小廝們偷個盡。老駝無主〔13〕，被人欺負。因此發個老狠，體探〔14〕俺相公過嶺北來了，在梅花觀養病，直尋到此，早則南安府大封條封了觀門。聽的邊廂〔15〕人說，道婆爲事走了，有個姪兒癩頭黿，小西門住。找尋他去。〔行介〕抹過〔16〕大東路，投至小西門。〔下〕

【金錢花】〔丑疙童披衣笑上〕自小疙辣郎當〔17〕，郎當。官司拿俺爲姑娘〔18〕，姑娘。盡了法〔19〕，腦皮撞。得了命，賣了房。充小廝〔20〕，串街坊。

> 若要人不知，除非己不爲。自家癩頭黿便是。這無人所在，表白一會。你說姑娘和柳秀才那事，幹得好，又走得好！只被陳教授那狗才，稟過南安府，拿了俺去。拷問姑娘那裏去了？劫了杜小姐墳哩！你道俺更〔21〕不聰明，卻也頗頗的〔22〕。則掉著頭〔23〕不做聲。那鳥官〔24〕喝道：「馬不弔不肥，人不拷不直〔25〕，把這廝上起腦箍〔26〕來。」哎

也，哎也，好不生疼〔27〕！原來用刑人先撈〔28〕了俺一架金鐘玉磬，替俺方便〔29〕，稟說這小廝夾出腦髓來了。那鳥官喝道：「撚〔30〕上來瞧。」瞧了，大鼻子一颭〔31〕，說道：「這小廝真個夾出腦漿來了。」不知是俺癩頭上膿。叫鬆了刑，著保在外。俺如今有了命，把柳相公送俺這件黑海青〔32〕，擺〔33〕將起來。〔唱介〕擺搖搖，擺搖搖。沒人所在，被俺擺過子橋。〔淨向前叫揖介〕小官唱喏〔34〕。〔丑作不回揖，大笑唱介〕俺小官子腰閃〔35〕價，唱不的子喏。比似〔36〕你個駝子唱喏，則當了伸子個腰。〔淨〕這賊種，開口傷人。難道做小官的，背偏不駝？〔丑〕刮這駝子嘴〔37〕，偷了你什麼？賊？〔淨認丑衣介〕別的罷了。則這件衣服，嶺南柳相公的，怎在你身上？〔丑〕咳呀，難道俺做小官的，就沒件乾淨衣服，便是嶺南柳家的？隔這般一道梅花嶺，誰見俺偷來？〔淨〕這衣帶上有字。你還不認，叫地方〔38〕。〔扯丑作怕倒介〕罷了，衣服還你去羅。〔淨〕要哩！我正要問一個人。〔丑〕誰？〔淨〕柳秀才那裏去了？〔丑〕不知。〔淨三問、丑三不知介、淨〕你不說，叫地方去。〔丑〕罷了，大路頭難好講話。演武廳去。〔行介、淨〕好個僻靜〔39〕所在。〔丑〕咦，柳秀才到〔40〕有一個。可是你問的不是？你說得像，俺說；你說不像，休想，叫地方，便到官司〔41〕，俺也只是不說。〔淨〕這小廝到是個賊。聽俺道來：

【尾犯序】提起柳家郎，他俊白龐兒，典雅行妝。〔丑〕是了。多少年紀？〔淨〕論儀表看他，三十不上。〔丑〕是了。你是他什麼人？〔淨〕他祖上、傳留〔42〕下俺栽花種糧。自小兒、我看成〔43〕他快長。〔丑〕原來你是柳大官〔44〕。你幾時別他，知他做出甚事來？〔淨〕春頭別，跟尋至此，聞說的不端詳〔45〕。

〔丑〕這老兒說的一句句著〔46〕。老兒，若論他做的事，咦！〔作扯淨耳語、淨不聽見介、丑〕呸，左則〔47〕無人，耍他去。老兒你聽著。

【前腔】他到此病郎當〔48〕。逢著個杜太爺衙教小姐的陳秀才，勾引他養病庵堂，去後園遊賞。〔淨〕後來？〔丑〕一遊遊到杜小姐墳兒上。拾得一軸春容，朝思暮想，做出事來。〔淨〕怎的來？〔丑〕秀才家為真當假，劫墳偷壙〔49〕。〔淨驚介〕這卻怎了？〔丑〕你還不知。被那陳教授稟

了官，圍住觀門。拖番柳秀才，和〔50〕俺姑娘，行了杖。棚琶拶壓〔51〕，不怕不招。點了供紙〔52〕，解上江西提刑廉訪司〔53〕。問那六案都孔目〔54〕，這男女〔55〕應得何罪？六案請了律令，稟複道，但偷墳見屍者，依律一秋〔56〕。〔淨〕怎麼秋？〔丑做按淨頭介〕這等秋。〔淨驚哭介〕俺的柳秀才呵，老駝沒處投奔了。〔丑笑介〕休慌。後來遇赦了。便是那杜小姐活轉來哩。〔淨〕有這等事！〔丑〕**活鬼頭還做了秀才正房**〔57〕，**俺那死姑娘到做了梅香伴當**〔58〕。〔淨〕何往？〔丑〕**臨安去，送他上路，賞這領舊衣裳。**

〔淨〕嚇俺一跳。卻早喜也！

【尾聲】去臨安定是圖金榜。〔丑〕著了〔59〕。〔淨〕俺勒掙〔60〕著軀腰走帝鄉。〔丑〕老哥，你路上精細〔61〕些。現如今一路裏畫影圖形捕凶黨。

尋得仙源訪隱淪〔62〕，郡城南下是通津〔63〕。

眾中不敢分明說〔64〕，遙想風流第一人〔65〕。

校　注

〔1〕消長（zhǎng）——謂變化。《明史·韓文等傳贊》：「一擊不勝，反噬必毒，消長之機，間不容髮。」

〔2〕柳郎——指柳夢梅。

〔3〕翰墨人——擅長書畫或辭章的人。明·陳繼儒《讀書鏡》卷六：「楊載稱子昂曰：『知其書畫者，未知其文章；知其文章者，未知其經濟。』然則孰謂翰墨人了不曉事耶？」此泛指讀書人。這裏特指柳郎（柳夢梅）出身書香門第。

〔4〕營運——經營、營生、做買賣。元明間·無名氏《貧富興衰》二、白：「別無營運，專靠放些錢債。」明·梁辰魚《浣紗記》二十四〔桂枝香·前腔〕白：「他平日極會營運，家累萬金。」

〔5〕承望——指望。唐·寒山《詩》一五二：「須憶汝欲得，似我今承望。」敦煌變文《李陵變文》：「結親本擬防非禍，養子承望奉甘碎（脆）。」

〔6〕園圍——朱墨本作「家園」，義較優。

〔7〕拋漾——拋棄。明·陸采《懷香記》三十五〔清江引〕：「賄賂自公行，法度都拋漾。」清·洪昇《長生殿》三十二〔正宮端正好〕：「說什麼生生世世無拋漾，早不道半路裏遭魔障。」

〔8〕索——謂離散。《玉篇・索部》:「索,散也。」《廣韻・鐸韻》:「索,散也。」唐・韓愈《喜侯喜至贈張籍張徹》詩:「孟生去雖索,侯氏來還歉。」朱熹校注引孫汝聽曰:「索,離也。」宋・陸游《釵頭鳳》詞:「一懷愁緒,幾年離索。」

〔9〕主量——主意,商量。

〔10〕悽惶——悲傷不安。亦作「恓惶」。金・董解元《西廂記諸宮調》卷八〔黃鐘宮・第二〕:「兩口兒合是成間別,天教受此悽惶苦。」凌景埏注本作「恓惶」,義同。

〔11〕趁——追趕。唐・釋玄應《一切經音義》卷十九:「趁,謂追逐也。《纂文》云:『關西以逐物為趁也。』」《廣韻・震韻》亦云:「趁,追逐。」按:趁,原作「逞」,據朱校、清暉、獨深、竹林本改。

〔12〕興——成功。《國語・楚語上》:「教備而不從者,非人也。其可興乎!」韋昭注:「興,猶成也。」《尚書大傳・虞夏傳》:「乃浮然招樂興於大麓之野。」鄭興注:「興,成也。」

〔13〕無主——沒有人給做主,即無依靠的意思。

〔14〕體探——探訪、探聽、打聽。宋・岳飛《申省條畫合行事件箚子》:「飛差人前去體探得通、泰二州即目並無糧斛。」

〔15〕邊廂——見本劇二十七齣注〔70〕。

〔16〕抹(mò)過——轉過。抹,轉也。明・吾丘瑞《運甓記》十〔字字雙〕白:「轉灣抹角,此間就是。」清・無名氏《雙瑞記》十〔皂羅袍〕白:「要緊的是轉灣抹角。」「轉」、「抹」皆互文為義。

〔17〕疙辣郎當——方言意為疥癩,此指癩頭(長黃癬的頭),參見第三十五齣注〔37〕。郎當,此指窩囊、不成器。清・李漁《蜃中樓》二十四〔黃鶯兒・前腔〕白:「使君,這頭親事是極便的了,為什麼還要躊躇?你休得要太郎當,莫不是喬裝坦腹,有意要學王郎?」

〔18〕姑娘——指石道姑,因癩頭黿是石道姑的侄子。

〔19〕盡法——謂完全依法辦理。《儒林外史》第五回:「但此刁風也不可長。我這裏少不得拿幾個為頭的來盡法處置。」

〔20〕小廝——童僕。《醒世恒言・盧太學詩酒傲王侯》:「一個小廝捧壺,一個小廝打扇。他便看幾行書,飲一杯酒,自取其樂。」《紅樓夢》第三回:「另換了四個眉目秀潔的十七、八歲的小廝上來擡著轎子。」

〔21〕更(gèng)——用作副詞,縱、即使的意思。宋・柳永《如魚水》詞:「更歸去,偏歷巒城鳳沼,此景也難忘。」元・鄭光祖《㑳梅香》二〔歸塞北〕白:「我更不中呵,須是相國之家。」

〔22〕頗頗的——頗字重言,很是的意思。《醒世恒言・張廷秀逃生救父》:「張權自

到蘇州，生意順溜，頗頗得過。」這裏疙童意言他也伶俐的很。

〔23〕掉頭——回轉頭、背轉頭，表示拒絕提問。

〔24〕鳥（diǎo）——《廣韻》:「鳥，丁了切。」「鳥」即「屌」字，是北方對男性生殖器的俗稱。這裏用作詈詞。明·馮夢龍《古今談概·容悦部·洗鳥》:「大學士萬安老而陰痿，徽人倪進賢以藥劑湯洗之，得爲庶吉士，授御史，時人目爲洗鳥御史。」明·俞弁《山樵暇語》卷九:「客曰:『僕氏陸字伯陽。』潘哂曰:『齊景公有馬千駟，民無德而稱焉，六百羊直甚鳥！』」

〔25〕馬不弔不肥，人不拶不直——這是舊時諺語，意指嚴刑拷問，犯人才會招供。弔，懸掛。拶，拶子，古代刑具之一，用繩子把幾根木棒串起來，套在罪犯手指上，用力束緊，使手指疼痛，以迫其招供。這種酷刑，謂拶指。直，謂肯説實話，這裏意指坦白交代。

〔26〕腦箍——舊時酷刑刑具，以繩勒箍犯人之頭，迫使招供。《宋史·刑法志二》:「纏繩於首，加以木楔，名曰『腦箍』。」《六部成語·刑部成語》注:「腦箍，束頭之刑具也。」

〔27〕好不生疼——很疼之意。好不生，用作甚詞。

〔28〕撈（lāo）——用不正當手段取得財物。《二十年目睹之怪現狀》第七十九回:「這軍裝買賣是最好賺錢的，不知被他撈了多少。」

〔29〕方便——謂給予便利和幫助。宋·王明清《春娘傳》:「若得姐姐爲我方便，得脱此一門路，也是一段陰德事。」《醒世恒言·張淑兒巧智脱楊生》:「爭奈急難之中，只得求媽媽方便。」

〔30〕撚（niǎn）——執也。《説文·手部》:「撚，執也。」這裏有提取的意思。

〔31〕一颩（diū）——一甩。颩，見范寅《越諺》。

〔32〕海青——方言。意指大袖長袍的男服。明·鄭明選《秕言》:「吳中方言稱衣之廣袖者謂之海青。按李白詩云:『翩翩舞廣袖，似鳥海東來。』蓋海東俊鶻名海東青，白言翩翩廣袖之舞如海東青也。」魯迅《且介亭雜文末編·我的第一個師父》:「精光的頭皮，簇新的海青，眞是風頭十足。」

〔33〕擺——炫耀，顯擺。「擺」字上，朱校本有「穿」字意即穿上黑海青，炫耀，顯擺一下。

〔34〕唱喏（re）——舊時男子相見時所行的一種禮節；給人作揖，同時發出聲音致敬。宋·陸游《老學庵筆記》卷八:「古所謂揖，但舉手而已。今所謂喏，乃始於江左諸王。方其時，惟王氏子弟爲之。故支道林入東見王子猷兄弟還，人問:『諸王如何？』答曰:『見一群白項鳥，但聞喚啞啞聲。』即今喏也。」

〔35〕閃——謂肢體因動作過猛而扭傷筋絡。元·無名氏《謝金吾》一〔村裏迓鼓〕:「不提防被他來這一捽，錯閃了腰肢。」凡肢體如腰、手、腳、胯骨等部位，因動作過猛而扭傷均謂之閃。

〔36〕比似——猶言「比如」。

〔37〕刮嘴——猶言「打嘴巴」。

〔38〕地方——是地保（保正）的俗稱，即舊社會基層的小首腦，相當於後來的保甲長。《京本通俗小說・錯斬崔寧》：「（朱老三）叫起地方：『有殺人賊在此，煩爲一捉。』」清・洪昇《長生殿》十五〔蛾郎兒〕白：「（哭叫介：）我那天呵，地方救命。」

〔39〕僻靜——偏僻、冷靜的處所。《水滸傳》第四十二回：「是夜月色朦朧，路不分明，宋江只顧揀僻靜小路去處走。」猶言「背靜」。僻，同「背」。「僻」爲「背」的變音

〔40〕到——用同「倒」，意猶「確」。

〔41〕官司——指政府。元・關漢卿《竇娥冤》二〔隔尾〕白：「拖你到官司，把你三推六問。」

〔42〕傳留——流傳。元・高明《琵琶記》二十五〔香柳娘・前腔〕白：「這是孝婦的頭髮，剪來斷送公婆的，我留在家中，不惟傳留做個話名，後日蔡伯喈回來，將與他看，也使他惶愧。」

〔43〕看成——猶「看承」，意爲護持、照顧。宋・韓琦《和袁陟節推龍興寺芍藥》詩：「問得龍興好事僧，每歲看承不敢暇。」

〔44〕柳大官人——對柳夢梅家的官家或僕役的敬稱。

〔45〕端詳——詳細。元・宮大用《范張雞黍》四〔石榴花〕：「我這裏曲躬躬叉手問端詳。」

〔46〕著（zhuó）——「著實」的省文，意爲實在、確實。

〔47〕左則——反正。見本劇第二十三齣注〔82〕。

〔48〕郎當——頹唐、消沉、疲困、不振貌。明・李翊《俗呼小錄》：「人之頹敗及身病摧靡者云郎當。」此與本出「疙辣郎當」之「郎當」義近，可互參。

〔49〕壙（kuàng）——墓穴。《周禮・夏官・方相氏》：「及墓，入壙。」鄭玄注：「壙，穿地中也。」

〔50〕和——用在連詞，相當「連」字。

〔51〕綳罷挦壓——綳罷，「綳扒」的異文。意即扒去衣服，繩捆索綁。挦壓，見本出前注〔25〕。

〔52〕點了供紙——意即在供詞上畫押，表示認罪。元雜劇中的「點紙招承」（見李行道《灰闌記》四〔折桂令〕）、「點紙畫字」（見李直夫《虎頭牌》三〔沉醉東風〕）皆與此同。

〔53〕提刑廉訪司——據史書記載，宋代的走馬承受官，於宋徽宗政和六年改爲廉訪使（見《宋史・職官志七》）。元初世祖至元二十八年改按察司爲肅政廉訪司（見《元史・百官志二》。設立提刑按察司（見《明史・職官志三》）。「司」

是一種衙門機關之稱。各司的長官，名爲廉訪使或按察使，他們主管一省（路）的監察、司法等。具體而言，《明史・職官志三》有這樣一段話：「掌一省刑名按劾之事，糾官邪，戢奸暴，平獄訟，雪冤抑，以振揚風紀而澄清其吏治。」其任務相當現在的省紀委。

〔54〕六案都孔目——六案，古代中央機關設有六曹，即後來的吏、戶、禮、兵、刑、工六部。宋徽宗崇寧四年，又仿照吏、戶、禮、兵、刑、工六部，在州、縣設立辦事機構，稱作六案。《宋史・徽宗紀二》：「（崇寧四年）令州、縣做尚書六曹分六案。」都、總也。三國魏・曹丕《與吳質書》：「頃撰其遺文，都爲一集。」「都爲一集」，總爲一集也。孔目，收貯文書檔案的吏員。總管全衙的文書檔案卷宗的，謂之六案都孔目。

〔55〕男女——用作詈詞，帶有侮辱性的稱呼。元・石君寶《秋胡戲妻》三〔堯民歌〕：「當也波初，則道是峨冠士大夫，原來是個不曉事的喬男女。」「男女」上面，冠以「喬」字，意謂壞上加壞，加重詈詞的程度。

〔56〕秋——用同「揪」。「依律一秋」，意謂按照法律劊子手行刑時揪住罪犯的頭髮。一說：意同「抽」，指行絞刑時用力拉緊套在犯人頭上的繩索。

〔57〕正房——正妻。俗稱大老婆。對偏房而言。

〔58〕梅香伴當——梅香，劇中婢女的通稱。宋・陸佃《埤雅》：「梅花優於香，桃花優於色。」故後世多以梅香爲婢女之名。伴當，奴僕、隨從，男女通用。

〔59〕著了——方言。這裏用於應答，表示同意，「對了」的意思。

〔60〕勒掙——振作、掙扎。

〔61〕精細——機警、細心。

〔62〕尋得仙源訪隱淪——語見《全唐詩》卷 306、朱灣《尋隱者韋九山人於東溪草堂》詩。《全唐詩》注：「尋一作窮。」隱淪，指隱士。元・無名氏《漁樵記》四〔太平令〕白：「王安道、楊孝先、劉二公等，並係隱淪，不慕榮進。」

〔63〕郡城南下是通津——語見《全唐詩》卷 352、柳宗元《柳州峒氓》詩。《全唐詩》「是」作「接」。

〔64〕眾中不敢分明說——語見《全唐詩》卷 310、於鵠《江南曲》詩。《全唐詩》「說」作「語」。

〔65〕遙想風流第一人——語見《全唐詩》卷 125、王維《同崔傅答賢弟》詩。

第四十一齣　耽　試

【鳳凰閣】〔淨苗舜賓引衆上〕九邊〔1〕烽火咤。秋水魚龍怎化〔2〕？廣寒丹桂吐層花，誰向雲端折下？〔合〕殿闈深鎖〔3〕，取試卷看詳〔4〕回話。

【集唐】鑄時天匠待英豪〔5〕，引手何方一釣鰲〔6〕？報答春光知有處〔7〕，文章分得鳳凰毛〔8〕。下官苗舜賓便是。聖上因俺香山能辨番回寶色，欽取來京典試〔9〕。因金兵搖動〔10〕，臨軒策士〔11〕，問和戰守三者孰便？各房〔12〕俱已取中頭卷，聖旨著下官詳〔13〕定。想起來看寶易，看文字難。爲什麼來？俺的眼睛，原是貓兒睛，和碧綠琉璃水晶無二。因此一見眞寶，眼睛火出。說起文字，俺眼裏從來沒有。如今卻也奉旨無奈，左右，開箱，取各房卷子上來。〔眾取卷上，淨作看介〕這試卷好少也。且取天字號三卷，看是何如。第一卷，「詔問：和戰守三者孰便？」「臣謹對：臣聞國家之和賊，如里老〔14〕之和事。」呀，里老和事，和不的，罷〔15〕；國家事，和不來，怎了？本房擬他狀元，好沒分曉。且看第二卷，這意思主守。〔看介〕「臣聞天子之守國，如女子之守身也。」比的小了。再看第三卷，到是主戰。〔看介〕「臣聞南朝之戰北，如老陽之戰陰〔16〕。」此語忒奇。但是《周易》有「陰陽交戰」之說。以前主和，被秦太師〔17〕誤了。今日權取主戰者第一，主守者第二，主和者第三。其餘諸卷，以次〔18〕而定。

【一封書】文章五色詑〔19〕。怕冬烘頭腦〔20〕多。總費他墨磨，筆尖花〔21〕無一個。恁這裏龍門日日開無那〔22〕，都待要尺水翻成一丈波〔23〕。卻也無奈了，也是暖浪桃花當一科〔24〕，池裏無魚可奈何！〔封卷介〕

【神仗兒】〔生上〕風塵〔25〕戰鬥，風塵戰鬥，奇材輻輳〔26〕。〔丑〕秀才來的停當〔27〕，試期過了。〔生〕呀，試期過了。文字可進呈麼？〔丑〕不進呈，難道等你？道英雄入彀〔28〕，恰鎖院進呈時候。〔生〕怕沒有狀元在裏也哥〔29〕。〔丑〕不多，有三個了。〔生〕萬馬爭先，偏驊騮〔30〕落後。你快稟，有個遺才〔31〕狀元求見。〔丑〕這是朝房裏面，府州縣道，告遺才哩。〔生〕大哥，你眞個不稟？〔哭介〕天呵，苗老先〔32〕齎發俺來獻寶。止不住下和〔33〕羞，對重瞳〔34〕雙淚流。

〔淨聽介〕掌門的〔35〕，這什麼所在！拿過來。〔丑扯生進介、生〕告遺才的，望老大人收考。〔淨〕哎也，聖旨臨軒，翰林院〔36〕封進。誰敢再收？〔生哭介〕生員〔37〕從嶺南萬里帶家口而來。無路可投，願

觸金階〔38〕而死。〔生起觸階，丑止介、淨背云〕這秀才像是柳生，眞乃南海遺珠〔39〕也。〔回介〕秀才上來。可有卷子？〔生〕卷子備有。〔淨〕這等，姑准收考，一視同仁〔40〕。〔生跪介〕千載奇遇。〔淨念題介〕「聖旨：問汝多士，近聞金兵犯境，惟有和戰守三策。其便何如？」〔生叩頭介〕領聖旨。〔起介、丑〕東席〔41〕捨去。〔生寫策介、淨再將前卷細觀看介〕頭卷主戰，二卷主守，三卷主和。主和的怕不中聖意。〔生交卷淨看介〕呀，風簷寸晷〔42〕，立掃千言。可敬，可敬。俺急忙難看。只說和戰守三件，你主那一件兒？〔生〕生員也無偏主。天下大勢，能戰而後能守，能守而後能戰，可戰可守而後能和。如醫用藥，戰爲表，守爲裏，和在表裏之間。〔淨〕高見，高見。則當今事勢何如？

【馬蹄花】〔生〕當今呵，寶駕〔43〕遲留〔44〕，則道西湖畫錦〔45〕遊。爲三秋桂子，十里荷香，一段邊愁。則顧的「吳山立馬」那人休〔46〕。俺燕雲唾手〔47〕何時就？若止是和呵，小朝廷羞殺江南。便戰守呵，請鑾輿略近神州〔48〕。

〔淨〕秀才言之有理。

【前腔】聖主垂旒〔49〕，想泣玉遺珠一網收〔50〕。對策者千餘人，那些不知時務〔51〕，未曉天心〔52〕，怎做儒流。似你呵，三分話點破〔53〕帝王憂，萬言策檢盡乾坤漏。〔生〕小生嶺海之士。〔淨低介〕知道了。你釣竿兒拂綽了珊瑚〔54〕，敢今番著了鼇頭〔55〕。

秀才，午門〔56〕外候旨。〔生應出背介〕這試官卻是苗老大人。嫌疑之際，不敢相認。且當青鏡明開眼，惟願朱衣暗點頭〔57〕。〔下、淨〕試卷俱已詳定。左右跟隨進呈去。〔行介〕絲綸閣〔58〕下文章靜，鐘鼓樓中刻漏〔59〕長。呀，那裏鼓響？〔內急擂鼓介、丑〕是樞密府〔60〕樓前邊報鼓。〔內馬嘶介、淨〕邊報警急。怎了，怎了？〔外老樞密上〕花萼夾城通御氣，芙蓉小苑入邊愁〔61〕。〔見介、淨〕老先生奏邊事而來？〔外〕便是。先生爲進卷而來？〔淨〕正是。〔外〕今日之事，以緩急爲先後，僭了。〔外叩頭奏事介〕掌管天下兵馬知樞密院事臣謹奏俺主。〔內宣介〕所奏何事？〔外〕

【滴溜子】金人的、金人的風聞入寇。〔內〕誰是先鋒？〔外〕李全的、李全的前來戰鬥。〔內〕到什麼地方了？〔外〕報到了淮揚左右。〔內〕何人可以調度？〔外〕有杜寶現爲淮揚安撫。怕邊關早晚休，要星忙廝救〔62〕。

〔淨叩頭奏事介〕臣看卷官苗舜賓謹奏俺主。

【前腔】臨軒的、臨軒的文章看就，呈御覽、呈御覽定其卷首。黃道日〔63〕，傳臚〔64〕祇候〔65〕。眾多官在殿頭，把瓊林宴〔66〕備久。

〔內〕奏事官午門外伺候。〔外淨同起介、淨〕老先生，聽的金兵爲何而動？〔外〕適纔不敢奏知。金主此行，單爲來搶佔西湖美景。〔淨〕癡韃子，西湖是俺大家受用的。若搶了西湖去，這杭州通沒用了。〔內宣介〕聽旨：朕惟治天下，有緩有急，乃武乃文。今淮揚危急，便著安撫杜寶前去迎敵。不可有遲。其傳臚一事，待干戈寧輯〔67〕，偃武修文。可諭知多士。叩頭。〔外淨叩頭呼「萬歲」起介〕

澤國江山入戰圖〔68〕，曳裾終日盛文儒〔69〕。

多才自有雲霄望〔70〕，其奈邊防重武夫〔71〕。

校 注

〔1〕九邊——本指明代設在北方的九個邊防重鎮，後爲邊境的泛稱。《明史·兵志三》：「初設遼東、宣府、大同、延綏四鎮，繼設寧夏、甘肅、薊州三鎮，而太原總兵治偏頭、三邊制府駐固原，亦稱二鎮，是爲九邊。」這是把明代故事編入宋代。這種顛倒史實的做法，在古代戲曲中已成慣例。下文「烽火」，喻指戰爭、戰亂。唐·杜甫《春望》詩：「烽火連三月，家書抵萬金。」「吒」，驚訝、驚異。宋·陳鵠《耆舊續聞》卷七：「目者，默然良久，云：『怪吒，這五行又與孟太尉相類。』」

〔2〕秋水魚龍怎化——暗用鯉魚跳龍門故事，言無法進考。

〔3〕殿闈深鎖——言殿試前三天，試官到學士院鎖院，猶今云鎖上考場的門。開試時，再陪同考生赴殿對策。宋·吳自牧《夢梁錄》卷三「士人赴殿試唱名」條：「諸路舉人到者，排日赴都堂，簾引訖，伺候擇日殿試。前三日，宣押知制誥、詳定、考試等官赴學士院鎖院，命御策題，然後宣押赴殿。」

〔4〕詳——舊時公文程序的一種，用於向上級請示。《宋史·刑法志三》：「奏案申牘

既下刑部。遲延日月方送理寺，理寺看詳，亦復如之。」《宣和遺事》前集：「看
詳受理，受禍者千餘家。」

〔5〕鑄時天匠待英豪——語見《全唐詩》卷 764、譚用之《古劍》詩。鑄時天匠，謂
造物主。這裏指主考官，言其通過考試，陶冶，造就人才也。唐·許敬宗《奉
和行經破薛舉戰地應制》詩：「垂衣凝庶績，端拱鑄群生。」

〔6〕引手何方一釣鼇——語見《全唐詩》卷 464、李咸用《陳正字山居》詩。引手，
伸手。釣鼇，招引人才。葉玉森《一島》詩：「不知何處釣鼇客，來此從荒闢蜑
樓。」

〔7〕報答春光知有處——語見《全唐詩》卷 227、杜甫《江畔獨步尋花七絕句》之
三。

〔8〕文章分得鳳凰毛——語見《全唐詩》卷 423、元稹《寄贈薛濤》詩。鳳凰毛，比
喻稀見的寶物，這裏指優秀的作品。《全唐詩》「凰」作「皇」。

〔9〕典試——主持考試之事。《明史·選舉志二》：「天啓二年壬戌會試，命大學士何
宗彥、朱國祚爲主考。故事，閣臣典試，翰、詹一人副之。」典，《廣雅·釋詁
三》：「典，主也。」

〔10〕搖動——意即動搖。這裏指騷亂、動亂。《史記·季布欒布列傳》：「於今瘡痍
未瘳，噲又面諛，欲搖動天下。」

〔11〕臨軒策士——皇帝親自考取學子，不坐在金鑾殿的正座，而坐在平臺上，謂
之臨軒策士。軒，堂前屋檐下的平臺。《舊五代史·唐書·明宗紀五》：「戊
申，帝臨軒，命禮部尙書韓彥惲、工部侍郎任贊往應州奉冊四廟。」《續資
治通鑒·宋徽宗政和二年》：「適遇頭魚宴，酒半酣，遼主臨軒，命諸部長次
第起舞。」策，古代議論文的一種文體。《文心雕龍·議對》：「又對策者，
應招而陳政也；射策者，探事而獻說也。」策士，即以策試士，要求對所問
而答者是也。

〔12〕各房——指所有分考官。按科擧時代考場中，除主考官外，還有各個分考官，
每一分考官稱爲一房。分閱一部分試卷，故稱「各房」。下文「本房」，即指某
一個分考官。

〔13〕詳——用作動詞，意謂審查、審議。《說文·言部》：「詳，審議也。」《公羊
傳·宣公十二年》「不赦不詳。」注：「善用心曰詳。」此與前文「取試卷看
詳回話」句中之「詳」義別。

〔14〕里老——里長老人。元·無名氏《陳州糶米》三、白：「那官人里長安排的東
西，他看也不看。」清·越雪山人《雙南記》三十三〔撲燈蛾〕白：「驚動合
州縉紳，六學生員，四鄉里老，公憤鼓譟，闔城罷市。」

〔15〕和不的，罷——意言和解不了，就作罷。

〔16〕如老陽之戰陰——語涉雙關：一指陰陽互相作用；二指男女性交之事。

〔17〕秦太師——指賣國求榮的姦臣秦檜。宋金交戰，他力主屈辱的和約，殘殺抗金名將岳飛父子等人。

〔18〕以次——謂依照次序，猶「依次」。《漢書·叔孫通傳》：「謁者治禮，引以次入殿門。」元·李行道《灰闌記》四、白：「張千，攪聽審牌出去；各州縣解到人犯，著他以次過來。」

〔19〕文章五色訛——意言考生各般各樣的文章，訛誤百出。五色，古以青、赤、白、黑、黃爲正色，多以喻五彩斑斕，這裏是指考生試卷低下，各般各樣。訛，《廣韻·戈韻》：「訛，謬也。」

〔20〕多烘頭腦——思想迂腐知識淺陋。唐代鄭薰主持考試，誤以爲顏標爲魯公（顏眞卿）的後代，把他取爲狀元。當時有人作詩嘲笑說：「主司頭腦太多烘，錯認顏標作魯公。」（見五代·王定保《唐摭言》卷十三「無名子謗議」條）這裏指考生。

〔21〕筆尖花——喻指有才學的人。典出五代·王仁裕《開元天寶遺事·夢筆頭生花》：「李太白少時，夢所用之筆頭上生花，後天才贍逸，名聞天下。」

〔22〕無那（nuò）——無奈何也。那，爲「奈何」的切音。《左傳·宣公二年》：「棄甲則那。」王念孫《廣雅疏證》：「棄甲則那，言棄甲則奈何也。」清·顧炎武《日知錄》云：「直言之曰那，長言之曰奈何，一也。」唐·李白《長干行》詩：「自憐十五餘，顏色桃花紅。那作商人婦，愁水復愁風。」唐·杜甫《送郭中丞》詩：「漸衰那此別，忍痛獨含情。」

〔23〕尺水翻成一丈波——此爲民間俗諺，戲曲小說中多用之，多比喻言辭善於浮誇。說法很多，如「一尺水一丈波」（元·朱庭玉散套《妖神急·道情》）。「一尺水十丈波」（元·無名氏《爭報恩》三）；「一尺水百丈波」（元·王曄《桃花女》二）等。

〔24〕暖浪桃花當一科——黃河每年春汛，叫做「桃花汛」。當此時刻，魚可以乘浪登上龍門。故用鯉魚跳龍門，比喻士子在春天考試中第。這在戲曲小說中多有反映，如云「禹門三月桃花浪」（見元·關漢卿《陳母教子》一）、「禹門三級桃花浪」（見明·賈仲明《玉壺春》二）、「禹門三級浪，平地一聲浪」（見元·無名氏《劉弘嫁婢》三），等等。一科，猶一次，一屆考試。全句是說：雖然沒有好文章，也權充考了一次。

〔25〕風塵——喻指旅途辛苦、勞頓。《藝文類聚》卷三十二引漢·秦嘉《與妻書》曰：「當涉遠路，趨走風塵。」唐·方干《送喻坦之下第還江東》詩：「風塵辭帝里，舟楫到家林。」

〔26〕輻輳（fú còu）——意言車輪中的橫木（輻），聚集（輳）在輪子的中軸上。比喻集中、聚集。漢·班固《東都賦》：「平夷洞達，萬方輻輳。」唐·韓愈《南山》詩：「或散若瓦解，或赴若輻輳。」宋·陳亮《祭妹文》：「三載之間，禍

患輻輳。」

〔27〕來的停當——謂來赴考的時間不合適。「停當」用意,與本劇二十九齣注〔11〕
不同,謂不合適也。

〔28〕入彀——意為落入圈套,受到籠絡。彀,原指射箭命中的範圍。《莊子·德充
符》:「遊於羿之彀中。」成玄英疏:「其矢所及,謂之彀中。」五代·王定保
《唐摭言》卷十五「雜記」條:「貞觀初放榜日,上(指唐太宗)私幸端門,
見進士於榜下綴行而出,喜謂侍臣曰:『天下英雄,入吾彀中矣。』」後因以
「入彀」比喻人才入其掌握,被籠絡網羅。

〔29〕也哥——用作句末作語助詞,無義。

〔30〕驊騮——馬名,本指周穆王八駿之一。後泛指良馬。唐·杜甫《奉簡高三十五
使君》詩:「驊騮開道路,鷹隼出風塵。」這裏比喻俊才。

〔31〕遺才——具有應考資格,因故沒有來得及參加考試的,謂之「遺才」。遺才
可以要求補考,經過科考錄送,叫做「錄遺」。《警世恆言·唐解元一笑姻緣》:
「雖然免禍,卻不放他科舉,直到臨場,曹公再三苦求,附一名於遺才之末。」
進士考試,原是不能錄遺的。故下文丑腳說:「府州縣道,告遺才哩。」

〔32〕苗老先——意謂苗舜賓老先生。「老先」為舊時官場中的稱呼。宋代已有之,
但非仕途常稱。元明時始稱於官場,如元·無名氏《小尉遲》二、白:「二位
老先兒在此,小子特來議事。」明·馮惟敏散套《新水令·送李閣石鹿歸田》:
「呀,老先生去國,方顯的元臣出處其宜。」到清康熙以後,稱呼漸濫,京
官通呼老先生。清·趙翼《陔餘叢考》卷三十七「老先生」條:「王新臣謂,
明朝中官稱士大夫為老先……三司見督府稱老先生,見巡撫稱先生大人,則
前明老先生之稱,猶未濫及……自康熙丙子以後,則各部司及中行評傳,無
不稱老先生矣,此又近日京官通稱老先生之故事也。」下文「齎發」,謂資助
路費,打發啓程。《漢書·食貨志下》:「行者齎。」顏師古注:「齎謂將衣食
之具以自隨也。」齎發,即出物助人上路之意,猶如後來的「送程儀」。

〔33〕卞和——亦稱和氏,戰國時楚人。曾因獻璞玉而被刖兩足。《韓非子·和氏》
載其事:「楚人和氏得玉璞楚山中,奉而獻之厲王。厲王使玉人相之,玉人曰:
『石也。』王以和為誑而刖其左足。及厲王薨,武王即位,和又奉其璞而獻
之武王。武王使玉人相之,又曰:『石也。』王有以和為誑而刖其右足。武王
薨,文王即位,和乃抱其璞而哭於楚山之下,三日三夜,淚盡而繼之以血。
王聞之,使人問其故,曰:『天下之刖者多矣,子奚哭之悲也?』和曰:『吾
非悲刖也,悲夫寶玉而題之以石,貞士而名之以誑。此吾所以悲也。』王乃
使玉人理其璞而得寶焉。遂命曰『和氏之璧』。」玉璞,即璞玉,玉石未經治
理者曰璞。玉人,治玉者。相,省視,猶鑒定。刖,斷足之刑。奚,疑問詞,
何也。題,名也。理,謂治玉。

〔34〕重瞳——重瞳子。亦泛指帝王的眼睛。唐‧李遠《贈寫御眞李長史》詩：「初分隆準山河秀，再點重瞳日月明。」這裏是指楚文王的眼睛。

〔35〕掌門的——舊時武林中某一門派的主持人。上官鼎《陽光三疊》第十二章：「堂堂的少林一派掌門，怎麼會下落不明，生死莫卜了呢？」

〔36〕翰林院——官署名。唐初置，本爲各種文藝技術內廷供奉之處，宋、元、明、清沿舊制，皆略有更動。元代稱翰林兼國史院。明代將著作、修史、圖書等事務並歸翰林院，成爲外朝官署。

〔37〕生員——見本劇第四齣注〔9〕。

〔38〕金階——見本劇第三十九齣注〔38〕。

〔39〕遺珠——指遺失的珍珠。唐‧張珠《罔象得珍珠》詩：「赤水今何處，遺珠已渺然。」後亦喻指棄置未用的美好事物或賢德之才，這裏係指後者。

〔40〕一視同仁——對人不分彼此厚薄一樣看待。唐‧韓愈《原人》：「是故聖人一視而同仁，篤近而舉遠。」

〔41〕東席——對西席而言，當指主人。

〔42〕風簷寸晷——意言在不避風雨的破簷下爭取片刻的時間。晷（guǐ），日影。明‧臧晉叔《元曲選序》：「或謂元取士有塡詞科，若今括帖然，取給風簷寸晷之下。」

〔43〕寶駕——指皇帝。

〔44〕遲留——拖延、逗留。唐‧張讀《宣室志》卷六：「一日與賓朋過鳴珂曲，有婦人靚妝立於門首，王生駐馬遲留，喜動顏色。」元‧狄君厚《介子推》二〔四塊玉〕：「竹節也似聖旨催，怎敢遲留？」

〔45〕晝錦——謂衣錦還鄉。《漢書‧項籍傳》：「富貴不歸故鄉，如衣錦夜行。」《史記‧項羽本紀》作「衣繡夜行」。後來遂稱富貴還鄉爲「衣錦晝行」。省作「晝錦」。宋‧歐陽修爲相國韓琦等有《相州晝錦堂記》。「則當西湖晝錦遊」，是說皇帝在杭州逗留是錯把這個地方當作自己的故鄉了。

〔46〕「吳山立馬」那人休——見本劇第十五齣注〔31〕。

〔47〕燕雲唾手——燕雲，燕指燕州，雲指雲州，在今山西、河北北部一帶。五代晉石敬瑭曾以燕雲十六州割讓給契丹（見《新五代史‧晉高祖紀》）。後遂以「燕雲」泛指華北失地。唾手，比喻得之極易，如云「唾手可取」。《新唐書‧褚遂良傳》：「但遣一二愼將，付銳兵十萬，翔黱雲輧，唾手可取。」

〔48〕請鑾輿略近神州——意言請皇帝把首都由臨安遷到比較接近中原的地方。鑾輿，皇帝的坐車，這裏代指皇帝。神州，指中原地區。南朝宋‧劉義慶《世說新語‧言語》：「王丞相愀然變色曰：『當共戮力王室，克復神州，何至作楚囚相對？』」

〔49〕垂旒——古代帝王冠冕前後的裝飾，以絲繩繫玉串而成。漢‧班固《白虎通‧

拂冕》：「垂旒者，示不視邪。」「聖主垂旒」，意言皇帝端拱而治。

〔50〕泣玉遺珠一網收——網羅人才之意。泣玉、遺珠，均見本出前注〔33〕、〔39〕。

〔51〕時務——謂目前形勢和時代的潮流。《漢書‧朱博傳》：「帝王之道，不必相襲，各絭時務。」《三國志‧蜀志‧諸葛亮傳》裴注引《襄陽記》曰：「劉備訪世事於司馬德操，德操曰：『儒生俗士，豈識時務？識時務者在乎俊傑，此間自有伏龍鳳雛。』備問爲誰，曰：『諸葛孔明，龐士元也。』」

〔52〕天心——指皇帝的意圖。

〔53〕點破——指明。點，指點、啓示。《醒世恒言‧吳衙內鄰舟赴約》：「這句話點醒了賀小姐。」《紅樓夢》第三十一回：「寶玉聽了，知道是點他前日的話。」

〔54〕釣竿兒拂綽了珊瑚——比喻（柳夢梅）應考得中。拂綽，謂拂拭、揮除、觸及，這裏引申爲釣著。句本唐‧杜甫《送孔巢父謝病歸遊江東兼呈李白》詩：「巢父掉頭不肯住，東將入海隨煙霧。詩卷長留天地間，釣竿欲拂珊瑚樹。」但用意不同。

〔55〕著了鼇頭——意謂中了狀元。著，中選的意思。凡恰好合上，皆可言「中」。參見本劇第三十齣注〔64〕。鼇頭，借指狀元。清‧洪亮吉《北江詩話》卷三：「俗語謂狀元獨佔鼇頭，語非無稽。臚傳畢，贊禮官引東班狀元、西班榜眼二人，前趨至殿陛下，迎殿試榜。抵陛，則狀元稍前進，立中陛石上，石正中鐫升龍及巨鼇，蓋警蹕出入所由，即古所謂璃頭矣。俗語所本以此。」

〔56〕午門——帝王宮城的正門。是群臣待朝或候旨的地方。唐‧王建《春日午門西望》：「百官朝下午門西，塵起春風過玉堤。」

〔57〕朱衣暗點頭——科舉中第之意。

〔58〕絲綸閣——古代撰擬朝廷詔令的地方。《禮記‧緇衣》：「王言如絲，其出如綸。」鄭玄注：「言言出彌大也。孔穎達疏：「王言初出，微細如絲，及其出行於外，言更漸大，如似綸也。」因作皇帝詔書的代稱。唐‧白居易《紫薇花》詩：「絲綸閣下文書靜，鐘鼓樓中刻漏長。」

〔59〕刻漏——古代的計時器，即漏壺。它是用滴水多少來計量時間的一種儀器。漏壺中插入一根標杆，稱爲箭。箭下用一隻箭舟托著，浮在水面上。水流出或流入壺中時，箭下沉或上陞，藉以指示時刻。因稱「刻漏」，亦稱「漏刻」。《史記‧司馬穰苴列傳》：「穰苴先馳至軍，立表下漏待賈。」可見此計時儀器，很早就使用了。

〔60〕樞密府——即樞密院，封建時代中央官署名。主管官稱樞密使。五代後唐莊宗時，以樞密使負責樞密院與宰相共秉朝政，文書出中省，武事出樞密。宋代與中書省分掌軍政，號稱二府。元代樞密院主管軍事機密、邊防及宮廷、禁衛等事。明太祖朱元璋改置大都督府，樞密院遂廢。詳參《文獻通考‧職

官十二》、《續文獻通考·職官六》。

〔61〕花萼夾城通御氣，芙蓉小苑入邊愁——語見《全唐詩》卷230、杜甫《秋興八首》之六。花萼，即花萼樓，唐玄宗時於長安興慶宮建花萼相輝之樓，簡稱花萼樓。元·白樸《梧桐雨》四〔滾繡球〕：「畫不出沉香亭畔回鸞舞，花萼樓前上馬嬌，一段兒妖嬈。」下文「芙蓉苑」，即芙蓉園，在長安曲江池（即今陝西西安市東南）。唐·杜牧《長安雜題長句》之五：「六飛南幸芙蓉苑，十里飄飛入夾城。」夾城，兩邊築有高牆的通道。《舊唐書·玄宗紀上》：「（開元二十年六月）遣范安及於長安廣萬花樓，築夾城至芙蓉園」清·洪昇《長生殿》四十五〔山麻稭〕：「喜聽說如花貌，猶兀自現在人間，當面堪邀。忙教、潛出了御苑內夾城複道。」

〔62〕廝救——相救。

〔63〕黃道日——吉祥的日子。黃道，古代曆法家以為黃道日子是吉日，做事相宜；黑道日子是凶日，做事不利。

〔64〕傳臚——科舉時代殿試揭曉時唱名的一種儀式。其制始於宋代，進士在集英殿宣唱名次之日，皇帝至殿宣佈，由閣門承接，傳於階下，衛士齊聲唱名高呼，謂之傳臚。

〔65〕祗候——恭候。祗，敬也。

〔66〕瓊林宴——皇帝賜新科進士的宴會。宋太宗太平興國八年，賜新進士於瓊林苑，因有瓊林宴之稱。見《宋史·選舉志一》。清·查繼佐《續西廂》二〔二煞〕：「瓊林宴，插雙花，九重殿上恩題名。」

〔67〕寧輯——安定和睦。宋·范成大《嘲蚊》詩：「虛空既清涼，家巷得寧輯。」按：「輯」原誤作「集」，據朱校本改。

〔68〕澤國江山入戰圖——語見《全唐詩》卷717、曹松《己亥歲二首》之一。

〔69〕曳裾終日盛文儒——語見《全唐詩》卷232、杜甫《又作此奉衛王》詩。

〔70〕多才自有雲霄望——語見《全唐詩》卷239、錢起《送裴頔（一作迪）侍御入蜀》詩。

〔71〕其奈邊防重武夫——語見《全唐詩》卷520、杜牧《重送》詩。《全唐詩》「邊防」作「防邊」。

第四十二齣　移　鎮

【夜行船〔1〕】〔外杜安撫引眾上〕西風揚子津〔2〕頭樹，望長淮渺渺愁予〔3〕。枕障〔4〕江南，鈎連〔5〕塞北。如此江山幾處？

【訴衷情】砧〔6〕聲又報一年秋。江水去悠悠〔7〕。塞草中原何處？一雁過淮樓。天下事，鬢邊愁，付東流。不分吾家小杜〔8〕，清時醉夢揚

州〔9〕。自家淮揚安撫使杜寶。自到揚州三載，雖則李全騷擾，喜得大勢〔10〕平安。昨日打聽金兵要來，下官十分憂慮。可奈〔11〕夫人不解事，偏將亡女絮傷心。

【似娘兒】〔老旦引〔12〕貼上〕夫主挈兵符〔13〕，也相從燕幕棲遲〔14〕，〔歎介〕畫屏風外秦淮樹。看兩點金焦〔15〕，十分眉恨，片影江湖。

〔老〕相公萬福。〔外〕夫人免禮。【玉樓春】〔老〕相公：幾年別下南安路，春去秋來朝復暮。〔外〕空懷錦水故鄉情，不見揚州行樂處。〔老〕你摩挲〔16〕老劍評今古，那個英雄閒處住？〔淚介、合〕忘憂恨自少宜男〔17〕，淚灑嶺雲江外樹。〔老〕相公，俺提起亡女，你便無言。豈知俺心中愁恨！一來為苦傷女兒，二來為全無子息〔18〕。待趁在揚州，尋下一房〔19〕，與相公傳後。尊意何如？〔外〕使不得，部民〔20〕之女哩。〔老〕這等，過江金陵女兒可好？〔外〕當今王事〔21〕匆匆，何心及此。〔老〕苦殺俺麗娘兒也！〔哭介、淨報子〔22〕上〕詔從日月威光〔23〕遠，兵洗〔24〕江淮殺氣高。稟老爺，有朝報。〔外起看報介〕樞密院一本，為金兵寇淮事。奉聖旨：便著淮揚安撫使杜寶，刻日渡淮。不許遲誤。欽此。呀，兵機緊急，聖旨森嚴。夫人，俺同你移鎮淮安，就此起程〔25〕了。〔丑驛丞〔26〕上〕羽檄〔27〕從參贊，牙籤〔28〕報驛程。稟老爺，船隻齊備。〔內鼓吹介、上船介、內稟「合屬官吏候送」，外分付「起去」〔29〕介、外〕夫人，又是一江秋色也。

【長拍】天意秋初，天意秋初，金風〔30〕微度，城闕外畫橋煙樹。看初收潑火〔31〕，嫩涼生，微雨沾裾。移畫舸浸蓬壺〔32〕。報潮生風氣蕭〔33〕，浪花飛吐，點點白鷗飛近渡。風定也，落日搖帆映綠蒲，白雲秋窆的〔34〕鳴簫鼓。可處菱歌〔35〕，喚起江湖〔36〕？

〔外〕呀，岸上跑馬的什麼人？

【不是路】〔末報子跑馬上〕馬上傳呼，慢櫓〔37〕停船看羽書。〔外〕怎的來？〔末〕那淮安府，李全將次逞狂圖〔38〕。〔外〕可發兵守禦？〔末〕怎支吾〔39〕？星飛調度憑安撫。則怕這水路裏耽延〔40〕，你還走旱途。〔外〕休驚懼。夫人，吾當走馬紅亭〔41〕路；你轉船歸去、

轉船歸去。

〔老旦〕咳，後面報馬又到哩。〔丑報子上〕

【前腔】萬騎胡奴，他要塹斷[42]長淮塞五湖[43]。老爺快行，休遲誤。小的先去也。怕圍城緩急[44]要降胡。〔下、老哭介〕待何如？你星霜滿鬢[45]當戎虜，似這等烽火連天各路衢。〔外〕眞愁促，怕揚州隔斷無歸路。再和你相逢何處、相逢何處？

夫人，就此告辭了。揚州定然有警，可徑走臨安。

【短拍】老影分飛，老影分飛，似參軍杜甫，把山妻泣向天隅[46]。〔老哭介〕無女一身孤，亂軍中別了夫主。〔合〕有什麼命夫命婦[47]，都是些鰥寡孤獨！生和死，圖的個夢和書。

【尾聲】〔老〕[48]老殘生兩下裏自支吾。〔外〕俺做的是這地頭軍府[49]。〔老〕老爺，也珍重你這滿眼兵戈一腐儒[50]。〔外下〕

〔老歎介〕天呵，看揚州兵火滿道。春香，和你徑走臨安去也。

隋堤風物已淒涼[51]，楚漢寧教作戰場[52]。

閨閣不知戎馬事[53]，雙雙相趁下殘陽[54]。

校 注

〔1〕夜行船——原作「夜遊船」。據格正本改。
〔2〕揚子津——即楊子津，亦即楊子渡，古津渡名。今江蘇省邗（hán）江南有楊子橋，古時在長江北岸，由此南渡京口，爲江濱要津。明·高啓《憶遠曲》詩：「楊子津頭風色起，郎風一開三百里。」今距江已遠，僅通運河。揚子江（長江）即因楊子津而得名。
〔3〕望長淮渺渺愁予——面對浩渺江河，抒發憂思。長淮，指長江、淮河。渺渺，形容長淮之水渺渺茫茫、浩浩蕩蕩。愁予，使我發愁。戰國楚·屈原《九歌·湘夫人》：「帝子降兮北渚，目眇眇兮愁予。」愁，在這裏均用作動詞。
〔4〕枕障——猶枕屏。《說文·阜部》：「障，隔也。」五代前蜀·張泌《浣溪紗》詞：「枕障薰爐隔繡幃，二年終日兩相思，杏花明月始應知。」宋·周邦彥《大酺·春雨》詞：「潤逼琴絲，寒侵枕障，蟲網吹黏簾竹。」
〔5〕鈎連——鈎通連接。唐·李白《蜀道難》詩：「地崩天摧壯士死，然後天梯石棧

相鈎連。」宋・李彌遜《次韻林仲和筠莊》詩：「疊疊重重兩岸山，鈎連秀色上琅玕。」

〔6〕砧（zhēn）──搗衣石。唐・杜甫《搗衣》詩：「亦知戍不返，秋至拭清砧。已近苦寒月，況經（一作驚）長別心。」

〔7〕悠悠──遠行貌。《詩・小雅・黍苗》：「悠悠南行，召伯勞之。」晉・陶潛《與殷晉安別》詩：「悠悠東去雲，山川千里外。」

〔8〕不分（fèn）吾家小杜──不分，意即「不忿」，這裏對小杜既表示羨慕又嫉妒的意思。小杜，即指杜牧，文學家，一向習稱杜甫為老杜、稱杜牧為小杜。

〔9〕清時醉夢揚州──清時，謂政治清明時候，即太平歲月。醉夢揚州，指杜牧在揚州的生活。杜牧《遣懷》詩曰：「落魄江南載酒行，楚腰腸斷掌中輕，十年一覺揚州夢，贏得青樓薄幸名。」

〔10〕大勢──大局的趨勢。《三國志・魏志・劉放傳》：「乘勝席卷，將清河朔，威刑既合，大勢以見。」

〔11〕可奈──同「叵奈」，謂怎奈、豈奈也。

〔12〕引──原無「引」字，據朱墨、朱校、清暉、獨深本補。

〔13〕挈兵符──挈，執也。《漢書・韓信傳》：「後陳豨為代相監邊，辭信，信挈其手，與步於庭數匝。」兵符，古代調兵遣將的憑證。《史記・魏公子列傳》：「（侯）嬴聞晉鄙之兵符，常在王臥內，而如姬最幸，出入王臥內，力能竊之。」

〔14〕燕幕棲遲──燕幕，喻處在危險的境地。《左傳・襄公二十九年》：「夫子之在此也，猶燕之巢於幕上。」杜預注：「言至危。」棲遲，謂遊息。《詩・陳風・衡門》：「衡門之下，可以棲遲。」朱熹集傳：「棲遲，遊息也。」

〔15〕金焦──金山與焦山的合稱。兩山都在今江蘇省鎮江市。金山在鎮江市北，長江南岸。焦山是長江中的小島，距揚州不遠。元・薩都剌《題喜壽裏客廳雪山壁圖》：「大江東去流無聲，金焦二山如水晶。」陸曾沂《雜題社刻十五集詩錄後》詩：「別有雲天知己淚，金焦兩點倚殘陽。」

〔16〕摩挲（mā sa）──謂用手撫摸也。《後漢書・方術傳・薊子訓》：「（薊子訓）與一老翁共摩挲銅人。」王先謙集解引《釋銘》曰：「摩挲，末殺也，手上下之言也。」挲，原作「梭」，據曲意改。

〔17〕忘憂恨自少宜男──忘憂，即忘憂草，萱草的別稱。《太平御覽》卷九九六引南朝梁・任昉《述異記》：「萱草，一名紫萱，又名忘憂草，吳中書生呼為療愁花。」相傳婦女懷孕，佩戴萱草花，就會生男孩子，故又稱宜男草。又，「宜男」亦為舊時祝頌婦女多子之詞。《北史・崔悛傳》：「竇太后為博陵王納悛妹為妃……婚夕，文宣帝舉酒祝曰：『新婦宜男，孝順富貴。』」故「宜男」實為雙關之辭，但在這裏只限前義。「恨自少宜男」，是杜寶夫人恨她自己沒生

個兒子。

〔18〕子息——指兒男。敦煌變文《降魔變文》:「家有子息數人,小者未婚妻室。」
按,古代對兒女皆稱子,後來才專指男孩而言。

〔19〕一房——數量詞。用於妻妾。清·李漁《奈何天》十三〔醉扶歸〕:「細問丫鬟,
才曉得娶過一房,是鄒家小姐。」

〔20〕部民——統屬下的人民、邑民。《魏書·序紀·神元帝》:「積十數歲,德化大
洽,諸舊部民,咸來歸附。」

〔21〕王事——舊時特指朝聘、會盟、征伐等王朝大事。《南史·劉悛傳》:「劉勔殞
身王事,宜存封爵。」

〔22〕報子——報告消息的人、探子。明·屠隆《彩毫記》二十二〔尾聲〕白:「(探
子:)報子叩頭。(小生:)報子勿忙,所說何事?(探子:)節度使郭子儀、
李光弼、差小校來報:安祿山謀反。」

〔23〕威光——見本劇第二十六齣注〔13〕。

〔24〕兵洗——「洗兵」之倒文,意爲激勵士氣,鼓舞鬥志。據漢·劉向《說苑·權
謀》,說周武王舉兵伐紂,遭遇大雨,他說這是老天爺爲我洗刷兵器,幫助擒
紂滅商。後遂以「洗兵」表示勝利結束戰爭。晉·左思《魏都賦》:「洗兵海島,
刷馬江洲,振旅軸軸,反旆悠悠。」

〔25〕起程——謂出發上路。《宣和遺事》前集:「(宋江)擇日起程。」《水滸傳》第
十六回:「相公,生辰綱幾時起程?」

〔26〕驛丞——掌管驛站的官,主郵傳迎送之事。清·洪昇《長生殿》四十二〔梨花
兒〕:「我做驛丞沒傍僮,缺供應付常吃打。」

〔27〕羽檄(xi)——即羽書。古代軍情文件,插鳥羽以示緊急,要求迅速傳遞。《史
記·韓信盧綰列傳》:「陳豨反,邯鄲以北皆豨有,吾以羽檄徵天下兵,未有
至者,今唯獨邯鄲中兵耳。」下文「參贊」,協助正職謀劃軍機、朝政的官員。
《晉書·姚泓載記》:「君等參贊朝化,弘昭正軌。」《紅樓夢》第五十三回:
「賈雨村補授了大司馬,協理軍機,參贊朝政。」

〔28〕牙籤——報路程用的驛籤。也作「郵籤」,郵,即驛站,故「郵籤」亦即「驛
籤」。唐·杜甫《宿青草湖》詩:「宿槳依農事,郵籤報水程。」

〔29〕起去——謂起身離開。唐·杜甫《燕子來舟中作》詩:「暫語船檣還起去,穿
花貼水益霑巾。」清·沈復《浮生六記·閨房記樂》:「余窺簾見芸忽起去,良
久不出。」

〔30〕金風——秋風。《文選·張協〈雜詩〉》:「金風扇素節,丹霞啓陰期。」李善
注:「西風爲秋而主金,故秋風爲金風也。」按:古代以陰陽五行解釋季節的
遞變,秋屬金。

〔31〕潑火——暑氣。

〔32〕蓬壺——即蓬萊，古代傳說中的海上仙山。見晉·王嘉《拾遺記·高辛》。這裏意言江上景色如同仙境一般。

〔33〕蕭——蕭殺。宋·王安石《桂枝香·金陵懷古》詞：「登臨送目，正故國晚秋，天氣初蕭。」

〔34〕窣（sū）的——突然的。《太平廣記》卷三十六引唐·戴孚《廣異記》：「於是窣然排戶，而欲升其床。」

〔35〕菱歌——探菱之歌。菱，一年生水生草本植物。花白色，果實有硬殼，一般有角，俗稱菱角。南朝宋·鮑照《採菱歌》之一：「簫弄城湘北，菱歌清漢南。」唐·王勃《採蓮賦》：「聽菱歌兮幾曲，視蓮房兮幾株。」

〔36〕江湖——指隱退者的住處。晉·陶潛《與殷晉安別》詩：「良才不隱世，江湖多賤貧。」《南史·隱逸傳序》：「或遁迹江湖之上，或藏名巖石之下。」宋·范仲淹《岳陽樓記》：「居廟堂之高，則憂其民；處江湖之遠，則憂其君：是進亦憂，退亦憂。」

〔37〕櫓（lǔ）——撥船前進的工具。這裏作動詞。

〔38〕狂圖——狂妄的圖謀。

〔39〕支吾——抵擋、支持。《舊五代史·僭偽傳三·孟知祥》：「知祥慮唐軍驟至，與遂、閬兵合，則勢不可支吾。」《水滸傳》第七十回：「吳用便催大小頭領連夜打城，太守獨自一個，怎生支吾得住。」

〔40〕耽延——謂耽擱、拖延。明·張居正《陳元事疏》：「若事理了然，明白易見者，即宜據理剖斷，毋但諉之撫按議處，以致耽延。」

〔41〕紅亭——猶「長亭」，陸上旅途中行人休息、送別之處。這裏代指陸路。唐·岑參《水亭送劉顒使還歸節度》詩：「無計留春住，應須絆馬蹄；紅亭莫惜醉，白日眼看低。」

〔42〕塹（qiàn）斷——塹，溝濠，這裏指長江、淮河。斷，謂斷長、淮之流水也。《晉書·苻堅傳》記載：前秦的苻堅率大軍攻打東晉，狂言：「以吾之眾旅，投鞭於江，足斷其流。」滿軍攻明，多爾袞《致史可法書》曰：「將謂天塹不能飛度，投鞭不足斷流耶？」這裏意指宋朝倚江淮為天險，是擋不住李全大軍的。

〔43〕五湖——指江浙間的太湖，非一般所謂五湖。《國語·越語下》：「果興師而伐吳，戰於五湖。」韋昭注：「五湖，今太湖。」《文選·郭璞〈江賦〉》：「注五湖以漫漭，灌三江而漰沛。」李善注引張勃《吳錄》曰：「五湖者，太湖之別名也。」

〔44〕緩急——反義詞偏用，「急」的意思。

〔45〕星霜滿鬢——兩鬢全白的意思。星霜，喻斑白。宋·晏殊《滴滴金》詞：「不覺星霜鬢邊白，念時光堪惜。」

〔46〕「老影分飛」數句——這裏是杜寶借用當年杜甫因安史戰亂而一家離散的危難

來形容自家的處境。從杜甫的《垂老別》、《無家別》、《逃難》等，均可見一斑。老影分飛，指老年夫妻離散。山妻，自稱其妻的謙詞。唐・李白《贈范金卿》詩：「祇應自索漠，留舌示山妻。」天隅，天邊。多用以指極遠的地方。唐・杜甫《雨》詩之三：「物色歲將晏，天隅人未歸。」

〔47〕命夫命婦——命夫，古稱受天子爵命的男子，如卿、大夫、士。這裏指奉有王命，在職的官員，如杜安撫杜寶。命婦，封建時代受皇帝封號的婦女。命婦有內（宮廷中妃嬪等）、外（臣下之母妻）之別，杜寶的妻子，自屬外命婦之列。

〔48〕老——原無此字，據朱校本補。

〔49〕地頭軍府——當地的軍事機關，引申爲當地的軍事首長。地頭，謂當地、本地。《二刻拍案驚奇》卷二十七：「家丁原是地頭人，多曾認得柯陳家裏的，一徑將帖兒進去報了。」

〔50〕滿眼兵戈一腐儒——言在一片戰亂，杜寶不過是一個缺乏應變能力的腐儒耳。《史記・黥布列傳》：「上折隨何之功，謂何爲腐儒。」唐・杜甫《江漢》詩：「江漢思歸客，乾坤一腐儒。」又《舟出江陵南浦奉寄鄭少尹》詩：「社稷纏妖氣，干戈送老儒。」

〔51〕隋堤風物已淒涼——語見《全唐詩》卷 684、吳融《彭門用兵後經汴路三首》之二。隋堤，隋煬帝時沿通濟渠、邗溝河岸修築的御道，道旁植楊柳，後人謂之隋堤，這裏指在淮、揚的一段。

〔52〕楚漢寧教作戰場——語見《全唐詩》卷 681、韓偓《秋郊閒望有感》詩。《全唐詩》注：「寧，一作虛。」

〔53〕閨閣不知戎馬事——語見《全唐詩》卷 803、薛濤《贈遠二首》之一。

〔54〕雙雙相趁下殘陽——語見《全唐詩》卷 654、羅鄴《僕射陂晚望》詩。《全唐詩》「殘陽」作「斜陽」。

第四十三齣　禦　淮

【六么令】〔外引生末眾軍上〕西風揚噪〔1〕，漫騰騰〔2〕殺氣兵妖。望黃淮秋捲浪雲高。排雁陣〔3〕，展《龍韜》〔4〕，斷重圍殺過河陽〔5〕道。

走乏了！眾軍士，前面何處？〔眾〕淮城近了。〔外望介〕天呵！【昭君怨】剩得江山一半，又被胡笳〔6〕吹斷。〔眾〕秋草舊長營，血風腥。〔外〕聽得猿啼鶴怨〔7〕，淚濕征袍如汗。〔眾〕老爺呵！無淚向天傾，且前征。〔外〕眾三軍，俺的兒〔8〕，你看咫尺淮城，兵勢危急。俺們一邊捨死先衝入城，一面奏請朝廷添兵救助。三軍聽吾號令，鼓勇而

行。〔眾哭應介〕謹如軍令。〔行介〕

【四邊靜】坐鞍心把定中軍〔9〕號，四面旌旗繞。旗開日影搖，塵迷日光小。〔合〕胡兵氣驕，南兵路遙。血暈〔10〕幾重圍，孤城怎生料！

〔外〕前面寇兵截路，衝殺前去。〔下〕

【前腔】〔淨引丑貼眾軍喊上〕李將軍〔11〕射雁穿心〔12〕落，豹子〔13〕翻身嚼。單尖寶蹬挑，把追風〔14〕膩旗兒嫋。〔合前〕

〔淨笑介〕你看俺溜金王手下，雄兵萬餘，把淮陰城圍了七週遭。好不緊也！〔內擂鼓喊介、淨〕呀，前路兵風，想是杜安撫來到。分兵一千，迎殺前去。〔盧下、外眾唱「合前」上，淨眾上打話，單戰介、淨叫眾擺長陣攔路介、外叫「眾軍衝圍殺進城去」介、淨〕呀，杜家兵衝入圍城去了。且由他。喫盡糧草，自然投降也。〔合前、下〕

【番卜算】〔老旦末文官上〕鎮日陣雲飄，閃卻烏紗帽。〔淨丑武官上、淨〕長槍大劍把河橋。〔丑〕鼓角如龍叫。

〔見介〕請了。【更漏子】〔老旦〕枕淮樓，臨海際。〔末〕殺氣騰天震地。〔丑〕聞炮鼓，使人驚。插天飛不成。〔淨〕匣中劍，腰間箭，領取背城一戰〔15〕。〔合〕愁地道〔16〕，怕天衝。幾時來杜公？〔老旦〕俺們是淮安府行軍司馬〔17〕，和這參謀，都是文官。遭此賊兵圍緊，久已迎取安撫杜老大人，還不見到。敢問二位留守將軍，有何計策？〔丑〕依在下〔18〕所見，降了他罷。〔老旦〕怎說這話？〔丑〕不降，走為上計。〔老旦〕走的一丁，走不的十個。〔丑〕這般說，俺小奶奶那一口放那裏？〔淨〕鎖放大櫃子裏。〔丑〕鑰匙哩？〔淨〕放俺處。李全不來，替你託妻寄子。〔丑〕李全來哩？〔淨〕替你出妻獻子。〔丑〕好朋友，好朋友！〔內擂鼓喊介、生報子上〕報，報，報。正南一枝兵馬，破圍而來。杜老爺到也。〔眾〕快開城門迎接去。天地日流血，朝廷誰請纓〔19〕。〔並下〕

【金錢花】〔外引眾上〕連天殺氣蕭條〔20〕，蕭條。連城圍了週遭，週遭。風喇喇，陣旗飄。叫開城，下弔橋〔21〕。〔老旦等上、合〕文和武，索迎著。

〔跪迎介〕文武官屬，迎接老大人。〔外〕起來，敵樓相見。〔老旦等應、下介〕

【前腔】〔外〕胡塵染惹〔22〕征袍，征袍。血花風腥〔23〕寶刀，寶刀。〔內擂鼓介〕淮安鼓，揚州簫。擺鸞旗〔24〕，登麗譙〔25〕。〔合〕排衙〔26〕了，列功曹〔27〕。〔到介、貼辦官上〕

【粉蝶兒引】〔外〕萬里寄龍韜，那得戍樓清嘯〔28〕？

〔貼報門介〕文武官屬進。〔老旦等參見介〕孤城累卵〔29〕，方當萬死之危；開府弄丸〔30〕，來赴兩家之難。凡俺官僚，禮當拜謝。〔外〕兵鋒四起，勞苦諸公，皆老夫遲慢之罪，只長揖〔31〕便了。〔眾應起揖介、外〕看來此賊頗有兵機。放俺入城，其中有計。〔眾〕不過穿地道，起雲梯，下官粗知備禦。〔外〕怕的是鎖城之法耳。〔丑〕敢問何謂鎖城？是裏面鎖，外面鎖？外面鎖，鎖住了溜金王；若裏面鎖，連下官都鎖住了。〔外〕不提起罷了。城中兵幾何？〔淨〕一萬三千。〔外〕糧草幾何？〔末〕可支半年。〔外〕文武同心，救援可待。〔內擂鼓喊介、生報子上〕報，報，李全兵緊圍了。〔外長歎介〕這賊好無理也。

【劃鍬兒】兵多食廣禁〔32〕圍繞，則要你文班武職兩和調。〔眾〕巡城徹昏曉，這軍民苦勞。〔內喊介、泣介、合〕那兵風正號，俺軍聲靜悄。〔外拜天眾同拜介〕淚灑孤城，把蒼天暗禱。〔眾〕

【前腔】危樓百尺堪長嘯，籌邊〔33〕兩字寄英豪。〔外〕江淮未應小〔34〕，君侯佩刀〔35〕。〔合前〕

〔外〔36〕〕從今日起，文官守城，武官出城，隨機策應。〔丑〕則怕大金家來了。〔外〕金兵呵！

【尾聲】他看頭勢〔37〕而來不定交，休先倒折了趙家旗號。便來呵，也少不得死裏求生那一著敲〔38〕。

日日風吹虜騎塵〔39〕，三千犀甲擁朱輪〔40〕。

胸中別有安邊計〔41〕，莫遣功名屬別人〔42〕。

校　注

〔1〕揚噪——響聲高的意思。

〔2〕漫騰騰——形容妖兵殺氣廣盛的樣子。漫，廣遠貌。宋‧王讜《唐語林‧補遺一》：「費縣西漏澤者，漫數十里。」騰騰，旺盛的比喻詞。《前漢書評話》卷上：「戰塵鬱鬱，殺氣騰騰。」

〔3〕雁陣——言排陣形如雁群飛行之序列也。

〔4〕龍韜——周代姜太公兵法《六韜》（文韜、武韜、龍韜、虎韜、豹韜、犬韜）之一。泛指兵法、戰略。

〔5〕河陽——地名。在今河南孟縣西。唐‧杜甫《後出塞》詩之二：「朝進東門營，暮上河陽橋。」仇兆鰲注引《通典》曰：「河陽縣，古孟津，後亦曰富平津，跨河有浮橋，即杜預所建。」此地宋時為淪陷區。

〔6〕胡笳——我國古代北方民族的樂器，其形制似號角，相傳由漢人張騫從西域傳入。漢魏鼓吹樂中常用之。漢‧蔡琰《悲憤》詩之三：「胡笳動兮鞭馬鳴，孤雁歸兮聲嚶嚶。」

〔7〕猿啼鶴怨——意言官兵怨聲載道。《藝文類聚》卷九十引晉‧葛洪《抱朴子》：「周穆王南征，一軍盡化，君子為猿為鶴，小人為蟲為沙。」按，今本《抱朴子‧釋滯》作：「山徙社移，三軍之眾，一朝盡化，君子為鶴，小人成沙。」後因以「猿鶴沙蟲」指陣亡的將士或死於戰爭的人民。

〔8〕兒——長官稱部下為「兒」，表示親切。

〔9〕中軍——古代行軍作戰分左、中、右或上、中、下三軍。由主將所在的中軍發號施令。此與本劇第三十八齣注〔8〕義別。

〔10〕血暈（yùn）——因受外力打擊血液瘀結成圓形的傷痕。

〔11〕李將軍——指漢代名將李廣，以善射馳名，號稱飛將軍。詳《史記‧李將軍列傳》。這裏是李全以李廣自比。

〔12〕心——原缺此字，據朱墨、朱校、清暉、獨深、竹林各本補。

〔13〕豹子——宋‧孟元老《東京夢華錄》卷七「駕登寶津樓諸軍呈百戲」條：「放令馬先走，以身追及，握馬尾而上，謂之豹子馬。」

〔14〕追風——本秦始皇的駿馬名（見晉‧崔豹《古今注‧鳥獸第四》）。形容馬奔馳迅疾，如追風然，故曰追風。下文「膩旗兒」，小旗也。嫋，謂（旗）迎風飄揚也。

〔15〕背城一戰——背靠城牆作戰，沒有退路，意指最後一戰。《三國志‧蜀志‧後主傳》「六年夏」裴松之注引晉‧習鑿齒《漢晉春秋》曰：「北地王諶怒曰：『若理窮力屈，禍敗必及，便當父子君臣背城一戰，同死社稷，以見先帝可也。』後主不納，遂送璽綬。」

〔16〕愁地道，怕天衝——地道，謂挖地道暗通城內。天衝，指裝有雲梯的兵車，古

代用以攻城。衝，衝車，古兵車名；用以衝擊城牆，破壞防禦工事。

〔17〕行軍司馬——職官名。始建於三國魏元帝咸熙元年，職務相當於軍諮祭酒。歷代沿設，都有參謀、輔弼、備咨詢的性質。《新唐書·百官志四下》：「行軍司馬，掌弼戎政，居則習蒐狩，有役則申戰、守之法，器械、糧糒、軍籍、賜予皆專焉。」

〔18〕在下——自稱的謙詞。

〔19〕請纓——自請赴敵。《漢書·終軍傳》：「軍自請：『願受長纓，必羈南越王而致之闕下。』」唐·王勃《滕王閣序》：「勃三尺微命，一介書生。無路請纓，等終軍之弱冠；有懷投筆，慕宗愨之長風。」

〔20〕蕭條——疏散、稀疏貌。五代·張泌《邊上》詩：「山河慘淡關城閉，人物蕭條市井空。」

〔21〕弔橋——在城門口外護城河搭建的橋，橋面的全部或部分可以上下起落，待敵人迫近攻城，可把它弔起來。宋·陳規《守城錄·靖康朝野僉言後序》：「壕上作橋，橋中作弔橋，暫時隔敵則可，若出兵則不能無礙。」可見，弔橋利弊各半。

〔22〕染惹——謂沾染。宋·柳永《滿朝歡》詞：「巷陌乍晴，香塵染惹，垂楊芳草。」

〔23〕腥——腥氣。《禮記·月令》：「其味辛，其臭腥。」唐·杜甫《垂老別》詩：「積屍草木腥，流血川原丹。」這裏用作使動詞，使之腥也。

〔24〕鸞旗——天子儀仗的旗子，上繡鸞鳥，故稱。《漢書·賈捐之傳》「鸞旗在前屬車在後。」顏師古注曰：「鸞旗，編以羽毛列繫橦旁，載於車上，大駕出，則陳於道而先行。」這裏泛指一般儀仗的旗子。

〔25〕麗譙——華麗的高樓。《莊子·徐无鬼》郭象注：「麗譙，高樓也。」成玄英疏：「言其華麗譙嶢也。」這裏指城門上的瞭望樓。

〔26〕排衙——見本劇第二十一齣注〔14〕。封建時代官員開庭審案時，陳設儀仗，吏役們站班，排列整齊，依次參見，舉行一定儀式，謂之排衙。這裏是列隊迎接的意思。

〔27〕功曹——見本劇第二十三齣注〔109〕。

〔28〕戍樓清嘯——意言劉琨被敵圍困，乃登樓清嘯，又使人吹胡笳，動搖敵心，卒以解圍。《晉書·劉琨傳》：「（琨）在晉陽，嘗為胡騎所圍數重，城中窘迫無計，琨乃乘月登樓清嘯。賊聞之，皆凄然長歎。中夜奏胡笳，賊又流涕歔欷，有懷土之切。向曉復吹之，賊並棄圍而走。」戍樓，邊防軍的瞭望樓。清嘯，清越悠長的呼嘯鳴叫。唐·李山甫《兵後尋邊》詩之二：「日暮卻登寒壘望，飽鴟清嘯伏屍堆。」

〔29〕累卵——蛋上擱蛋，極易破碎，比喻危險。三國魏·鍾會《檄蜀文》：「去累卵

之危，就永安之計，豈不美與！」

〔30〕開府弄丸——開府，古代高級官員，成立府署，選置僚屬，主管軍政大權。此
指杜安撫杜寶。弄丸，一種拋弄彈丸的雜技，兩手上下拋接好多個，使人目不
暇接，而不落地。《莊子‧徐无鬼》：「昔市南宜僚弄丸，而兩家之難解。」清‧
龔自珍《明良論》：「庖丁之解牛，伯牙之操琴，羿之發羽，僚之弄丸，古之所
謂神技也。」因用以比喻嫻熟巧妙，輕鬆不費力氣。這裏全句是說杜安撫此來
取勝，如弄丸之易也。

〔31〕長揖——拱手高舉，自上而下行禮。《漢書‧高帝紀上》：「沛公方踞床，使兩
女子洗。酈生不拜，長揖曰：『足下必欲誅無道秦，不宜踞見長者。』」顏師古
注：「長揖者，手自上而極下。」

〔32〕禁（jīn）——禁得住、承受得了。

〔33〕籌邊——籌劃邊防事務。《明史‧吳執御傳》：「故曰籌邊不在增兵餉，而在擇
人。」清‧李漁《奈何天》一〔賀新郎尾〕：「義僕籌邊因代主，忽建非常功
績。」

〔34〕小——輕視。《左傳‧昭公十八年》：「國之不可小，有備故也。」三國魏‧曹
丕《典論‧論文》：「文人相輕，自古而然。傅毅之於班固，伯仲之間耳，而固
小之。」唐‧李白《送長沙陳太常》詩：「莫小二千石，當安遠俗人。」

〔35〕君侯佩刀——言自己（杜安撫）當親臨兵戎。君侯，秦漢時稱丞相為君侯，漢
以後用為對達官貴人的敬稱。這裏是杜寶自稱。佩刀，佩帶腰間的刀，古代男
人的服飾，佩之以示威武。這裏是指持武器上陣的意思。

〔36〕外——原無「外」字，衍，據朱墨、朱校等本刪。下「外」字，原誤作「淨」，
據朱墨、朱校、竹林等本改。

〔37〕頭勢——猶「勢頭」，意即軍事形勢。下文「不定交」，謂不停止、不罷休，必
欲一戰的意思。

〔38〕一著敲——這裏指一次戰鬥。敲，殺也。元‧馬致遠（元刊本）《任風子》二
〔三煞〕：「再不去宰馬敲牛，殺狗屠豬。」這裏引申為戰鬥。

〔39〕日日風吹虜騎塵——語見《全唐詩》卷508、陳標《飲馬長城窟》詩。

〔40〕三千犀甲擁朱輪——語見《全唐詩》卷746、陳陶《贈答南韋中丞》詩。犀甲，
犀牛皮製的鎧甲；犀牛皮不常有，或用牛皮，亦稱犀甲。朱輪，古代王侯顯貴
所乘的車子，因用朱紅漆輪，故稱。

〔41〕胸中別有安邊計——語見《全唐詩》卷640、曹唐《羽林賈中丞》詩。

〔42〕莫遣功名屬別人——語見《全唐詩》卷386、張籍《寄宋景》詩。遣，《玉篇‧
辵部》：「遣，送也。」

第四十四齣　急　難

【菊花新】〔旦上〕曉妝臺圓夢鵲聲高〔1〕，閒把金釵帶笑敲。博山〔2〕秋影搖，盼泥金〔3〕俺明香暗焦。

鬼魂求出世，貧落〔4〕望登科。夫榮妻貴顯，凝盼事如何？俺杜麗娘跟隨柳郎科試，偶逢天子招賢，只這些時還遲喜報。正是：長安咫尺如千里，夫婿迢遙〔5〕第一人。

【出隊子】〔生上〕詞場〔6〕湊巧，無奈兵戈起禍苗。盼泥金賺殺〔7〕玉多嬌〔8〕，他待地窟裏隨人上九霄。一脈離魂，江雲暮潮。

〔見介、旦〕柳郎，你回來了。望你高車畫錦〔9〕，爲何徒步而回？〔生〕聽俺道來：

【瓦盆兒】去遲科試，收場鎖院散群豪。〔旦〕咳，原來去遲了。〔生〕喜逢著舊知交。〔旦〕可曾補上？〔生〕虧他滿船明月又把去珠淘。〔旦喜介〕好了。放榜未？〔生〕恰正在奏龍樓，開鳳榜〔10〕，蹊蹺〔11〕，〔旦〕怎生蹊蹺？〔生〕你不知，大金家兵起，殺過淮揚來了。忙喇煞細柳營〔12〕，權將杏苑拋〔13〕，剛則〔14〕遲誤了你夫人花誥。〔旦〕遲也不爭幾時。則問你，淮揚地方，便是俺爹爹管轄之處了？〔生〕便是。〔旦哭介〕天也，俺的爹娘怎了！〔泣介、生〕直恁的活擦擦〔15〕、痛生生，腸斷了。比如你在泉路裏可心焦？

〔旦〕罷了。奴有一言，未敢啓齒。〔生〕但說不妨。〔旦〕柳郎，放榜之期尚遠，欲煩你淮揚打聽爹娘消耗〔16〕，未審許否？〔生〕謹依尊命。奈放小姐不下。〔旦〕不妨，奴家自會支吾〔17〕。〔生〕這等就此起程了。

【榴花泣】〔旦〕白雲親舍〔18〕，俺孤影舊梅梢〔19〕。道香魂恁寂寥，怎知魂向你柳枝銷〔20〕。維揚千里，長是一靈飄。回生事少，爹娘呵，聽的俺活在人間驚一跳。平白地鳳婿〔21〕過門，好似半青天鵲影成橋〔22〕。

【前腔】〔生〕俺且行且止，兩處繫心苗。要留旅店伴多嬌，〔旦〕有姑姑爲伴。〔生〕陰人難伴你這冷長宵。把心兒不定，還怕你舊魂飄。

〔旦〕再不飄了。〔生〕俺文高中高，怕一時榜下歸難到。〔旦泣介〕俺爹娘呵！〔生〕你念雙親捨的離情，俺爲半子〔23〕怎惜攀高。

小姐，卑人〔24〕拜見岳翁岳母，起頭便問及回生之事了。

【漁家燈】〔旦歎介〕說的來似怪如妖，怕爹爹執古妝蹻〔25〕。〔想介〕有了，將奴春容帶在身傍。但見了一幅春容，少不的問俺兩下根苗〔26〕。〔生〕問時，怎生打話？〔旦〕則說是天曹〔27〕，偶然注定的姻緣到，驀〔28〕踏著墓墳開了。〔生〕說你先到俺書齋纏好。〔旦羞介〕休喬〔29〕，這話教人笑。略說與梅香賊牢〔30〕。

【前腔】〔生〕俺滿意兒待駟馬過門〔31〕，和你離魂女同歸氣高〔32〕。誰承望探高親去傍干戈〔33〕，怕寒儒欠整衣毛〔34〕。〔旦〕女婿老成些不妨。則途路孤恓〔35〕，使奴掛念。〔生〕秋霄〔36〕，雲橫雁字斜陽道，向秦淮〔37〕夜泊魂銷。〔旦〕夫，你去時冷落些，回來報中狀元呵，〔生〕名標，大拜門〔38〕喧笑，抵多少〔39〕駙馬還朝。

〔淨上〕雨傘晴兼雨，春容秋復春。包袱雨傘在此。

【尾聲】〔拜別介、旦〕秀才郎探的個門楣〔40〕著。〔生〕報重生這歡聲不小。〔旦〕柳郎，那裏平安了便回，休只顧的月明橋上聽吹簫〔41〕。

不爲經時謁丈人〔42〕，囊無一物獻尊親〔43〕。

馬蹄走入揚州路〔44〕，兩地各傷無限神〔45〕。

校 注

〔1〕曉妝臺圓夢鵲聲高——意言早上起來梳妝，喜鵲高鳴，好像爲我解說吉祥的夢。圓夢，謂解說夢中情景，從而附會，預測人事的吉凶。古人迷信，認爲鵲鳴是一種報喜的吉兆。五代·王仁裕《開元天寶遺事下·靈鵲報喜》：「時人之家聞鵲聲，皆爲喜兆，故謂靈鵲報喜。」唐·宋之問《發端州初入西江》詩：「破顏看鵲喜，拭淚聽猿啼。」

〔2〕博山——即博山銅香爐之簡稱。據晉·葛洪《西京雜記》卷一：「長安巧工丁緩者，又作九層博山香爐，鏤爲奇禽怪獸，窮諸靈異。」是知精製博山爐的歷史很久，以後歷代作品中，皆有所反映。

〔3〕泥金——這裏指登科之喜的泥金帖子。五代・王仁裕《開元天寶遺事下・泥金帖子》:「新進士才及第,以泥金帖子附家書中,用報登科之喜。」泥金,即指在帖子上塗上金粉顏料也。下文「焦」字,意義雙關:一指香在燃燒,一指盼喜信的心焦急。

〔4〕貧落——貧窮衰敗。湯顯祖《邯鄲記》三、白:「自家呂岩……素性飲酒任俠,曾於咸陽市上,酒中殺人,因而亡命,久之貧落。」明・范景文《先母馬宜人行述》:「家益貧落,四壁蕭然,朝夕常至不繼。」

〔5〕迢遙——遠貌。南朝宋・顏延之《秋胡詩》:「迢遙行人遠,婉轉年運徂。」元・宮天挺《范張雞黍》二〔感皇恩〕:「阻隔著路迢遙,山遠近,水重疊。」這裏是形容杜麗娘陪伴柳郎赴京都應考行路之艱難。

〔6〕詞場——指科場。唐・白居易《喜敏中及第偶示所懷》詩:「自知群從為儒少,豈料詞場中第頻。」

〔7〕賺殺——亦作「賺煞」,意謂贏得、博得。唐・施肩吾《望騎郎》詩:「賺殺唱歌樓上女,伊州誤作石州聲。」

〔8〕玉多嬌——謂美女,這裏指杜麗娘。本劇第十六齣〔三登樂〕白:「掌中擎著個病多嬌」,所指同。

〔9〕畫錦——見本劇第四十一齣注〔45〕。

〔10〕鳳榜——榜的美稱。

〔11〕蹊蹺(qī qiāo)——謂奇怪、可疑。元・鄭光祖《 梅香》四、白:「誰想有這場蹊蹺的事,如之奈何?」

〔12〕忙喇煞細柳營——此言戰事起來了。忙喇煞,意即忙煞、忙得很。細柳營,軍營的代稱。按,細柳,地名,在今陝西省咸陽市西南,是漢初周亞夫治軍的地方。以紀律嚴明而著稱。後世因以細柳營比喻治軍嚴肅的模範軍營(事見《史記・周亞夫傳》)。唐・胡曾《細柳營》詩贊云:「文帝鑾輿勞北征,條侯此地整嚴兵,轅門不峻將軍令,今日爭知細柳營。」

〔13〕權將杏苑拋——意言姑且把發榜的事放到一邊。杏苑,即杏園,在長安,唐代新進士都在這裏遊宴。後來泛指新科進士的遊宴場所。明・周履靖《錦箋記》三十二〔紅繡鞋〕白:「杏苑留題,古來盛典,諸公何不賦詩一首,以繼前休。」

〔14〕剛則——剛,偏也。隋煬帝《效劉孝綽憶詩》之一:「憶睡時,待來剛不來。」前蜀・貫休《桐江閒居》詩:「擬歸仙掌去,剛被謝公留。」唐・白居易《惜花》詩:「可憐天豔正當時,剛被狂風一夜吹。」皆是同例。則,只也,表示限量。宋・方岳《哨遍・問月》詞:「恐古時月與今時異,恨則恨今人不千歲,但見今、冰輪如洗。」合而言之,剛則,即偏只之義也。

〔15〕直恁的活擦擦——直恁的,竟如此的。活擦擦,活生生也。

〔16〕消耗——消息、音信。宋・司馬光《涑水記聞》卷十一:「自楊守素回後,又

經月餘，寂無消耗。」宋・穆休《贈適公上人》詩：「喜得師消耗，從僧問不休。」

〔17〕支吾——應付、對付。此與本劇第四十二齣注〔39〕，意義略別。

〔18〕白雲親舍——表示對父母的思念。典出《新唐書・狄仁傑傳》：「親在河陽，仁傑登大行山，反顧，見白雲孤飛，謂左右曰：『吾親舍其下。』瞻悵久之，雲移乃得去。」《舊唐書・狄仁傑傳》：「其親在河陽別業，仁傑赴并州，登大行山，南望見白雲孤飛，謂左右曰：『吾親所居，在此云下。』瞻望佇立久之，雲移乃行。」

〔19〕俺孤影舊梅梢——意言我的孤獨身影依戀在舊日的梅樹梢頭。此指杜麗娘回憶過去夢中與柳夢梅幽會之事。

〔20〕魂向你柳枝銷——意言我被你柳夢梅弄得神魂顛倒。柳枝，暗指柳夢梅。魂銷，謂神魂顛倒也。

〔21〕鳳婿——女婿的美稱。取義蕭史和弄玉騎鳳上天的傳說。

〔22〕鵲影成橋——神話傳說，每年七夕有烏鵲飛集成橋，圓成牛郎、織女渡銀河相見的美事。鵲影，烏鵲的身影。這句話表明杜柳相會的情景。

〔23〕半子——指女婿。《新唐書・回鶻傳上》：「詔咸安公主下嫁⋯⋯是時，可汗上書恭甚，言：『昔爲兄弟，今婿，半子也。』」下文「攀高」，謂攀附地位比自己高的人。元・李行道《灰闌記》一〔混江龍〕：「不是我攀高接貴，由他們說短論長。」本劇意指柳夢梅去尋找做大官的岳父。

〔24〕卑人——身份低的人，用爲男子自謙之稱，猶言「鄙人」。蓋源於南朝梁・陶弘景《周氏冥通記》卷二：「（周子良）曰：『敢不聞旨，但恐卑人居前，非禮耳。』」宋元明清戲曲中多用之。

〔25〕執古妝蹻——執古，固執。《醒世姻緣傳》第五十五回：「你就這們執古性兒，就眞個一口價兒！」妝蹻，猶「妝麼」，謂裝模做樣，故意作態。明・徐渭《南詞敘錄》：「妝麼，猶裝模作樣也，古云作態。」

〔26〕根苗——植物的根與苗，這裏比喻事物的根源、緣由。元・無名氏《替殺妻》三〔快活三〕：「殺人賊今日有根苗，母親我不說誰知道。」

〔27〕天曹——舊謂天上的官吏。清・楊潮觀《吟風閣雜劇・感天後神女露筋》〔香柳娘・前腔〕白：「你將來秉仗威靈，便可代天行化，吾當上奏天曹去也。」

〔28〕驀——跨越。唐・李賀《送沈亞之歌》：「雄光寶礦獻春卿，煙底驀波乘一葉。」王琦注：「驀，越也。」宋・陸游《夜投山家》詩：「驀溝上阪到山家，牧豎鷹門兩髻丫。」

〔29〕喬——謂矯飾。

〔30〕賊牢——罵人話，兼寓愛稱。謂刁鑽、狡黠。這裏用作名詞，猶言鬼精靈（說見徐朔方注）。

〔31〕滿意兒待駙馬過門——滿意兒，一心一意。《二十年目睹之怪現狀》第七十回：

「我這回進京，滿意要見焦侍郎。」駟馬，四匹馬拉的車子。乘駟馬車，表示
地位顯赫。過門，女子出嫁到男家或男子入贅到女家，叫做過門。《清平山堂
話本・快嘴李翠蓮記》：「員外道：『我兒，家堂並祖宗面前，可去拜一拜，作
別一聲，我已點下香燭了。趁娶親的未來，保你過門平安。』」元明間・無名
氏《娶小喬》一、白：「今選吉日良辰，娶親過門。」

〔32〕氣高——謂心高氣傲。這裏有意滿志得的意思。

〔33〕干戈——古代兵器，這裏比喻戰亂。《史記・儒林列傳》：「然尚有干戈，平定
四海，亦未暇遑庠序之事也。」晉・葛洪《抱朴子・廣譬》：「干戈興則武夫奮，
《韶》《夏》作則文儒起。」

〔34〕衣毛——指服裝。

〔35〕孤恓——謂孤寂淒涼。敦煌變文《伍子胥變文》：「共弟前身身何罪，受此孤恓？」
《水滸傳》第六回：「你在東時我在西，你無男子我無妻，我無妻時猶閒可，
你無夫時好孤恓。」按：「恓」，原作「棲」，據文林、清暉、獨深三本改。

〔36〕霄——文林、朱墨、清暉、獨深、竹林各本俱作「宵」。「宵」與下文「夜」字
相照應。

〔37〕秦淮——指南京的秦淮河。

〔38〕大拜門——謂高官。元・李直夫《虎頭牌》二〔大拜門〕：「我也曾吹彈那管絃，
快活了萬千，可便是大拜門撒敦家的筵宴。」從這個例子，亦可知「大拜門」
是個曲牌名。

〔39〕抵多少——勝過。下文「駙馬」，魏晉以後對皇帝女婿的稱呼。

〔40〕門楣——門上的橫梁，它是支撐門戶的。舊時習慣用「門楣」作為家庭地位
的象徵詞。《資治通鑒・唐玄宗天寶五年》：「楊貴妃方有寵……民間歌之曰：
『生男勿喜女勿悲，君今看女作門楣。』」胡三省注：「言楊家因生女而宗門
榮顯也。」唐・陳鴻《長恨歌傳》則曰：「男不封侯女作妃，看女卻為門上楣。」
後因稱人之門第為「門楣」。

〔41〕月明橋上聽吹簫——意指在揚州享樂不歸。語本唐・杜牧《寄揚州韓綽判官》
詩：「二十四橋明月夜，玉人何處教吹簫？」

〔42〕不為經時謁丈人——語見《全唐詩》卷304、劉商《上崔十五老丈》詩。丈人，
原詩意指對老人的尊稱。劇作者在這裏代指岳父。

〔43〕囊無一物獻尊親——語見《全唐詩》卷226、杜甫《重贈鄭煉》詩。

〔44〕馬蹄漸入揚州路——語見《全唐詩》卷870、章孝標《及第後寄李紳》詩。《全
唐詩》注：「蹄」一作「頭」，「路」一作「郭」。

〔45〕兩地各傷無限神——語見《全唐詩》卷416、元稹《寄樂天二首》之一。《全唐
詩》「無」作「何」。

第四十五齣　寇　間 [1]

【包子令】〔老旦外賊兵巡哨 [2] 上〕大王原是小嘍囉 [3]，嘍囉。娘娘原是小旗婆 [4]，旗婆。立下個草朝 [5] 忒快活，虧心又去搶山河。〔合〕轉巡邏 [6]，山前山後一聲鑼。

　　兄弟，大王爺攻打淮城，要個人見杜安撫打話。大路頭影兒沒一個，小路頭尋去。〔唱前合下、末雨傘包袱上〕

【駐馬聽】家舍南安，有道爲生新失館。要腰纏十萬，教學千年，方才貫滿 [7]。俺陳最良，爲報杜小姐之事，揚州見杜安撫大人。誰知他淮安被圍，教俺沒前沒後。大路上不敢行走，抄 [8] 從小路而去。學先師傳食走胡旋 [9]，怯書生避寇遭塗炭 [10]。你看樹影凋殘 [11]，猿啼虎嘯教人歎。

　　〔丑外上〕明知山有虎，故向虎邊行。烏 [12] 漢那裏去？〔拿介、末〕饒命，大王。〔外〕還有個大王哩。〔末〕天，天怎了！正是：烏鴉喜鵲同行，吉凶全然未保。〔並下〕

【普賢歌】〔淨丑衆上〕莽乾坤 [13] 生俺賊兒頑，誰道賊人膽裏單 [14]！南朝俺不蠻，北朝俺不番 [15]。甚天公有處安排俺 [16]？

　　娘娘，俺和你圍了淮安許時 [17]，只是不下。要得個人去淮安打話，兼看杜安撫動定 [18] 如何。則眼下 [19] 無人可使哩。〔丑〕必得杜老兒親信之人，將計就計，方才可行。〔外綁末上〕

【粉蝶兒】沒路走羊腸 [20]，天、天呵，撞入這屠門怎放！

　　〔見介、外〕稟大王，拿的個南朝漢子在此。〔淨〕是個老兒。何方人氏？作何生理 [21]？〔末〕聽稟：

【大迓鼓】生員 [22] 陳最良，南安人氏，訪舊 [23] 淮揚。〔淨〕訪誰？〔末〕便是杜安撫。他後堂曾設扶風帳 [24]。〔丑〕你原來他衙中教學。幾個學生？〔末〕則他甄氏夫人，單生下一女。女書生年少亡。〔丑〕還有何人？〔末〕義女春香，夫人伴房 [25]。

　　〔丑笑背介〕一向不知杜老家中事體。今日得知，吾有計矣。〔回介〕

這腐儒，且帶在轅門〔26〕外去。〔眾應押末下介、丑〕大王，奴家有了一計。昨日殺了幾個婦人，可於中取出首級二顆。則說杜家老小，回至揚州，被俺手下殺了。獻首在此。故意蘇放〔27〕那腐儒，傳示〔28〕杜老。杜老心寒，必無守城之意矣。〔淨〕高見，高見。〔淨起低聲分付介〕叫中軍〔29〕。〔生上、淨〕俺請那腐儒講話中間，你可將昨日殺的婦人首級二顆來獻，則說是杜安撫夫人甄氏和他使女春香。牢記著。〔生應下、淨〕左右，再拿秀才來見。〔眾押末上介、末〕饒命，大王。〔淨〕你是個細作〔30〕，不可輕饒。〔丑〕勸大王鬆了他，聽他講些兵法到好。〔淨〕也罷。依娘娘說，鬆了他。〔眾放末綁介、末叩頭介〕叩謝大王、娘娘不殺之恩。〔淨〕起來，講些兵法俺聽。〔末〕衛靈公問陳於孔子〔31〕，孔子不對。說道：吾未見好德如好色者也〔32〕。〔淨〕這是怎麼說？〔末〕則因彼時衛靈公有個夫人南子〔33〕同座，先師所以怕得講話。〔淨〕他夫人是南子，俺這娘娘是婦人。〔內擂鼓生報子上〕報，報，報！揚州路上兵馬，殺了杜安撫家小，竟來獻首級討賞。〔淨看介〕則怕是假的。〔眾〕千真萬真。夫人甄氏，這使女叫春香。〔末做看認驚哭介〕天呵，真個是老夫人和春香也。〔淨〕哇〔34〕，腐儒啼哭什麼！還要打破淮城，殺杜老兒去。〔末〕饒了罷，大王。〔淨〕要饒他，除非獻了這座淮安城罷。〔末〕這等，容生員去傳示大王虎威，立取回報。〔丑〕大王恕你一刀，腐儒快走。〔內擂鼓發喊，開門介、末作怕介〕

【尾聲】顯威風、記的這溜金王。〔淨、丑〕你去說與杜安撫呵，著什麼耀武揚威早納降。俺實實的要佔江山、非是謊。

〔淨丑下、末打躬〔35〕送介、弔場〕活強盜，活強盜。殺了杜老夫人、春香。不免城中報去。

海神東過惡風回〔36〕，日暮沙場飛作灰〔37〕。

今日山翁舊賓主〔38〕，與人頭上拂塵埃〔39〕。

校 注

〔1〕間（jiàn）——離間。

〔2〕巡哨——謂巡視警備。《元史·李楨傳》：「丙辰，憲宗命楨帥師巡哨襄樊。」後亦稱哨兵來往巡邏為巡哨。

〔3〕嘍囉——明·徐世範《五劇解正》云：「盜賊呼其部下爲嘍囉。」字亦作「僂儸」。金·董解元《西廂記諸宮調》二〔越調·青山口〕：「步兵卒子小僂儸，擂狼平鼓，篩動金鑼。」

〔4〕旗婆——猶云「番婆」，宋時常稱女眞婦女爲旗婆。這裏指女兵。湯顯祖《南柯記》二十七〔滴溜子·前腔〕白：「公主號令：旗婆們都要演習武藝。」

〔5〕草朝——在野的小朝廷。這裏指山寨。

〔6〕巡羅——謂巡邏，即來回偵察。羅，應作「邏」，這裏爲叶歌韻，改用「羅」。

〔7〕腰纏十萬，教學千年，方才貫滿——意言教師收入微薄，要想有十萬貫錢，得教一千年書。按，「腰纏十萬，方才貫滿」，語本南朝梁·殷芸《小說》：「有客相從，各言所志，或願爲揚州刺史，或願多資財，或願騎鶴上陞。其一人曰：『腰纏十萬貫，騎鶴上揚州。』欲兼三者。」後因以「腰纏萬貫」，謂腰裏裝有很多錢，形容非常富有。

〔8〕抄——謂從側面繞行也。元·鄭廷玉《楚昭公》三〔耍孩兒〕白：「既然這等，您兄弟則往這小路上抄出，大路相會。」明·朱有燉《豹子和尚》四、白：「今日從這小路兒抄到村裏，再看我母親一遭。」

〔9〕先師傳食走胡旋——意言孔子周遊列國，受到各地諸侯的供養。先師，指孔子。明·陳汝元《金蓮記》七〔謁金門·前腔〕白：「昔者吾先師大成至聖孔夫子於是日哭則不歌。」傳食，謂輾轉受人供養。《孟子·滕文公下》：「後車數十乘，從者數百人，以傳食於諸侯，不以泰乎？」走胡旋，謂奔走不停也。胡旋，唐代舞名。《新唐書·禮樂志十一》：「胡旋舞，舞者立球上，旋轉如風。」詳參《宋金元明清曲辭通釋·胡旋舞》。

〔10〕塗炭——爛泥和炭火。比喩災難困苦的境遇。《書·仲虺之誥》：「有夏昏德，民墜塗炭。」

〔11〕凋殘——衰敗脫落。唐·杜甫《廢畦》詩：「秋蔬擁霜露，豈敢惜凋殘。」元·傅按擦《鴨頭綠·錢塘懷古》詞：「縱餘西湖風景，花柳亦凋殘。」

〔12〕鳥（diǎo）——《廣韻》：「鳥，丁了切。」「鳥」即「屌」字，是北方人對男性生殖器的俗稱。這裏用爲罵詞。蔣禮鴻《敦煌變文字義通釋》：「鳥，罵人的話，和《水滸》裏的『鳥人』、『鳥男女』的『鳥』相同。」

〔13〕莽乾坤——廣闊的天地。莽，廣闊、深遠。《小爾雅·廣詁》：「莽，大也。」

〔14〕賊人膽裏單——賊人膽虛的意思。元明雜劇中多作「賊人膽虛」，意言做壞事的人心虛，總怕被人察覺。

〔15〕南朝俺不蠻，北朝俺不番——這是李全的話，李全本是漢人，投降於金，說不上是南蠻子，也說不上是北番人。按：蠻，舊時北人對南方少數民族的蔑稱。番，舊時南人對北方少數民族（或外國人）的蔑稱。

〔16〕甚天公有處安排俺——意言老天爺自有安排我的地方。語本元·白賁小令《鸚

鵲曲‧漁父》：「算從前錯怨天公，甚也有安排我處！」

〔17〕許時——這麼久。許，用作估量詞，不十分確定。元‧王實甫《西廂記》五本二折〔迎仙客〕白：「自昔容去後，不覺許時，仰敬之心，未嘗少怠。」

〔18〕動定——猶「動靜」，意謂事之行迹、動止、消息。

〔19〕眼下——目前、現實。唐‧白居易《吾廬》詩：「眼下營求容足地，心中準擬掛冠時。」湯顯祖《邯鄲記》二十九〔榴花泣〕白：「老爺，下官《太素》最精，老爺心脈洪大，眼下有加官蔭子之喜，下官不勝欣賀。」

〔20〕羊腸——喻指狹窄曲折的小路。《尉繚子‧兵談》：「兵之所及，羊腸亦勝，鋸齒亦勝，緣山亦勝，入谷亦勝。」三國魏‧曹操《苦寒行》詩：「北上太行山，艱哉何巍巍。羊腸阪詰屈，車輪為之摧。」唐‧杜甫《喜聞官軍已臨賊境》詩：「路失羊腸險，雲橫雉尾高。」

〔21〕生理——指賴以謀生的職業、工作。唐‧杜甫《春日江村》詩之一：「艱難昧生理，漂泊到如今。」宋‧蘇軾《閒居五詠‧買宅》詩：「生理付兒曹，老辛食且眠。」

〔22〕生員——見本劇第四齣注〔9〕。

〔23〕舊——指故舊、老朋友。唐‧杜甫《贈衛八處士》詩：「訪舊半為鬼，驚呼熱中腸。」唐‧李公佐《南柯太守傳》：「二人與臣有十二年之舊，備知才用，可託政事。」

〔24〕扶風帳——見本劇第七齣注〔4〕。

〔25〕伴房——房中陪伴，伺候主人，供服役。

〔26〕轅門——領兵將帥的營門。《六韜‧分合》：「大將設營而陳，立表轅門。」

〔27〕蘇放——謂白日釋放，同「素放」。素，空也、白也。「蘇」為「素」的音近假借字。詳參《宋金元明清曲辭通釋‧素放》。

〔28〕傳示——傳口信的意思，即不假紙筆，由來人當面口述轉達。清‧貫雲石小令《清江引‧惜別》：「若還與他相見時，道個真傳示，不是不修書，不是無才思，繞清江買不得天樣紙。」

〔29〕中軍——見本劇第三十八齣注〔8〕。

〔30〕細作——謂軍事上的偵探、間諜。《爾雅‧釋言》：「間，倪也。」晉‧郭璞注：「《左傳》謂之諜，今謂之細作。」

〔31〕衛靈公問陳於孔子——語見《論語‧衛靈公》：「衛靈公問陳於孔子。孔子對曰：『俎豆之事，則嘗聞之矣；軍旅之事，未之學也。』」陳，謂軍師行伍之列。軍旅，指軍事。《明史‧忠義傳七‧米壽圖》：「若騏本不諳軍旅，諂附楊嗣昌，遂由刑曹調職方。」

〔32〕吾未見好德如好色者也——語見《論語‧子罕》。朱熹集注：「《史記》：孔子居衛，靈公與夫人同車，使孔子為次乘，招搖市過之。孔子丑之，故有是言。」

兩「好」字皆讀去聲。

〔33〕南子——春秋時衛靈公的夫人，貌美，有寵。出身宋國，子姓，與宋公子朝私通。太子蒯瞆惡之，即位乃殺之。孔子曾不得已受過她接見。見《論語·雍也》。這裏「南子」?音「男子」，有意打諢取笑。

〔34〕唗（dōu）——怒斥聲。義同本劇第十二齣注〔57〕。

〔35〕打躬——彎下身子作揖，表示恭敬。明·沈德符《野獲編》卷十七「叉手橫杖」：「古大帥范事，文武官爲之屬吏者，不過庭趨聲喏，今皆蒲伏叩頭，無敢言及喏矣。若撫按之待其下，惟由科目者尚得打躬，講揖讓之禮。」

〔36〕海神東過惡風回——語見《全唐詩》卷166、李白《橫江詞六首》之四。《全唐詩》「東」作「來」。

〔37〕日暮沙場飛作灰——語見《全唐詩》卷144、常建《塞下曲四首》之二。

〔38〕今日山翁舊賓主——語見《全唐詩》卷359、劉禹錫《送李庚先輩赴選》詩。山翁，晉代山濤之子山簡，永嘉三年，出爲鎮南將軍，鎮守襄陽。及洛陽陷沒，又爲賊嚴嶷所逼，乃遷於夏口，招納流亡，江漢歸附。見《晉書·山簡傳》。這裏借指杜寶。《全唐詩》「翁」作「公」。又注云：「公舊賓主」一作「居賓主話」。

〔39〕與人頭上拂塵埃——語見《全唐詩》卷645、李山甫《下第出春明門》詩。

第四十六齣　折　寇

【破陣子】〔外戎裝佩劍引眾上〕接濟風雲陣勢〔1〕，侵尋〔2〕歲月邊陲〔3〕。〔內擂鼓喊介、外歎介〕你看虎咆般咆石連雷碎，雁翅似刀輪〔4〕密雪施。李全，李全，你待要霸江山、吾在此。

【集唐】誰能談笑解重圍〔5〕？萬里胡天鳥不飛〔6〕。今日海門南畔事〔7〕，滿頭霜雪爲兵機〔8〕。我杜寶自到淮揚，即遭兵亂。孤城一片，困此重圍。只索調度兵糧，飛揚金鼓〔9〕。生還無日，死守由天。潛坐敵樓之中，追想靖康〔10〕而後。中原一望，萬事傷心。

【玉桂枝】問天何意？有三光〔11〕不辨華夷，把腥羶吹換人間〔12〕，這望中原做了黃沙片地？〔惱介〕猛衝冠怒起，猛衝冠怒起，是誰弄的，江山如是？〔歎介〕中原已矣，**關河困，心事違**。也則要保揚州濟淮水。俺看李全賊數萬之眾，破此何難？進退遲疑，其間有故，**俺有一計可救圍，恨無人與遊說**〔13〕。

〔內擂鼓介、淨報子上〔14〕〕羽檄〔15〕場中無雁到，鬼門關〔16〕上有人來。好笑。城圍的鐵桶似緊，有個秀才來打秋風〔17〕，則索報去。稟老爺：有個故人相訪。〔外〕敢是奸細？〔淨〕說是江右〔18〕南安府陳秀才。〔外〕這迂儒，怎生飛的進來？快請，快請。

【浣溪沙】擺旌旗，添景致〔19〕，又不是鬧元宵鼓砲齊飛。杜老爺在那裏？〔外笑出迎介〕忽聞的千里故人誰？〔歡介〕原來是先生到此。教俺驚垂淚。〔末〕老公相頭通白〔20〕了。〔合〕白首相看俺與伊，三年一見愁眉。〔拜介〕

【集唐】〔末〕頭白乘驢懸布裳〔21〕，〔外〕故人相見憶山陽〔22〕。〔末〕橫塘一別千餘里〔23〕，〔外〕卻認并州作故鄉〔24〕。〔末〕恭念〔25〕公相，又苦傷老夫人回揚州，被賊兵所算〔26〕了。〔外驚介〕怎知道？〔末〕生員在賊營中，眼同〔27〕驗過老夫人首級，同春香都殺了。〔外哭介〕

【玉桂枝】相〔28〕夫登第，表賢名〔29〕甄氏吾妻。稱皇宣一品夫人〔30〕，又待伴俺立雙忠烈女。想賢妻在日，想賢妻在日，淒然垂淚，儼然冠帔〔31〕。〔外哭倒眾扶介、末〕我的老夫人，老夫人怎了！你將官們也大家哭一聲兒麼！〔眾哭介〕老夫人呵！〔外作惱拭淚介〕呀，好沒來由！夫人是朝廷命婦，罵賊而死，理所當然。我怎為他亂了方寸〔32〕，灰了軍心？身為將，怎顧的私？任恓惶〔33〕，百無悔。陳先生，溜金王還有講麼？〔末〕不好說得，他還要殺老先生。〔外〕咳，他殺俺甚意兒？俺殺他全為國。

〔末〕依了生員，兩下裏都不要殺。〔做扯外耳語介〕那溜金王要這座淮安城。〔外〕嗪聲〔34〕！那賊營中是一個座位。是兩個座位？〔末〕他和妻子連席而坐。〔外笑介〕這等，吾解此圍必矣。先生竟為何來？

〔末〕老先生不問，幾乎忘了。為小姐墳兒被盜，竟此相報。〔外驚介〕天呵！冢中枯骨，與賊何仇？都則為那些寶玩害了也。賊是誰？〔末〕老公相去後，石道姑招了個嶺南遊棍〔35〕柳夢梅為伴。見物起心，一夜劫墳逃去。屍骨投之池水中。因此不遠千里而告。〔外歎介〕女墳被發，夫人遭難。正是：未歸三尺土，難保百年身。既歸三尺土，難保百年墳〔36〕。也索罷了，則可惜先生一片好心。〔末〕生員拜別老公相

後，一發貧薄了。〔外歎介〕軍中倉卒，無以爲情。我把一大功勞，先生幹去。〔末〕願效勞。〔外〕我久寫下咫尺之書〔37〕，要李全解散三軍之衆。餘無可使，煩公一行。左右，取過書儀〔38〕來。倘說得李全降順，便可歸奏朝廷，自有個出身〔39〕之處。〔生取書儀介〕儒生三寸舌，將軍一紙書。書儀在此。〔末〕途費謹領。送書一事，其實怕人。〔外〕不妨。

【榴花泣】兵如鐵桶，一使在其中。將折簡〔40〕，去和戎〔41〕。陳先生，你志誠打的賊兒通。雖然寇盜奸雄，他也相機而動。〔末〕恐遊說非書生之事。〔外〕看他開圍放你而來，其意可知。你這書生正好做傳書用。〔末〕仗恩臺〔42〕一字長城，借寒儒八面威風〔43〕。〔內鼓吹介〕

【尾聲】戍樓羌笛〔44〕話匆匆。事成呵，你歸去朝廷沾〔45〕寸寵，這紙書敢則是保障江淮第一封。

隔河征戰幾歸人〔46〕？五馬臨流待幕賓〔47〕。

勞動先生遠相訪〔48〕，恩波自會惜枯鱗〔49〕。

校　注

〔1〕接濟風雲陣勢——接濟，猶「接應」，意謂呼應、支持。風雲陣勢，古軍陣名有「風」、「雲」（見《風后握奇經》）等，後即以「風雲」泛指軍陣。唐·王涯《從軍詞》之一：「戈甲從軍久，風雲識陣難。」

〔2〕侵尋——逐漸、漸進貌。宋·姜夔《一萼紅》詞：「朱戶黏雞，金盤簇燕，空歎時序侵尋。」宋·朱熹《答薛士龍書》：「而歲月侵尋，齒髮俱如許矣。」元·許衡《與竇先生書》：「老病侵尋，歸心急迫。」《二刻拍案驚奇》卷三：「鬼病侵尋，悶對秋光冷透襟。」

〔3〕邊陲——猶「邊疆」。《左傳·成公十三年》：「芟夷我農功，虔劉我邊陲。」唐·李白《代贈遠》詩：「鳴鞭從此去，逐虜蕩邊陲。」陲，《古今韻會舉要·支韻》：「遠邊也。」《增韻》：「疆也。」故「邊陲」實爲同義連文的複合詞。

〔4〕雁翅似刀輪——彎曲成半月形的刀身像雁翅一般排列著。

〔5〕誰能談笑解重圍——語見《全唐詩》卷250、皇甫冉《同溫丹（一作司）徒登萬歲樓》詩。

〔6〕萬里胡天鳥不飛——語見《全唐詩》卷598、高駢《塞上寄家兄》詩。胡天，指

胡人居住地的天空，言其遠也。

〔7〕今日海門南畔事——語見《全唐詩》卷598、高駢《赴安南卻寄臺詞》詩。《全唐詩》「畔」作「面」。海門，通海之處。

〔8〕滿頭霜雪為兵機——語見《全唐詩》卷696、韋莊《贈邊將》詩。此句，一作「壯心無事別無機」。兵機，用兵的機謀、軍事機要。

〔9〕飛揚金鼓——飛揚，振奮、昂揚，引申為狂擊。金、鼓均指軍中用具。擊鼓，表示進攻；鳴金，表示收兵。

〔10〕靖康——宋欽宗年號。靖康二年（公元1127年），金攻破宋都汴梁（今河南開封），擄走徽宗、欽宗二帝。史稱「靖康之難」。

〔11〕三光——指日、月、星。下文「辨」字，文林、朱墨本俱作「分」。

〔12〕把腥羶吹換人間——意言金兵侵佔中原北方大片土地，使山河變色。腥羶，指難聞的腥氣味，借喻少數民族的入侵。《太平廣記》卷一九九引唐·鄭處梅《劉瑑碑》云：「天寶末，犬戎乘我多難，無力御奸，遂縱腥羶，不遠京邑。」

〔13〕遊說（shuì）——戰國時，策士周遊各國，向君陳述政見或主張，稱作遊說。後泛指勸說別人採納其意見。漢·司馬遷《報任少卿書》：「明主不深曉，以為僕沮貳師，以為李陵遊說。」

〔14〕內擂鼓介，淨報子上——原無介、淨二字，依朱校、清暉、獨深三本補。

〔15〕羽檄——見第四十二齣注〔27〕。

〔16〕鬼門關——舊時神話，說是冥府之門，人死後的遊魂才能進入此門。後多以比喻險惡的處境或道路的險阻。宋·黃庭堅《定風波·次高左藏使君韻》詞：「萬里黔中一漏天，屋居終日似乘船。及至重陽天也霽，催醉，鬼門關外蜀江前。」

〔17〕打秋風——猶「打抽豐」，意謂利用各種關係向富者乞求財物。詳參本劇第十三齣注〔28〕。

〔18〕江右——即江西。指長江下游以西地區。唐·王勃《梓州玄武縣福惠寺碑》：「下官薄遊江右，旅寄城隅。」

〔19〕景致——情狀、樣子、場面。

〔20〕通白——全白。通，謂全部、整個。《孟子·告子上》：「奕秋通國之善奕者也。」唐·王維《秋夜曲二首》之一：「秋逼暗蟲通夕響，寒衣未寄莫飛霜。」

〔21〕頭白乘驢懸布裳——語見《全唐詩》卷280、盧綸《贈別李紛》詩。

〔22〕故人相見憶山陽——語見《全唐詩》卷764、譚用之《寄孟進士》詩。《全唐詩》「相見」作「何處」。山陽，地名，今河南省修武縣。魏晉間竹林七賢之一的向秀，曾在此居住。聞笛聲而思舊。《思舊賦》曰：「鄰人有吹笛者，發聲寥亮。追想曩昔遊宴之好，感音而歎，故作賦曰……」

〔23〕橫塘一別千餘里——語見《全唐詩》卷 538、許渾《夜泊永樂有懷》詩。橫塘在今南京市。六朝以來的樂府、詩、詞中常見的地名。

〔24〕卻認并州作故鄉——語見《全唐詩》卷 574、賈島《渡桑乾》詩。《全唐詩》「認」作「望」。并州，今山西省太原市。作者賈島在并州時，經常回憶起咸陽來。後來離開并州北渡桑乾河（在山西省北部和河北省西北部），離咸陽更遠了。卻把并州當成了故鄉，詩云：「客舍并州已十霜，歸心日夜憶咸陽；無端更渡桑乾水，卻望并州作故鄉。」這裏用以比喻杜寶身處淮安，心惦念南安，也把南安當作自己的故鄉了。

〔25〕諗（shěn）——謂思念。《爾雅·釋言》：「諗，念也。」郭璞注：「相思念。」《詩·小雅·四牡》：「豈不懷歸，是用作歌，將母來諗。」毛傳：「諗，念也。」

〔26〕所算——謀害、殺害。湯顯祖《南柯記》二十九〔哭皇天〕白：「哎喲！原來到為此賊所算了。」

〔27〕眼同——意為親自會同。《清平山堂話本·剡頸鴛鴦會》：「遂喚原媒，眼同將婦罄身趕回。」《古今小說·沈小官一鳥害七命》：「李吉便死了，我四人見在眼同將一兩二錢銀子，買你的畫眉。」

〔28〕相（xiàng）——輔佐、扶助。《廣雅·漾韻》：「相，扶也。」《集韻·漾韻》：「相，助也。」宋·陳亮《諸葛孔明上》：「不幸而天不相蜀，孔明早喪。」

〔29〕賢名——好名聲。《晉書·文苑傳·李充》：「聖迹未顯，賢名不彰。」

〔30〕一品夫人——謂位居一品的夫人，即最高貴的夫人。一品，猶言一等、第一等。參見本劇第三十二齣注〔46〕。

〔31〕冠帔——古代命婦的服飾。冠，帽子。帔，披肩。

〔32〕方寸——指心。心處胸中方寸之間，故云。《三國志·蜀志·諸葛亮傳》：「徐庶辭先主而指其心曰：『本欲與將軍共圖王霸之業者，以此方寸之地也；今已失老母，方寸亂矣。』」

〔33〕恓惶——悲傷惶恐。《三國演義》第四十一回：「正恓惶時，忽見麋芳面帶數箭，踉蹌而來。」

〔34〕噤聲——猶言「住口」。參見本劇第二十九齣注〔40〕。

〔35〕遊棍——流氓。參見本劇第二十九齣注〔29〕。

〔36〕「未歸三尺土」四句——宋元時民間諺語。元·高明《琵琶記》三十八〔步步嬌〕白。「未歸三尺土，難保百年身。」《醒世恆言·劉小官雌雄兄弟》：「妾或適他人，父母三尺之土，朝夕不便省視。」清·鄭燮《徐君墓》詩：「為表延陵萬古心，忍負徐君三尺土。」皆其例。

〔37〕咫尺之書——指書信。古代書寫用木簡。信箚之簡，長約咫尺，故稱。《史記·淮陰侯列傳》：「遣辯士奉咫尺之書，暴其所長於燕，燕必不敢不聽從。」按：

古代「咫」爲長度單位，不到一尺。咫尺，言其短也。

〔38〕書儀——謂拿錢財作禮物。見本劇第二十一齣注〔69〕。

〔39〕出身——謂出路、盼頭。《醒世恒言·賣油郎獨佔花魁》:「以此嫁他，圖個日前安逸，日後出身。」

〔40〕折簡——意指裁紙寫信。宋·郭象《晙車志》卷五:「一日郎官折簡寄妓，與爲私約。」

〔41〕戎——指敵寇。《易·解》:「負且乘，亦可醜也，自我致戎，又誰咎也?」朱熹本義:「戎，古本作寇。」這裏指李全。

〔42〕恩臺——舊時對長官的尊稱，猶言「恩官」。《古今小說·滕大尹鬼斷家私》:「善繼叩頭道:『但憑臺明斷。』」下文「一字長城」，意言一字奏效，可比長城。

〔43〕八面威風——形容威風十足，聲勢逼人。明·王子一散套《粉蝶兒·創立秦都》:「都把這三軍擺佈，大將軍八面威風。」亦省作「八面威」。

〔44〕羌笛——「笛」爲羌族的民族樂器，故稱羌笛。唐·王之渙《涼州詞》之一:「羌笛何須怨楊柳，春風不度玉門關。」宋·沈括《夢溪筆談》卷五（樂律）:「笛有雅笛，有羌笛，其形制所始，舊說皆不同。」

〔45〕沾——受益、沾光。唐·李商隱《九成宮》詩:「荔枝盧橘沾恩倖，鸞鵲天書濕紫泥。」

〔46〕隔河征戰幾歸人——語見《全唐詩》卷151、劉長卿《送耿拾遺歸上都》詩。

〔47〕五馬臨流待幕賓——語見《全唐詩》卷280、盧綸《送崔琦赴宣州幕》詩。臨流，朱墨本作「流傳」。

〔48〕勞動先生遠相訪——語見《全唐詩》卷300、王建《從軍後寄山中友人》詩。《全唐詩》「訪」作「示（一作視）」。

〔49〕恩波自會惜枯鱗——語見《全唐詩》卷151、劉長卿《獄中聞收東京有赦》詩。《全唐詩》「會」作「解」。枯鱗，失水的魚，比喻陷於困境的失意者，這裏指陳最良。

第四十七齣　圍　釋

【出隊子】〔貼通事〔1〕上〕一天之下〔2〕，南北分開兩事家〔3〕。中間放著個蓼兒窪〔4〕，明助著番家打漢家。通事中間，撥嘴撩牙〔5〕。

事有足詫，理有必然。自家溜金王麾下〔6〕一名通事便是。好笑，好笑，俺大王助金圍宋，攻打淮城。誰知北朝暗地差人去到南朝講話!正是:暫通禽獸語，終是犬羊心〔7〕。〔下、淨引眾上〕

【雙勸酒】橫江虎牙〔8〕，插天鷹架〔9〕。擂鼓揚旗，衝車甲馬〔10〕。把座錦城牆、圍的陣雲〔11〕花。杜安撫、你有翅難加。

　　自家溜金王。攻打淮城，日久未下。外勢雖然虎踞，中心未免狐疑。一來怕南朝大兵兼程策應〔12〕，二來怕北朝見責，委任無功：眞個進退兩難。待娘娘到來計議。〔丑上〕驅兵捉將蚩尤〔13〕女，捏鬼妝神〔14〕豹子妻。大王，你可聽見，大金家有人南朝打話，回到俺營門之外了？〔淨〕有這等事？〔老旦番將帶刀騎馬上〕

【北夜行船】大北里宣差傳站馬〔15〕，虎頭牌滴溜的分花〔16〕。〔外馬夫趕上介〕滑了，滑了。〔老旦〕那古裏誰家〔17〕？跑番了拽喇〔18〕。怎生呵，大營盤沒個人兒答煞〔19〕。〔外大叫介〕溜金爺，北朝天使到來。〔下、淨丑作慌介〕快叫通事請進。〔貼上接跪介〕溜金王患病了。請那顏〔20〕進。〔老旦〕可纏、可纏道句兒克卜喇〔21〕。

　　〔下馬上坐介〕都兒，都兒〔22〕。〔淨問貼介〕怎麼說？〔貼〕惱了。〔淨丑舉手、老旦做惱不回介、指淨介〕鐵力溫，都答喇〔23〕。〔淨問貼介〕怎說？〔貼〕不敢說，要殺了。〔淨〕卻怎了？〔老旦做看丑笑介〕忽伶，忽伶〔24〕。〔丑問貼介、貼〕歡娘娘生的妙。〔老旦〕克老〔25〕，克老。〔貼〕說走渴了。〔老旦手足做忙介〕兀該打刺〔26〕。〔貼〕叫馬乳酒〔27〕。〔老旦〕約兒兀只〔28〕。〔貼〕要燒羊肉。〔淨叫介〕快取羊肉、乳酒來。〔外持酒肉上介、老旦灑酒，取刀割羊肉吃，笑將羊油手擦胸介〕一六兀剌〔29〕的。〔貼〕不惱了，說有禮體〔30〕。〔老旦作醉介〕鎖陀八〔31〕，鎖陀八。〔貼〕說醉了。〔老旦作看丑介〕倒喇〔32〕，倒喇。〔丑笑介〕怎說？〔貼〕要娘娘唱個曲兒。〔丑〕使得。

【北清江引】呀，啞觀音覷著個番答辣〔33〕，胡蘆提〔34〕笑哈。兀那是都麻〔35〕，請將來岸答〔36〕。撞門兒一句咬兒只不毛古喇〔37〕。

　　通事，我斟一杯酒，你送與他。〔貼作送酒介〕阿阿兒該力〔38〕。〔丑〕通事，說甚麼？〔貼〕小的稟娘娘送酒。〔丑〕著了〔39〕。〔老旦作醉看丑介〕字知〔40〕，字知。〔貼〕又央娘娘舞一回。〔丑〕使得，取我梨花槍過來。

【前腔】〔持槍舞介〕冷梨花點點風兒刮，嫋〔41〕得腰身乍。胡旋

兒〔42〕打一車，花門〔43〕折一花。把一個睃啜老那顏風勢煞〔44〕。

〔老旦反背拍袖笑倒介〕忽伶，忽伶〔45〕。〔貼扶起老旦介、老擺手倒地介〕阿來不來〔46〕。〔貼〕這便是唱喏〔47〕，叫唱一直〔48〕。〔老笑點頭招丑介〕哈嗷，哈嗷〔49〕。〔貼〕要問娘娘。〔丑笑介〕問什麼？〔老扯丑輕説介〕哈散兀該，毛克喇〔50〕，毛克喇。〔丑笑問貼介〕怎説？

〔貼作搖頭介〕問娘娘討件東西。〔丑笑介〕討甚麼？〔貼〕通事不敢説。〔老笑倒介〕古魯，古魯〔51〕。〔淨背叫貼問介〕他要娘娘什麼東西？古魯古魯不住的。〔貼〕這件東西，是要不得的。便要時，則怕娘娘不捨的。便是娘娘丑的，大王也不捨的。便大王丑的，小的也不捨的。〔淨〕甚東西，直恁丑不的？〔貼〕他這話到明，哈散兀該，毛克喇，要娘娘有毛的所在。〔淨作惱介〕氣也，氣也。這臊子好大膽，快取槍來。

〔作持花槍趕殺介、貼扶醉老走，老提酒壺叫〕古魯古魯。〔架住槍介〕

【北尾】〔淨〕你那醋葫蘆指望把梨花架，臊奴〔52〕，鐵圍牆敢靠定你大金家。〔搦倒老介〕則踹著你那幾莖兒苦〔53〕嘴的赤支沙，把那嚨腥臊的嗓子兒生搯殺〔54〕。

〔丑扯住淨放老介、老〕曳喇〔55〕曳喇哈哩。〔指淨介〕力妻吉丁母剌失〔56〕，力妻吉丁母剌失。〔作閃袖走下介、淨〕氣殺我也。那曳喇哈的〔57〕什麼？〔貼〕叫引馬的去。〔淨〕怎能指著我力妻吉丁母剌失？

〔貼〕這要奏過他主兒，叫人來相殺。〔淨作惱介、丑〕老大王，你可也當著不著的。〔淨〕啐〔58〕，著了你那毛克喇哩。〔丑〕便許他在那裏，你卻也忒撚酸〔59〕。〔淨不語介〕正是，我一時風火性〔60〕。大金家得知，這溜金王到有些欠穩。〔丑〕便是，番使南朝而回，未必其中有話。

〔淨〕娘娘高見何如？〔丑〕容奴家措思〔61〕。〔內擂鼓介、貼報子上〕報，報，報！前日放去的老秀才，從淮城中單馬飛來。道有緊急，投見大王。〔丑〕恰好，著他進來。

【縷縷金】〔末上〕無之奈，可如何！書生承將令，強嘍囉〔62〕。〔內喊末驚跌介〕一聲金炮響，將人跌蹉〔63〕。可憐、可憐！密箭箭干戈〔64〕，其間放著我。

〔貼唱門〔65〕介〕生員進。〔末見介〕萬死一生生員陳最良，百拜大王

殿下，娘娘殿下。〔淨〕杜安撫獻了城池？〔末〕城池不爲希罕，敬來獻一座王位與大王。〔淨〕寡人久已爲王了。〔末〕正是官上加官，職上添職。杜安撫有書呈上。〔淨看書介〕通家[66]生杜寶頓首李王麾下。〔問末介〕秀才，我與杜安撫有何通家？〔末〕漢朝有個李、杜[67]至交，唐朝也有個李、杜契友，因此杜安撫斗膽[68]稱個通家。〔淨〕這老兒好意思。書有何言？

【一封書】〔讀介〕「聞君事外朝[69]，虎狼心，難定交[70]。肯迴心聖朝，保富貴，全忠孝。平梁[71]取采須收好，背暗投明帶早超[72]。憑陸賈，說莊蹻[73]。顒望[74]麾慈即鑒昭。」

〔笑介〕這書勸我降宋，其實難從。「外密啓一通[75]，奉呈尊閫[76]夫人。」〔笑介〕杜安撫也畏敬娘娘哩。〔丑〕你念我聽。〔淨看書介〕「通家生杜寶斂衽[77]楊老娘娘帳前。」咳也，杜安撫與娘娘，又通家起來。〔末〕大王通得去，娘娘也通得去。〔淨〕也通得去。只漢子不該說斂衽。〔末〕娘娘肯斂衽而朝，安撫敢不斂衽而拜！〔丑〕說的好。細念我聽。〔淨念書介〕「通家生杜寶斂衽楊老娘娘帳前：遠聞金朝封貴夫爲溜金王，並無封號及於夫人。此何禮也？杜寶久已保奏大宋，敕封[78]夫人爲討金娘娘之職。伏惟[79]妝次。鑒納不宣[80]。」好也，到先替娘娘討了恩典哩。〔丑〕陳秀才，封我討金娘娘，難道要我征討大金家不成？〔末〕受了封誥後，但是娘娘要金子，都來宋朝取用。因此叫做討金娘娘。〔丑〕這等是你宋朝美意。〔末〕不說娘娘，便是衛靈公夫人，也說宋朝之美[81]。〔丑〕依你說。我冠兒上金子，成色要高。我是帶盍兒的娘子[82]。近時人家首飾渾脫，就一個盍兒[83]，要你南朝照樣打造一付送我。〔末〕都在陳最良身上。〔淨〕你只顧討金討金，把我這溜金王，溜在那裏？〔丑〕連你也做了討金王罷。〔末〕謝承[84]了。〔末叩頭介〕則怕大王、娘娘退悔。〔丑〕俺主定了。便寫下降表，齎發[85]秀才回奏南朝去。

【前腔】〔淨〕歸依大宋朝，怕金家成禍苗。〔丑〕秀才，你擔承[86]這遭，要黃金須任討。〔末〕大王，你鄱陽湖罄響收心早[87]，娘娘，你黑海岸回頭星宿高[88]。〔合〕便休兵，隨聽招。免的名標在叛賊條。

〔淨〕秀才，公館留飯。星夜草表送行。〔舉手送末拜別介〕

【尾聲】〔淨〕咱比李山兒〔89〕何足道，這楊令婆〔90〕委實高。〔末〕帶了你這一紙降書，管取〔91〕那趙官家歡笑倒。

〔末下、淨丑弔場、淨〕娘娘，則爲失了一邊金，得了兩條王。人要一個王不能勾，俺領下兩個王號。豈不樂哉！〔丑〕不要慌，還有第三個王號。〔淨〕什麼王號？〔丑〕叫做齊肩一字王〔92〕。〔淨〕怎麼？〔丑〕殺哩。〔淨〕隨順他，又殺什麼？〔丑〕你俺兩人作這大賊，全仗金韃子威勢。如今反了面，南朝拿你何難。〔淨作惱介〕哎喲，俺有萬夫不當之勇，何懼南朝！〔丑〕你眞是個楚霸王〔93〕，不到烏江不止。〔淨〕胡說！便作〔94〕俺做楚霸王，要你做虞美人〔95〕，定不把趙康王佔了你去。〔丑〕罷，你也做楚霸王不成，奴家的虞美人也做不成。換了題目〔96〕做。〔淨〕什麼題目？〔丑〕范蠡載西施〔97〕。〔淨〕五湖在那裏？去作海賊便了。〔丑作分付介〕眾三軍，俺已降順了南朝。暫解淮圍，海上伺候去。〔眾應介〕解圍了。〔內鼓介〕船隻齊備了，〔內鼓介〕稟大王起行。〔行介〕

【江頭送別】淮揚外，淮揚外，海波搖動。東風勁，東風勁，錦帆吹送。奪取蓬萊〔98〕爲巢洞，鼇背上立著旗峰。

【前腔】順天道，順天道，放些兒閒空〔99〕。招安〔100〕後，招安後，再交兵言重。險做了爲金家傷炎宋〔101〕。攏袖手〔102〕，做個混海癡龍。

〔眾〕稟大王娘娘，出海了。〔淨〕且下了營，天明進發。

干戈未定各爲君〔103〕，龍鬥雌雄勢已分〔104〕。

獨把一麾江海去〔105〕，莫將弓箭射官軍〔106〕。

校　注

〔1〕通事——見本劇第二十一齣注〔11〕。

〔2〕一天之下——清暉本疊一句。

〔3〕兩事家——猶云冤家、對頭。元・楊梓《豫讓吞炭》三〔耍三臺〕：「和你是剜心摘膽兩事家，怎肯有喜悅和洽？」元・鄭廷玉《後庭花》三〔沉醉東風〕：「則

這包龍圖怕也不怕？老夫怎敢共夫人做兩事家？」

〔4〕蓼兒窪——梁山泊中的一個水泊名，是宋代宋江等農民起義的根據地，在今山東省境內。後來因用作山寨的代稱。這裏指叛徒李全。

〔5〕撥嘴撩牙——播嘴弄牙，挑撥是非。

〔6〕麾下——謂部下《後漢書・滕撫傳》：「撫所得賞賜，盡分於麾下。」《玉篇・麻部》：「麾，指麾也。」《集韻・寘韻》：「麾，招也。《春秋傳》：『周麾而呼。』」麾下，即在指揮之下，所以稱部下也。

〔7〕暫通禽獸語，終是犬羊心——罵詞，這是對金暗通大宋的不滿。禽獸語，蔑稱北方少數民族語。

〔8〕虎牙——古代猛將的名號，喻其勇銳。《漢書・匈奴傳上》：「本始二年，雲中太守田順為虎牙將軍，三萬餘騎出五原。」《後漢書・蓋延傳》：「左右將軍曰虎牙、豹略。」這裏「虎牙」指軍旗，即畫著虎的軍旗。

〔9〕插天鷹架——言鷹架高插雲表。鷹架，意指出獵時，獵鷹棲止的木架。因李全叛宋降金，故寫其出兵平亂帶有出獵之意。

〔10〕衝車甲馬——衝車，古兵車名，用以衝城攻堅。《六韜・軍用》：「大扶胥衝車三十六乘，螳螂武士共載，可以擊縱橫，可以取強敵。」舊注：「扶胥，車上之蔽。衝車，從旁衝擊者也。」甲馬，披甲的戰馬。《水滸傳》第五十五回：「除是得這般軍器，和我一個哥哥，可以破得連環甲馬。」

〔11〕陣雲——濃重厚積，形似戰陣之雲，象徵戰事一觸即發。南朝梁・何遜《學古》詩之一：「陣雲橫塞起，赤日下城圓。」唐・高適《燕歌行》：「殺氣三時作陣雲，寒聲一夜傳刁斗。」

〔12〕策應（yìng）——謂從不同方面對敵作戰，互相呼應支持。《三國演義》第七十一回：「今聞劉備親自領兵來取漢中，可速奏魏王，早發精兵猛將，前來策應。」

〔13〕蚩尤——傳說中的古代九黎族首領。性兇惡，銅頭鐵額，能興雲作霧，與黃帝戰於今河北涿鹿，失敗被殺。此從《雲笈七籤・軒轅本紀》。但古籍所載蚩尤事迹互有出入，不盡相同。

〔14〕捏鬼妝神——謂裝神裝鬼。「捏」、「妝」互文，意謂虛構假造也。明・余繼登《典故紀聞》卷十一：「土豪奸民盜用穀粟，捏作死絕逃亡人戶口借用，虛寫簿籍為照，是以倉無顆粒之儲。」《紅樓夢》第八十六回：「今爾遠來，並非目睹，何得捏詞妄控？」俱可證。下文「豹子妻」，指李全之妻。豹子，形容兇猛。按：豹子妻，原係明初朱有燉劇中男扮女裝的黑旋風李逵，這裏是借用。《黑旋風仗義疏財》三〔滾繡球〕：「那裏取傾城色玉骨冰肌，恰便似三門前娶的個金剛女，本是個梁山寨生成的豹子妻，知他甚娘喬為？」

〔15〕大北里宣差傳站馬——大北里，指金朝，以其在中原之北，故云。宣差，帝王派遣的使者。宋・孟珙《蒙韃備錄・秦使》：「彼奉使曰宣差。」按即差官、

使命也。這裏是番將自指。商務版《說郛》卷四十一引范成大《攬轡錄》云：「虜法出使者必帶牌，有金、銀、木之別。上有女眞書『准赦急遞』字及阿骨打花押。宣差者所至視三品，朝旨差者視五品。」站馬，即驛馬，一名鋪馬。

〔16〕虎頭牌滴溜的分花——虎頭牌，元代武官佩帶的金牌之一。元代規定：萬戶（武官名）佩金虎符，符跌（足）爲伏虎形，故稱。近人王國維《元銅虎符跋》：「元之虎符，俗云虎頭牌。汪元量《水雲集‧湖州歌》云：『文武官僚多二品，還鄉盡帶虎頭牌。』關漢卿《閨怨佳人拜月亭》雜劇云：『虎頭牌兒腰內懸。』則當時本謂之牌，不謂之符。雅言謂之虎符，名雖古，制則非矣。」下文「滴溜」，「明滴溜」的省詞，形容虎頭牌明亮的程度。元‧無名氏《象生番語罟罟旦》三〔播海令〕：「怎敢小覷俺這腰間明滴溜虎頭牌？」分花，意指耀眼。

〔17〕那古裏誰家——那古裏，謂那裏、那邊、那搭兒。誰家，即「誰」，「家」爲人稱詞尾，無義。唐‧寒山《詩》四十五：「誰家長不死，死事舊來均。」宋‧歐陽修《採桑子》詞：「清明上巳西湖好，滿目繁華，爭道誰家，綠柳朱輪走細車。」

〔18〕拽（yè）喇——亦作曳剌、曳落河、拽剌、爺老。少數民族語。契丹語呼壯士、走卒爲曳剌；唐代迴紇語謂之曳落河；《遼史‧百官志》作「拽剌」；《武林舊事》作「爺老」，《金史‧兵志》作「遙落河」，義並同。詳參《宋金元明清曲辭通釋‧曳剌》。

〔19〕答煞——接應、迎接的意思。女眞、蒙古通用語。

〔20〕那顏——蒙古長官的音譯。《明史‧劉源清傳》：「指代府曰：以此爲那顏居。那顏者，華言大人也。」《華夷譯語‧人物門》、《韃靼譯語‧人物門》等書，均呼官員爲「那顏」。又譯作「諾顏」、「奴顏」，義並同。

〔21〕克卜喇——少數民族語，音譯詞「歡迎」的意思。《女眞譯語‧人物門》：「迎，我多火。」《韃靼譯語‧人物門》：「迎，兀黑禿。」《盧龍塞略》卷十九、二十譯部上下卷所收之蒙語譯語《生靈門》：「迎曰兀黑禿。」「我多火」、「兀黑禿。」讀音相近，都是「克卜喇」的異譯，女眞、蒙古相通的詞彙。

〔22〕都兒，都兒——女眞語音譯詞「惱怒」的意思。《女眞譯語‧人物門》：「怒，的力禿提。」與「都兒都兒」譯音相近，又劇中云「都兒都兒」，下云「惱了」、「做惱」，皆可證。

〔23〕鐵力溫，都答喇——鐵力溫，蒙古語呼頭顱爲「鐵力溫」。《華夷譯語‧身體門》、《韃靼譯語‧身體門》均譯作「帖里溫」，音近義並同。答喇，俗語，下垂貌。鐵力溫都答喇，即通通掉腦袋，「殺」的意思。所以下文說「要殺了」。

〔24〕忽伶，忽伶——女眞語音譯詞「漂亮美好」的意思。下文說「歡娘娘生的妙」。

妙，即漂亮美好也。清・尤侗《弔琵琶》楔子〔仙侶端正好・麼〕：「畫的薩那罕，似肉菩薩，天生比妓忽伶煞。」與此同例。

〔25〕克老──女真語音譯詞「渴」的意思。所以下文「說渴了」。蒙古語呼「渴」爲「穩塔思八」（見續增《華夷譯語・飲食門》）。

〔26〕兀該打剌──漢語謂沒有酒。兀該，蒙古語音譯詞。《華夷譯語・通用門》、《韃靼譯語・通用門》等書，均譯「無」爲「兀該」。打剌，「打剌蘇」的省稱，酒也。亦譯作答剌蘇、打剌酥、打辣酥、打蠟酥。清・謝濟世《西北域記》又作「達喇蘇」，並音近義同。

〔27〕馬乳酒──用馬奶做的酒。《漢書・禮樂志》：「師學百四十二人，其七十二人給大官桐馬酒。」顏師古注引漢・李奇曰：「以馬乳爲酒撞桐乃成也。」

〔28〕約兒兀只──蒙古語的音譯詞，「飢餓」的意思。《華夷譯語・飲食門》：「餓，斡列思別。」韃靼館下續增《華夷譯語・飲食門》：「餞了，斡列思別巴剌八。」《韃靼譯語・飲食門》：「餞，斡列思把。」《盧龍塞略》卷十九、二十譯部上下卷所收之蒙古譯語《飲食類》：「餓曰吾魯四把。」按：斡列思別、斡列思把、吾魯四把，皆與「約兒兀只」音近而義同。

〔29〕一六兀剌──象聲詞。形容說話語音不清，囫圇不分。此語寫法很多，詳參《宋金元明清曲辭通釋・一留兀剌》。

〔30〕禮體──意爲禮節、規矩。唐・常袞《授李季卿右散騎常侍李尚書右丞制》：「雅有學行，通於禮體。」（見《文苑英華》卷三十八）《儒林外史》第二十二回：「小價村野之人，不知禮體，老先生休要見笑。」

〔31〕鎖陀八──蒙語譯音詞「酒醉」的意思。字亦作「莎黑塔八」、「莎塔把」（見《韃靼譯語・人事門》）。《女直譯語・人事門》則曰：「醉，索托活。」音皆相近。此亦蒙語、女真語通用的語彙。

〔32〕倒喇──蒙語譯音詞「歌唱」的意思。《華夷譯語・人事門》、《韃靼譯語・人事門》都譯「唱」爲「倒剌」，此例亦明言「倒喇」爲「唱」。倒剌，倒喇，音義並同。

〔33〕番答辣──少數民族語的譯音，番鬼的意思。

〔34〕胡蘆提──意爲糊塗、是非不明。明・湯顯祖批註《董西廂》云：「胡蘆提，方言，糊塗也。」今天津俗語中仍有「胡蘆倒髒」的說法，江浙一帶也有這個說法，蓋其遺也。

〔35〕都麻──疑是少數民族的官稱。元・無名氏《象生番語罟罟旦》三〔窮河西〕：「都麻呢咬兒只不毛兀剌你與我請過來。」同劇同折〔古竹馬〕：「那顏咬兒只不毛兀剌你與我請過來。」可見「都麻」與「那顏」相當。《華夷譯語・人物門》譯「那顏」爲「官人」，《至元譯語・人物門》譯「那延」爲「官人」，皆可證。

〔36〕岸答——蒙語 àndá 的音譯詞，漢語朋友的意思。亦譯作「俺答」。詳參《宋金元明清曲辭通釋・俺答》。

〔37〕咬兒只不毛古喇——蒙語謂「請過來」。

〔38〕阿阿兒該力——蒙語的音譯詞，意爲「小的稟娘娘送酒。」

〔39〕著了——見本劇第四十齣注〔59〕。

〔40〕孛知——蒙語的音譯詞，舞蹈的意思。《華夷譯語・人事門》、《韃靼譯語・人事門》等皆譯「孛知」爲「舞蹈」，下文亦明言爲「舞」，並可證。詳參《宋金元明清曲辭通釋・孛知》。

〔41〕嫋——扭動也。下文「乍」字，同「詐」，俊俏，美好意。金・董解元《西廂記諸宮調》卷一〔般涉調・牆頭花〕：「不苦詐打扮，不甚豔梳椋。」元・王實甫《西廂記》三本三折〔攬箏琶〕：「打扮的身子兒詐，準備著雲雨會巫峽。」

〔42〕胡旋兒——即指胡旋舞。古代西北少數民族的舞蹈，以各種旋轉動作爲主。此舞出自中亞康居國，唐代傳入中國。《新唐書・禮樂志十一》：「胡旋舞，舞者立球上，旋轉如風。」下「打一車」，打一轉也。車，旋轉。巴金《秋》六：「『大少爺，要不要把燈車小？』……『好，你就把亮車小點』，覺新點頭同意地說。」

〔43〕花門——指妓院。明・康海《王蘭卿》一〔寄生草〕：「做一個三從四德好人妻，不強似朝雲暮雨花門婦。」下文「折一花」之「花」，指妓女。元・無名氏《貨郎旦》一、白：「李彥和，你每日只是貪花貪酒，不想著家過活，幾時是了也呵！」元・陶宗儀《輟耕錄》卷十四「婦女日娘」條：「娼婦日花娘。」

〔44〕把一個睃啜老那顏風勢煞——睃啜老，當時的罵人話。明・朱有燉《桃源景》四〔滾繡球〕白：「（旦唱：）他又罵得婁吉鄰母刺失，怎聽他睃啜老恁般聲氣。」那顏，官員，見前注。風勢煞，瘋樣子。風，「瘋」的借字。

〔45〕忽伶，忽伶——見本劇前注〔24〕。

〔46〕阿來不來——象聲詞。形容髮聲含混不清。明・朱有燉《桃源景》四〔滾繡球〕：「我見他一留兀剌地說禮體，他那裏阿來不來的唱一直。」「阿來不來」與「一留兀剌」互文爲義。

〔47〕唱喏——舊時男子相見時所行的一種禮節，同時發聲致敬。

〔48〕一直——謂一段。「唱一直」，意即唱一段也。

〔49〕哈嗽，哈嗽——蒙語音譯詞，「問」的意思。亦譯作哈撒，阿撒。《華夷譯語・人事門》、《韃靼譯語・人事門》、《盧龍塞略》卷十九、二十譯部上下卷所收之蒙古譯語《生靈門》皆譯「問」爲「阿撒」。哈，阿音近，故哈嗽、阿撒，字異音近而義同。

〔50〕毛克喇——蒙語的音譯詞，似指女陰。周貽白在其論著《中國戲曲中之蒙古語》說：「『毛克喇』一語，本無確解，而《弔琵琶》乃逕注作『婦人之私』，似即

以《還魂記》爲其根據。」按：毛克喇，亦譯作「毛古喇」，如清·丁耀亢《西湖扇》三〔清江引〕：「幫硬似槍，毛古喇只一攮。」

〔51〕古魯，古魯——蒙語音譯詞，義不詳。

〔52〕臊（sāo）奴——詈詞，猶言臭貨。當時對少數民族的蔑稱。臊，獸肉的腥臭味。

〔53〕苫（shàn）——遮蓋，下文「赤支吵」，見本劇第二十三齣注〔28〕。

〔54〕嗓（sang）子兒生搯殺——嗓子兒，即嗓子，喉嚨。生，活活地。搯殺，掐死，即用力扼住喉嚨，斷其呼吸也。

〔55〕曳喇——見本齣前「拽喇」注。下文「哈哩」，蒙語音譯詞，「回」的意思。《華夷譯語·人事門》、《韃靼譯語·人事門》等皆譯「回」爲「哈哩」。明·朱有燉《桃源景》四〔倘秀才〕：「他回去也道一聲哈哩。」皆其證。

〔56〕力婁吉丁母剌失——蒙語音譯詞，罵人話，義不詳。明·朱有燉《桃源景》四〔滾繡球〕：「他道是卯兀客勒莎可只。（一淨云：）俺也罵他。（一淨云：）得婁吉鄰，母剌失骨。（旦唱：）他又罵得婁吉鄰母剌失，怎聽他睃啜老忘般聲氣。」按：力婁吉丁母剌失、得婁吉鄰母剌失，音近義同。

〔57〕哈的——「哈哩」的不同譯音。「哈的什麼」，意即回來做什麼。當著不著：古諺語。謂該做的事不做，不該做的事情都做了。這裏是指李全不該把番將撞走。著，讀作 zhuó（濁）。《二刻拍案驚奇》卷十二：「世事莫有成心，成心專會認錯，任是大聖大賢，也要當著不著。」清·何焯《義門讀書記·李義山詩集》：「《富平少侯》，此詩刺敬宗。漢成帝自稱富平侯家人，三四言多非望之濫恩，反斬不費之近澤。已蒼云，猶諺語所謂『當著不著』。」皆其例。

〔58〕啐（cuì）——用作歎詞，表示唾棄，斥責、驚疑等。《紅樓夢》第二十回：「林黛玉啐道：『我難道爲叫你疏他？我成了個什麼人了呢！我爲的是我的心。』」

〔59〕撚酸——猶今云吃醋，多指在男女關係上產生的嫉妒情緒。《紅樓夢》第六十五回：「賈璉聽了，笑道：『你放心，我不是那撚酸吃酸的人！』」

〔60〕風火性——比喻脾氣暴躁，極易發火。唐·王梵志《詩》之八十七：「持戒須含忍，長齋不得嗔。莫隨風火性，參差誤煞人。」

〔61〕措思——猶構思。唐·劉肅《大唐新語》卷九「著述第十八」：「堅（徐堅）承乏，已曾七度修書，有憑準皆似不難；唯《六典》，歷年措思，未知所從。」

〔62〕強嘍囉——強做聰明，自責多事的意思。嘍囉，同「僂儸」。宋·羅大經《鶴林玉露》卷五甲編：「僂儸，俗言狡猾也。」字亦作「樓羅」。明·徐渭《南詞敘錄》曰：「樓羅，矯絕也。」

〔63〕跌蹉（diè cuō）——謂失足摔倒。

〔64〕密匝匝干戈——密匝匝，謂密集，稠密。干戈，指兵器。

〔65〕唱門——在門口高聲通報來客或進見者，曰「唱門」。見本劇第五齣注〔14〕。

〔66〕通家——謂世交。清・梁章鉅《稱謂錄》:「《冬夜箋》記載:『明人往來名刺,
世交則稱通家。』」

〔67〕李、杜——指東漢的李固、杜喬,兩人在朝做官,合作的很好;或指東漢的李
膺、杜密,兩人皆因黨錮之禍而被害。《後漢書・李杜列傳》:「贊曰:李(李
固)、杜(杜喬)司職,朋心合力,致主文、宣,抗情伊、稷。」同書《黨錮
列傳》:「黨事既起,(杜密)免歸本郡,與李膺俱坐,而名行相次,故時人亦
稱『李杜』焉。」注:「前又李固、杜喬,故時人『李杜』焉。」下文唐朝的
李、杜,指李白、杜甫。

〔68〕斗膽——謂大膽也。《三國志・蜀志・姜維傳》注三:「《世語》曰:『維死時見
割,膽如斗大。』」後世因稱大膽曰斗膽。

〔69〕外朝——謂外國。朝,指「國」。《後漢書・應奉傳》:「是以朝家外而不內,蓋
爲此也。」李賢注:「朝家,猶國家也。」元・關漢卿《單公會》一〔混江龍〕:
「止留下孫、劉、曹操,平分一國做三朝。」三朝,即指魏、蜀、吳三國也。
觀此,朝,指「國」,亦有由矣。

〔70〕難定交——難以太平。定交,是太平的意思。元明間・無名氏《智降秦叔寶》
三、白:「累累征戰,幾時是那定交的時分也?」與此同例。

〔71〕平梁——徐朔方疑指王冠,俗稱「平天冠」。其說是也。元・無名氏《連環計》
一〔後庭花〕白:「從古以來,也有將平天冠讓人戴的麼?」明・梅鼎祚《玉
合記》十九〔梁州令〕白:「俺安祿山做了大燕皇帝,今日新坐朝堂,隨駕官,
拿平天冠脧戴。」按古代帝王、百官上朝或祭祀時都戴冠冕。以冠冕的梁數和
旒數(禮帽前後的玉串)多少爲標誌。皇帝戴的平冠,俗稱平天冠,垂白玉珠
十旒(見漢・蔡邕《獨斷》下、《宋書・禮志五》、宋・洪邁《容齋隨筆》三筆)。

〔72〕帶早超——徐朔方注:「疑即及早高升的意思。」按:超,《說文・走部》:「超,
跳也。」徐灝注箋:「超,自訓跳躍耳。」引申爲破格提升。

〔73〕憑陸賈,說莊蹻——意思是說:憑著陸賈說服趙佗的辯才去說服莊蹻。莊蹻,
這裏借指李全。陸賈,漢初政治家、辭賦家;楚人;從劉邦定天下,常使諸侯
爲說客,曾官至太中大夫。參見本劇第六齣注〔27〕。莊蹻,戰國楚莊王的後
代,曾率兵平定川、滇一帶。後來因秦兵切斷歸路,乃自立爲滇王;到他的後
代,才歸順漢朝。《史記・西南夷列傳》:「莊蹻者,故楚王苗裔也。蹻至滇池,
(地)方三百里,旁平地,肥饒數千里,以兵威定屬楚。欲歸報,會秦擊奪楚
巴、黔中郡,道塞不通,因還,以其眾王滇,變服,從其俗,以長之。……(漢
武帝)元封二年,天子發巴蜀兵擊滅勞浸、靡莫,以兵臨滇。滇王始首善……
舉國降。於是以爲益州郡,賜滇王王印,復長其民。」

〔74〕顒(yóng)望——謂仰慕、盼望。宋・柳永《八聲甘州》詞:「想佳人,妝樓
顒望,誤幾回,天際識歸舟。」元・高明《琵琶記》十四〔出隊子〕:「朝夕縈

掛，只爲孩兒多用心，不知月老事何因，爲甚冰人沒信用？顒望多時，情緒轉深。」顒，《廣韻‧鍾韻》：「顒，仰也。」《資治通鑑‧唐昭宗景福二年》胡三省注：「顒，魚容翻，仰也。」下「鑒昭」，明鑒的意思。

〔75〕一通——用於文件、書信、文章等，表數量。一通，即一件、一分、一篇之意。

〔76〕尊閫——猶言尊夫人。對人妻室的敬稱。閫，閨門。《初刻拍案驚奇》卷二十七：「縣宰道：『尊閫夫人，幾時亡故？』」《聊齋誌異‧柳生》：「尊閫薄相，恐不能佐君成業。」

〔77〕斂衽（rèn）——整飭衣襟，表示恭敬。《戰國策‧楚策一》：「一國之眾，見君莫不斂衽而拜，撫委而服。」漢‧桓寬《鹽鐵論‧非鞅》：「諸侯斂衽，四面而向風。」此語後來爲婦女所專用。

〔78〕敕封——皇帝頒詔書封賜臣僚爵號曰敕封。

〔79〕伏惟——下對上的敬詞。下「妝次」，舊時信函中對婦女的敬詞。猶如對男子稱足下、閣下。元‧王實甫《西廂記》五本一折〔醋葫蘆〕白：「張珙拜奉啓芳卿可人妝次。」

〔80〕不宣——猶言「書不盡意」、「不一一細說」，舊時書信結尾的套語。此蓋本於漢‧楊脩《答臨淄侯箋》：「反答造次，不能宣備」語。

〔81〕宋朝之美——春秋時，宋公子朝，長得漂亮。見《論語‧雍也》。《雍也》篇最後也提到衛靈公夫人南子，但她與宋朝無關。這裏是借春秋的人名，代指朝代名。語意雙關。

〔82〕帶盔兒的娘子——猶云女將軍。盔，戰士戴的帽子，用來保護頭部。古代亦稱冑、首鎧、兜鍪、頭鍪。多用金屬製成，也有用藤或皮革做的。

〔83〕人家首飾渾脫，就一個盔兒——意言我什麼首飾都不戴，只戴一個盔兒。人家，李全妻自指。渾脫，謂渾然天成，不著痕迹。

〔84〕謝承——猶謝候、謝賀。元‧關漢卿《調風月》三〔梨花兒〕白：「有勞長者車馬，貴腳踏於賤地，小的每多謝承。」元‧王實甫《西廂記》二本二折〔上小樓‧么篇〕：「第一來爲壓驚，第二來爲謝承。」

〔85〕齎發——謂資助路費，猶後來的「送程儀」。《漢書‧食貨志下》：「行者齎。」顏師古注：「謂將衣食之具以自隨也。」

〔86〕擔承——謂承受責任。《老殘遊記》第十七回：「這也不要緊的事，你老就擔承一下子罷。」

〔87〕鄱陽湖磬響收心早——表示及早投誠的意思。鄱陽湖在江西省，湖中有石鍾山，山多罅穴，水石相擊，聲如洪鐘，故名。因鐘聯想到磬。磬響，動法器也，表示歸心禮佛，這裏即表示向宋朝投誠。

〔88〕黑海岸回頭星宿高——意言及早回頭，棄暗投明，一定會交好運。正合著佛教語所說：「苦海無邊，回頭是岸。」星宿高，即「星辰高」，星宿、星辰，皆列

星的通稱。星相家謂星官、星神都與人的宿命相關。晉‧葛洪《抱朴子‧塞難》：「受氣結胎，各有星宿。」星宿高，即指流年大運好。

〔89〕李山兒——《水滸傳》中李逵的別稱。

〔90〕楊令婆——通俗小說《楊家將》中的人物。北宋名將楊繼業之妻佘太君。稱楊繼業爲楊令公，是對他的譽稱。這裏以佘太君比李全妻，蓋美其英武也。

〔91〕管取——俗語，即管也；猶云包管、准定、一定，爲斷然肯定詞。取，用作語助詞，無義。

〔92〕齊肩一字王——即平肩王。這裏反用其意，謂平肩一刀，轉爲斬首的意思。一字王，封建等級制度：爵位分爲王、公、侯、伯、子、男。王這一級，僅用一個字爲號者，曰「一字王」。例如燕王、趙王等，歷代均有，地位極尊貴。《金史‧百官志一》：「親王母妻，封一字王者舊封王妃，爲正從一品。」又《百官志四》：「皇統二年，定制，皇兄弟及子封一字王者爲親王，給二品俸，餘宗室封一字王者以三品俸給之。」

〔93〕你眞是個楚霸王，不到烏江不止——此言項羽中韓信十面埋伏之計，兵敗烏江而自刎事。見《史記‧項羽本紀》。這裏用來比喻李全不到黃河不死心。

〔94〕便作——即使、縱使的意思。多用於假設口氣。宋‧秦觀《江城子》詞：「便作春江都是淚，流不盡許多愁。」

〔95〕虞美人——楚霸王的寵妃。今京劇《霸王別姬》衍其事。這裏比喻李全妻。

〔96〕題目——謂話題。

〔97〕范蠡載西施——范蠡，春秋末政治家，越大夫。越爲吳所敗時曾赴吳爲質二年，同時獻美女西施於吳王，吳王從此沉湎酒色，朝政盡廢。范蠡回越後助越王句踐刻苦圖強，終滅吳國。吳亡後，西施復歸范蠡，同泛五湖（太湖）而去。見《吳越春秋》、《越絕書》等。明‧梁辰魚據此故事編爲傳奇《浣紗記》。

〔98〕蓬萊——地名，在山東省東部，北臨黃海、渤海。

〔99〕閒空——謂閒暇無事。《初刻拍案驚奇》卷三十二：「船家父子兩人趁著艙裏無人，身子閒空，叫女兒看好了船，進城買貨物去了。」

〔100〕招安——指招降敵人使之歸順自己或朝廷。宋‧無名氏《可書》云：「故諺云：『欲要富，守定行在賣酒醋；若要官，殺人放火受招安。』」

〔101〕炎宋——趙宋自稱以火德王，故稱「炎宋」。《宣和遺事》後集：「北方小胡奴侵淩上國，南滅炎宋，北威契丹。」《宋史‧樂志十》：「於赫炎宋，十頁華耀。」

〔102〕袖手——謂藏手於袖，表示不能或不欲參與其事。宋‧陸游《書憤》詩之二：「關河自古無窮事，誰料如今袖手看。」今云「袖手旁觀」，亦此義也。

〔103〕干戈未定各爲君——語見《全唐詩》卷538、許渾《鴻溝》詩。《全唐詩》注：

「爲，一作懷。」

〔104〕龍鬥雌雄勢已分——語見《全唐詩》卷144、常建《塞下曲四首》之三。

〔105〕獨把一麾江海去——語見《全唐詩》卷521、杜牧《將赴吳興登樂遊原一絕》詩。《全唐詩》「獨」作「欲」。

〔106〕莫將弓箭射官軍——語見《全唐詩》卷271、竇鞏《廣州東途作》詩。

第四十八齣　遇　母

【十二時】〔旦上〕不住的相思鬼〔1〕，把前身退悔。土臭全消，肉香新長。嫁寒儒客店裏孤棲。〔淨上〕又著他攀高謁貴〔2〕。

【浣溪沙】〔旦〕寂寞秋窗冷簟紋〔3〕，〔淨〕明璫玉枕舊香塵〔4〕，〔旦〕斷潮歸去夢郎〔5〕頻。〔淨〕桃樹巧逢前度客〔6〕，〔旦〕翠煙〔7〕真是再來人，〔合〕月高風定影隨身。〔旦〕姑姑，奴家喜得重生，嫁了柳郎。只道一舉成名，回去拜訪爹媽。誰知朝廷爲著淮南兵亂，開榜稽遲〔8〕。我爹娘正在圍城之內，只得齎發柳郎往尋消耗，撇下奴家錢塘〔9〕客店。你看那江聲月色，悽愴〔10〕人也。〔淨〕姐姐，比你黃泉之下，景致爭多〔11〕。〔旦〕這不在話下了。

【針線箱】雖則是荒村店江聲月色，但說著墳窩裏前生今世，則這破門簾亂撒〔12〕星光內，煞強似〔13〕洞天黑地。姑姑呵，三不歸〔14〕父母如何的？七件事〔15〕兒夫〔16〕家靠〔17〕誰？心悠曳〔18〕，不死不活，睡夢裏爲個人兒。

〔淨〕似小姐的罕有。

【前腔】伴著你半間靈位，又守見〔19〕你一房夫婿。〔旦〕姑姑，那夜搜尋秀才，知我閃在那裏？〔淨〕則道畫幀兒怎放的個人迴避〔20〕，做的事瞞神嚇鬼〔21〕。昏黑了，你看月兒黑黑的星兒晦，螢火青青似鬼火吹。〔旦〕上燈〔22〕哩。〔淨〕沒油，黑坐地〔23〕，三花兩焰，留的你照解羅衣。

〔旦〕夜長難睡，還向主家借些油去。〔淨〕你院子裏坐地，咱去來。

合著油瓶蓋，踏碎玉蓮蓬〔24〕。〔下、旦玩月歎介、老旦貼行路上〕

【月兒高】江北生兵亂，江南走多半。不載香車穩，跋〔25〕的鞋輕斷。夫主兵權，望天涯生死如何判〔26〕。前呼後擁，一個春香伴。鳳髻消除〔27〕，打不上揚州纂〔28〕。上岸了到臨安〔29〕。趁黃昏黑影林巒，生忔察〔30〕的難投館。

〔貼〕且喜到臨安了。〔老〕咳，萬死一逃生，得到臨安府。俺女娘無處投，長路多孤苦。〔貼〕前面像是個半開門兒，驀〔31〕了進去。〔老進介〕呀，門房空靜，內可有人？〔旦〕誰？〔貼〕是個女人聲息。待打叫一聲，開門。

【不是路】〔旦驚介〕斜倚雕闌，何處嬌音喚啓關？〔老〕行程晚，女娘們借住霎兒間。〔旦〕聽他言，聲音不似男兒漢，待自起開門月下看。〔見介、旦〕是一位女娘，請裏坐。〔老〕相提盼〔32〕，人間天上行方便。〔旦〕趨迎遲慢，趨迎遲慢。〔打照面〔33〕介、老作驚介〕

【前腔】破屋頹橡〔34〕，姐姐呵，你怎獨坐無人燈不燃？〔旦〕這閒庭院，玩清光長送過這月兒圓。〔老背叫貼〕春香，這像誰來？〔貼驚介〕不敢說，好像小姐。〔老〕你快瞧房兒裏面，還有甚人？若沒有人敢是鬼也？〔貼下、旦背〕這位女娘，好像我母親，那丫頭好像春香。〔作回問介〕敢問老夫人，何方而來？〔老歎介〕自淮安，我相公是淮揚安撫、遭兵難，我被虜逃生到此間。〔旦背介〕是我母親了，我可認他？〔貼慌上背語老介〕一所空房子，通沒個人影兒。是鬼，是鬼！〔老作怕介、旦〕聽他說起，是我的娘也。〔向前哭娘介、老作避介〕敢是我女孩兒？怠慢了你，你活現了。春香，有隨身紙錢，快丟，快丟。〔貼丟紙錢介、旦〕兒不是鬼。〔老旦〕不是鬼，我叫你三聲，要你應我一聲高如一聲。〔做三叫三應聲漸低介、老〕是鬼也。〔旦〕娘，你女兒有話講。〔老〕則略靠遠，冷淋侵〔35〕一陣風兒旋，這般活現。〔旦〕那些活現？

〔扯老、老〔36〕作怕介〕兒，手恁般冷。〔貼叩頭介〕小姐，休要撚〔37〕了春香。〔老旦〕兒，不曾廣超度〔38〕你，是你父親古執〔39〕。〔旦哭介〕娘，你這等怕，女孩兒死不放娘去了。

【前腔】〔淨持燈上〕門戶牢栓，爲甚空堂人語喧？〔照地介〕這青苔院，怎生吹落紙黃錢？〔貼〕夫人，來的不是道姑？〔老〕可是。〔淨驚介〕呀，老夫人和春香那裏來？這般大驚小怪。看他打盤旋〔40〕，那夫人呵，怕漆燈〔41〕無豔將身遠。小姐，恨不得幽室生輝得近前。〔旦〕姑姑好〔42〕來，奶奶〔43〕害怕。〔貼〕這姑姑敢也是個鬼？〔淨扯老照旦介〕休疑憚。移燈就月端詳遍，可是當年人面？〔合〕是當年人面。

〔老抱旦泣介〕兒呵，便是鬼，娘也捨不的去了。

【前腔】腸斷三年，怎墜海明珠去復旋〔44〕？〔旦〕爹娘面，陰司裏憐念把魂還。〔貼〕小姐，你怎生出的墳來？〔旦〕好難言。〔老旦〕是怎生來？〔旦〕則感的是東嶽大恩眷〔45〕，託夢一個書生把墓蹟〔46〕穿。〔老旦〕書生何方人氏？〔旦〕是嶺南柳夢梅。〔貼〕怪哉，當眞有個柳和梅。〔老〕怎到得這來？〔旦〕他來科選。〔老〕這等是個好秀才，快請相見。〔旦〕我央他看淮揚動定去把爹娘探，因此上獨眠深院，獨眠深院。

〔老背與貼語介〕有這等事？〔貼〕便是，難道有這樣出跳〔47〕的鬼？〔老回泣介〕我的兒呵！

【番山虎】則道〔48〕你烈性上青天，端坐在西方九品蓮〔49〕，不道〔50〕三年鬼窟裏重相見。哭得我手麻腸寸斷，心枯淚點穿。夢魂沉亂，我神情倒顛。看時兒立地，叫時娘各天。怕你茶酒飯無澆奠〔51〕，牛羊侵墓田。〔合〕今夕何年？今夕何年？今夕何年？咦，還怕這相逢夢邊。

【前腔】〔旦泣介〕你拋兒淺土，骨冷難眠。吃不盡爹娘飯，江南寒食天。可也不想有今日也，道不起從前。似這般糊突〔52〕謎，甚時明白也天！鬼不要，人不嫌，不是前生斷，今生怎得連！〔合前〕

〔老〕老姑姑，也虧你守著我兒。

【前腔】〔淨〕近的話不堪提咽〔53〕，早森森〔54〕地心疏體寒〔55〕。空和他做七〔56〕做中元，怎能知他成雙成愛眷？〔低與老介〕我捉鬼拿奸，知他影戲兒做的怎活現？〔合〕這樣奇緣，這樣奇緣，打當〔57〕了

輪迴一遍。

【前腔】〔貼〕論魂離倩女是有知，他三年外靈骸怎全？則恨他同棺槨、少個郎官，誰想他爲院君這宅院〔58〕。小姐呵，你做的相思鬼穿，你從夫意專。那一日春香不鋪〔59〕其孝筵，那節兒夫人不哀哉醮〔60〕薦？早知道你撇離了陰司，跟了人上船！〔合前〕

【尾聲】〔老〕感得化生女〔61〕顯活在燈前面。則你的親爹，他在賊子窩中沒信傳。〔旦〕娘放心，有我那信行〔62〕的人兒，他穴地通天〔63〕打聽的遠。

想像精靈欲見難〔64〕，碧桃何處便驂鸞〔65〕？

莫道非人身不暖〔66〕，菱花初曉鏡光寒〔67〕。

校 注

〔1〕相思鬼──意指相思病在作怪，死而復生，故下云「把前身退悔」。

〔2〕攀高謁貴──猶攀高接貴、攀高結貴，意指攀附比自己地位高的人。指柳夢梅。

〔3〕簟紋──亦作「簟文」，席紋也。南朝梁・簡文帝《詠內人晝眠》詩：「簟文生玉腕，香汗浸紅紗。」宋・蘇軾《南唐》詩：「掃地焚香閉閣眠，簟紋如山帳如煙。」簟（diàn），供坐臥鋪墊用的葦席或竹席。

〔4〕明璫玉枕舊香塵──明璫，用珠玉串做成的耳飾。玉枕，玉飾的枕頭。香塵，芳香之塵，指美女走路時蕩起的塵土。唐・沈佺期《洛陽道》詩：「行樂歸恒晚，香塵撲地遙。」這是對杜麗娘往日生活的描繪。

〔5〕郎──指柳夢梅。

〔6〕桃樹巧逢前度客──唐・劉禹錫初遊玄都觀賞花，寫下一首《玄都觀花》詩，詩的後兩句說：「玄都觀裏桃千樹，盡是劉郎去後栽。」若干年後，劉禹錫被貶歸來，重遊此地，桃花都不見了，又寫了《再遊玄都觀》詩一首：「百畝庭中半是苔，桃花淨盡菜花開。種桃道士歸何處，前度劉郎今又來。」按，劉禹錫詩中「前度劉郎」，本是自指。本劇作者借指柳夢梅。

〔7〕翠煙──小玉的亡魂。見本劇第三十六齣注〔5〕。這裏是杜麗娘自比。

〔8〕稽（jī）遲──拖延、滯留。《南史・張融傳》：「（融）隨例同行，常稽遲不進。」《清平山堂話本・雪川蕭琛貶霸王》：「太守曰：『蕭猷早知有尊神廟堂，不敢稽遲許久，望乞恕察。』」

〔9〕錢塘──今杭州市。

〔10〕悽愴（chuàng）──淒苦、悲涼的意思。唐‧高適《登子賤琴堂賦詩》之一：「臨眺忽悽愴，人琴安在哉！」蘇曼殊《焚劍記》：「老人言己，悽愴不樂。」

〔11〕爭多──差多少。爭，意猶「差」。唐‧杜荀鶴《自遣》詩：「百年身後一丘土，貧富高低爭幾多？」「爭幾多」，謂差多少也。

〔12〕撒（sā）──放開、張開。

〔13〕煞強似──意為確勝如、賽過那，表明這比那好。亦作煞強如、索強似、索強如、賽強似、勝強如。

〔14〕三不歸──本謂功不成不歸，名不立不歸，利不就不歸；引申為無著落、沒辦法。

〔15〕七件事──指柴、米、油、鹽、醬、醋、茶七種生活必需品。宋‧吳自牧《夢粱錄》卷二十六「鯗鋪」條：「蓋人家每日不可闕者，柴、米、油、鹽、醬、醋、茶。」是宋已然矣。

〔16〕兒夫──古時婦女習自稱為「兒」，稱丈夫為「兒夫」。宋‧秦醇《譚意哥傳》：「願得兒夫似春色，一年一度一歸來。」宋‧無名氏《張協狀元》四十七〔金蓮花‧同前〕：「把你攛掇好一個好兒夫。」

〔17〕家靠──朱墨本作「靠著」。

〔18〕心悠曳──心神不定。曳，謂飄搖。南朝宋‧顏延之《應詔觀北湖田收》詩：「陽陸團精氣，陰谷曳寒煙。」

〔19〕守見──守著、等著。見，用作助詞，猶「著」，放在動詞後面，表動作持續。唐‧韓偓《春閨》詩之二：「長籲解羅帶，羞見上空床。」是唐已有此語。

〔20〕迴避──避讓、躲開。敦煌變文《難佗出家緣起》：「便即將身且迴避。」

〔21〕瞞神嚇鬼──裝神弄鬼嚇唬人。明‧王子一《誤入桃源》三〔滿庭芳〕：「休得要誇強會瞞神嚇鬼，大古裏人善得人欺。」

〔22〕上燈──猶言「掌燈」，意即點著燈火。唐‧元稹《重誇州宅旦暮景色兼酬前篇末句》詩：「繞郭煙嵐新雨後，滿山樓閣上燈初。」

〔23〕黑坐地──意即摸黑坐著。坐地，即坐著。「地」用為語助詞，猶「著」。宋‧王明清《玉照新志》卷三：「待到後，當終日坐地，披著油衣吃餳也。」與此同例。

〔24〕玉蓮蓬──小腳的比喻詞。

〔25〕跋（tā）──穿鞋只套上腳尖，把鞋後幫踩在腳後跟下，俗云「跋拉著鞋」。《說文‧足部》：「跋，進足有所擷（xié）取也。」桂馥義證：「進足有所擷取也者，俗謂著履曰跋。」唐‧杜甫《短歌行贈王郎司直》詩：「西得諸侯棹錦水，欲向何門跋珠履。」下「鞋鞓」，鞋帶也。

〔26〕判──謂辨別、區別。晉‧殷仲文《解尚書表》：「宜其極法，以判忠邪。」清‧唐甄《潛書‧任相》：「居正之功如是，雖有威權震主之嫌，較之嚴嵩，判若黑

白矣。」

〔27〕鳳髻消除——鳳髻，古代的一種髮型。唐·宇文氏《妝臺記》：「周文王於髻上加珠翠翹花，傅之鉛粉，其髻高名曰鳳髻。」消除，摘掉。

〔28〕揚州纂（zuǎn）——流行揚州地區梳在頭後邊的一種婦女髮髻。清·蒲松齡《禳妒咒》：「挽上一個揚州髻，插上一枝鍍金釵，髻高倒有半尺外。」

〔29〕臨安——古府名。宋建炎三年（公元 1129 年）置行宮於杭州，為行在所，升州為臨安府。治所在錢塘，即今杭州市。

〔30〕生忔察——謂生疏、陌生。「忔察」為語助詞，助音無義。參見《宋金元明清曲辭通釋·生各支（二）》。

〔31〕騫——邁也。

〔32〕提盼——謂提攜、照顧。

〔33〕打照面——謂對面相見。參見本劇第二十七齣注〔78〕。

〔34〕椽（chuán）——放在檁上架著屋頂的木條，俗呼「椽子」。

〔35〕冷淋侵——猶言冷森森，形容寒氣逼人。

〔36〕老——原作「又」，據文林、朱墨本改。

〔37〕撚了——捏住，扯著。

〔38〕超度——佛、道兩教的用語，都把僧、尼、道士通過誦經拜懺使死者的靈魂得以脫離地獄諸苦難，叫做超度。《紅樓夢》第三十三回：「請幾眾僧人念經超度他。」

〔39〕古執——謂固執。亦作「執古」，如《醒世姻緣傳》第五十五回：「你就這們執古性兒，就真個一口價兒？」

〔40〕打盤旋——打轉轉的意思。元·無名氏《抱妝盒》一〔油葫蘆〕：「又則見梨花枝上鴝鵒兒打盤旋。」明·湯顯祖《紫釵記》五十二〔尾聲〕：「一邊梳洗不妨眠，聽呵那馬蹄聲則俺心坎兒上打盤旋。」

〔41〕漆燈——《佩文韻府》卷二十五「十蒸」韻「燈」字引《江南野史》：「沈彬居有一大樹。嘗曰：『吾死可葬於是。』及葬，穴之，乃古冢。其間一古燈檯，上有漆燈一盞。壙頭銅牌篆文曰：『佳城今已開，雖開不葬埋，漆燈猶未爇，留待沈彬來。』」唐·李商隱《十字水期韋潘侍御同年不至時韋寓居水次故郭汾寧宅》詩：「漆燈夜照真無數，蠟炬晨炊竟未休。」

〔42〕好——朱校本作「快」。

〔43〕奶奶——這裏杜麗娘指母親說。

〔44〕墜海明珠去復旋——這是用「合浦珠還」典比喻杜麗娘死而復生。《後漢書·循吏傳·孟嘗》：「（嘗）遷合浦太守。郡不產穀實，而海出珠寶，與交阯比境，常通商販。先時宰守並多貪穢，詭人採求，不知紀極，珠遂漸徙於交阯郡界。於是行旅不至，人物無資，貧者餓死於道。嘗到官，革易前敝，求民病利。曾未逾歲，去珠復還。」旋，猶「還」，回來的意思。

〔45〕東嶽大恩眷——東嶽,即東嶽大帝,迷信傳說,說他是陰間至高的神,能掌握人的生死。恩眷,謂東嶽大帝的恩寵眷顧。此為下對上之詞,表示恭敬。

〔46〕踹(chuài)——意猶「踢」、猶「蹬」。《紅樓夢》第一一一回:「正要踹門進去,因聽外面有人進來追趕,所以賊眾上房。」《兒女英雄傳》第六回:「咱們踹開門進去瞧瞧。」

〔47〕出跳——指女孩在成長時期,體貌改變,精神煥發,漂亮出眾。明·周朝俊《紅梅記》十七〔尾煞〕白:「(眾:)委似慧娘龐兒無異。(賈:)不信有這等一個出跳的鬼。」《金瓶梅》第七十六回:「賁四的那孩子長兒,今日與我磕頭,好不出跳了,好個身條兒!」

〔48〕則道——只以為、只料想。道,用為揣度之詞,口氣不肯定。唐·曹唐《南海旅次》詩:「為客正當為雁處,故園誰道有書來?」「誰道」,誰料想也。

〔49〕端坐在西方九品蓮——意指麗娘死後成佛成仙。九品蓮,即九品蓮花臺。佛教認為,修行圓滿者死後可往西方極樂世界,身坐蓮花蓮座臺上。因修行深淺不同,蓮花臺有九個級別。九品蓮花臺是最高的等級。《西遊記》第七十七回:「如來佛祖正端坐在九品寶蓮臺上,與十八尊輪世的阿羅漢講經。」

〔50〕不道——沒成想。

〔51〕澆奠——灑酒祭奠。宋·朱彧《萍洲可談》:「宰相薨,駕幸澆奠。」元·商挺小令《雙調·潘妃曲》:「悶酒將來剛剛咽,欲飲先澆奠,頻祝願。」

〔52〕糊突——同「糊塗」,謂頭腦不清也。《宋史·呂端傳》:「太宗欲相端,或曰:『端為人糊塗。』太宗曰:『端小事糊塗,大事不糊塗。』決意相之。」

〔53〕提咽——「咽提」的倒文,謂哭訴也。咽,意指發聲滯澀,多用來形容悲切。南朝陳·徐陵《山池應令》詩:「猿啼知谷晚,蟬咽覺山秋。」清·戴名世《姚符御詩序》:「間有一二歌詠,如寒蟄之咽,病馬之嘶。」

〔54〕森森——寒冷貌。明·賈仲明《蕭淑蘭》三〔折桂令〕:「有時節透頂炎炎,有時節徹骨森森。」

〔55〕心悚體寒——心裏恐懼,身體寒冷。悚,原作「疎」,依曲意改。

〔56〕做七——舊俗人死後每隔七天做一次佛事,凡七七四十九天而止,謂之盡七或斷七。下「做中元」,陰曆七月十五日為中元節,在這天祭奠亡靈,謂之「做中元」。

〔57〕打當——原謂打點、準備,這裏是勝過、當做的意思。

〔58〕為院君這宅院——意即做了這個宅院的院君。院君,舊時對有封號婦女的稱呼。亦即縣君。宋·周密《武林舊事》卷十「官家雜劇段數」:「《醉院君瀛府》。」原注:「陳刻,院作縣。」這裏代指女主人(杜麗娘)。

〔59〕鋪——陳設、布置。《廣雅·釋詁二》:「鋪,陳也。」又《釋詁二》:「鋪,布也。」《廣韻·模韻》:「鋪,設也,陳也。」《禮記·樂記》:「鋪筵席,陳尊俎。」

唐・張九齡《餞王司馬入計同洲字》：「別筵鋪柳岸，征棹倚蘆洲。」

〔60〕醮（jiào）薦——祭奠。《聊齋誌異・三朝元老》：「洪經略南征，凱旋。至金陵，醮薦陣亡將士。」何垠注：「醮，以酒薦之也。」

〔61〕化生女——指女子的幽靈。此指杜麗娘之魂靈。化生，佛教所謂「四生」之一。即無所依託，借業力而忽然出現者。《大乘義章》卷八：「言化生者，如諸天等，無所依託，無而忽起，名曰化生。若無依託，云何得生？如《地論》釋，依業故生。」

〔62〕信行——誠實守信的品行。《後漢書・儒林傳・高詡》：「（詡）以信行清操知名。」

〔63〕穴地通天——意言從地下到天上，無所不至。

〔64〕想像精靈欲見難——語見《全唐詩》卷 349、歐陽詹《題延年劍潭》詩。

〔65〕碧桃何處便驂鸞——語見《全唐詩》卷 548、薛逢《漢武宮辭》詩。《全唐詩》注：「處」一作「事」、「便」作「更」。驂鸞，謂僊人駕馭鸞鳥雲遊。《文選・江淹〈別賦〉》：「駕鶴上漢，驂鸞騰天。」呂向注：「禦鸞鶴而昇天漢。」

〔66〕莫道非人身不暖——語見《全唐詩》卷 449、白居易《戲答皇甫監》詩。

〔67〕菱花初曉鏡光寒——語見《全唐詩》卷 534、許渾《重遊飛泉觀題故梁道士宿龍池》詩。《全唐詩》注：「曉」一作「吐」。

第四十九齣　淮　泊

【三登樂】〔生包袱雨傘上〕有路難投，禁〔1〕得這亂離時候！走孤寒落葉知秋〔2〕。為嬌妻思岳丈，探聽揚州。又誰料他困守淮揚，索奔前答救〔3〕。

【集唐】那能得計訪情親〔4〕？濁水污泥清路塵〔5〕。自恨為儒逢世難〔6〕，卻憐無事是家貧〔7〕。俺柳夢梅陽世寒儒，蒙杜小姐陰司熱寵，得為夫婦，相隨赴科。且喜殿試〔8〕攛過卷子，又被邊報耽誤榜期。因此小姐呵，聞說他尊翁淮揚兵急，叫俺沿路上體訪〔9〕安危。親齎〔10〕一幅春容，敬報再生之喜。雖則如此，客路貧難，諸凡路費之資，盡出壙〔11〕中之物。其間零碎寶玩，急切典賣不來。有些成器金銀，土氣銷鎔〔12〕有限。兼且小生看書之眼，並不認得等子星兒〔13〕。一路上賺騙無多，逐日裏支分〔14〕有盡。到的揚州地面，恰好岳丈大人移鎮淮城。賊兵阻路，不敢前進。且喜因循解散〔15〕，不免迤逗〔16〕數程。

【錦纏道】早則要、醉揚州尋杜牧〔17〕，夢三生花月樓〔18〕，怎知他長淮去休〔19〕！那裏有纏十萬順天風、跨鶴閒遊！則索傍漁樵尋食宿、敗荷衰柳，添一抹〔20〕五湖秋。那秋意兒有許多迤逗〔21〕！咱功名事未酬〔22〕，冷落我斷腸閨秀〔23〕。堪回首？算江南江北有十分愁。

　　一路行來，且喜看見了插天高的淮城，城下一帶清長淮水。那城樓之上，還掛有丈六闊的軍門旗號。大吹大擂，想是日晚掩門了。且尋小店歇宿。〔丑上〕多攪〔24〕白水江湖酒，少賺〔25〕黃邊風月錢〔26〕。秀才投宿麼？〔生進店介、丑〕要果酒，案酒〔27〕？〔生〕天性不飲。〔丑〕柴米是要的？〔生〕喫倒算。〔丑〕算倒喫〔28〕。〔生〕花銀五分在此。〔丑〕高銀散碎些，待我稱一稱。〔稱介，作驚叫介〕銀子走〔29〕了。〔尋介、生〕怎的大驚小怪？〔丑〕秀才，銀子地縫裏走了。你看碎珠兒。〔生〕這等，還有幾塊在這裏。〔丑接銀又走三度介〔30〕〕呀，原來秀才會使水銀？〔生〕因何是水銀？〔背介〕是了，是小姐殯殮之時，水銀在口。龍含土成珠而上天，鬼含汞成丹而出世，理之然也。此乃見風而化。原初小姐死，水銀也死；如今小姐活，水銀也活了。則可惜這神奇之物，世人不知。〔回介〕也罷了。店主人，你將我花銀都消散去了，如今一釐也無。這本書是我平日看的，准〔31〕酒一壺。〔丑〕書破了。〔生〕貼你一枝筆，〔丑〕筆開花了。〔生〕此中使客往來，你可也聽見讀書破萬卷〔32〕？〔丑〕不聽見。〔生〕可聽見夢筆吐千花〔33〕？〔丑〕不聽見。〔生作笑介〕

【皂羅袍】可笑一場閒話，破詩書萬卷，筆蕊千花。是我差了，這原不是換酒的東西。〔丑笑介〕神仙留玉佩，卿相解金貂〔34〕。〔生〕你說金貂玉佩，那裏來的？有朝貨與帝王家，金貂玉佩書無價。你還不知哩，便是千金小姐，依然嫁他。一朝臣宰，端然拜他。〔丑〕要他則甚〔35〕？〔生〕讀書人把筆安天下。

　　不要書，不要筆，這把雨傘可好？〔丑〕天下雨哩。〔生〕明日不走了。〔丑〕餓死在這裏？〔生笑介〕你認的淮揚杜安撫麼？〔丑〕誰不認的！明日喫太平宴〔36〕哩。〔生〕則我便是他女婿，來探望他。〔丑驚介〕喜是相公說的早，杜老爺多〔37〕早發下請書了。〔生〕請書那裏？〔丑〕

和相公瞧去。〔請生行介〕待小人背搭袱雨傘〔38〕。〔行介、生〕請書那裏？〔丑〕兀的不是！〔生〕這是告示居民的。〔丑〕便是。你瞧！

【前腔】禁爲閒遊奸詐。杜老爺是巴上生的：自三巴〔39〕到此，萬里爲家。不教子侄到官衙，從無女婿親開雜〔40〕。這句單指相公：若有假充行騙，地方〔41〕稟拿。下面說小的了：扶同〔42〕歇宿，罪連主家。爲此須至關防者〔43〕。

右示通知。建炎〔44〕三十二年五月初五〔45〕日示。你看後面安撫司杜大花押〔46〕。上面蓋著一顆欽差安撫淮揚等處地方提督軍務安撫司使之印，鮮明紫粉。相公，相公，你在此消停〔47〕，小人告回了。各人自掃門前雪，休管他家屋上霜。〔下、生淚介〕我的妻，你怎知丈夫到此，恓惶〔48〕無地也。〔作望介〕呀，前面房子門上有大金字，咱投宿去。〔看介〕四個字：漂母之祠。怎生叫做漂母〔49〕之祠？〔看介〕原來壁上有題：昔賢懷一飯，此事已千秋〔50〕。是了，乃前朝淮陰侯韓信之恩人也。我想起來，那韓信是個假齊王〔51〕，尚然有人一飯，俺柳夢梅是個眞秀才，要杯冷酒不能勾〔52〕！像這漂母，俺拜他一千拜。

【鶯皂袍】〔拜介〕垂釣楚天涯，瘦王孫〔53〕，遇漂紗。楚重瞳較比這秋波瞎〔54〕。太史公表他〔55〕，淮安府祭他，甫能勾一飯千金價。看古來婦女多有俏眼〔56〕兒：文公乞食，僖妻禮他〔57〕；昭關乞食〔58〕，相逢浣紗。鳳尖頭叩首三千下〔59〕。

起更了，廊下一宿。早去伺候開門。沒水梳洗。〔看介〕好了，下雨哩。

舊事無人可共論〔60〕，只應漂母識王孫〔61〕。

轅門拜手儒衣弊〔62〕，莫使沾濡有淚痕〔63〕。

校　注

〔1〕禁（jīn）——忍受、勝任。唐・杜牧《邊上聞笳》詩之一：「遊人一聽頭堪白，蘇武爭禁十九年？」宋・蘇軾《汲江煎茶》詩：「枯腸未易禁三碗，坐聽荒城長短更。」元・許衡《滿江紅・別大明親伯》詞：「中年後，此般憔悴，怎禁離別？」

〔2〕落葉知秋——語本漢・劉安《淮南子・說山訓》：「見一葉落，而知歲之將暮；

睹瓶中之冰，而知天下之寒。」唐庚《文錄》：「唐人有詩云：『山僧不解數甲子，一葉落知天下秋。』」

〔3〕答救——意即搭救。

〔4〕那能得計訪情親——語見《全唐詩》卷184、李白《贈段七娘》詩。情親，謂親人。魯迅《所聞》詩：「忽憶情親焦土下，佯看羅襪掩啼痕。」

〔5〕濁水污泥清路塵——語見《全唐詩》卷344、韓愈《酒中留上襄陽李相公》詩。

〔6〕自恨爲儒逢世難——語見《全唐詩》卷279、盧綸《長安春望》詩。《全唐詩》「自恨」作「誰念」，「逢世難」一作「多失意」。

〔7〕卻憐無事是家貧——語見《全唐詩》卷696、韋莊《新正中商南道中作寄李明府》詩。

〔8〕殿試——科舉考試中最高一級，皇帝親臨殿廷策試，故也叫「廷試」。下「攛過卷子」，意即交過試卷。攛，擲也，交也，均以手釋物之意。

〔9〕體訪——見本劇第四十齣注〔14〕。

〔10〕齎——攜也，持也。《廣雅·釋詁三》：「齎，持也。」《世說新語·任誕》：「於是齎牛酒詣道眞。」《舊五代史·唐書·武帝紀上》：「李友金髮五百騎，齎詔召武皇於雁韂。」

〔11〕壙——墓穴。

〔12〕銷鎔——謂熔解、熔化。

〔13〕等子星兒——秤桿上表明重量的記號。等子，亦作「戥子」，用以秤微量金銀比較精密的衡器。宋·李薦《師友談記》：「秦少游言，刑和叔嘗曰：『子之文銖兩不差，非秤上秤來，乃等子上等來也。』」

〔14〕支分——謂支付、開銷。唐·白居易《在家出家》詩：「衣食支分婚嫁畢，從今家事不相仍。」宋·周密《武林舊事》卷六：「又有小鬟，不呼自至，歌吟強聒，以求支分。」

〔15〕因循解散——意指李全已受招安，兵馬漸漸散去，解了淮安之圍，見前第四十七齣。

〔16〕迤逗——緩行貌。清·李漁《玉搔頭》十八〔梨花兒·前腔〕白：「迤邐行來，此間已是。」迤逗、迤邐，字異音近義同。

〔17〕尋杜牧——借指尋杜寶。

〔18〕花月樓——花月，泛指美好景色。花月樓，不詳。

〔19〕休——用作語助詞，放在句末，相當現代漢語中的「呢」、「了」等詞。

〔20〕一抹——謂塗抹一筆也，這裏意猶「一片」。

〔21〕迤逗——原義爲引惹、誘引、撩撥，這裏引申爲感觸，與前義別。

〔22〕酬——猶遂也，實現。三國魏·曹丕《典論·奸讒》：「其言既酬，福亦隨之。」唐·李頎《春日思歸》詩：「壯志未酬三尺劍，故鄉空闊萬重山。」宋·陸游

《倚樓》詩：「未酬馬上功名願，已是人間老大身。」清·王恪《寄題陳橋驛》詩：「倉卒黃袍酬素志，綢繆金匱負遺盟。」

〔23〕閨秀——古時多指大戶人家才貌俱佳的未婚女子。語本南朝宋·劉義慶《世說新語·賢媛》：「顧家婦清心玉映，自是閨房之秀。」這裏借指杜麗娘。

〔24〕攙（chān）——原作「參」，據曲意改。

〔25〕賺——原誤作「綻」，據曲意改。

〔26〕黃邊錢——一種質量低劣的錢。具體待考。明·無名氏散套《北南呂一枝花·子弟追悔前非》：「黃邊錢還道低，白紋銀道九七，塊頭腰截嫌零碎。」又云：「九分銀只買得三斤肉，七十黃邊（錢）只買個雞。」

〔27〕果酒，案酒——果酒，用水果或某些野生果實釀製的酒，具有水果香味，比較講究。案酒，一般下酒的菜肴。

〔28〕吃倒算，算倒吃——吃了之後再算賬付款，先算了賬再吃。兩「倒」字，皆用作助詞，猶「了」。

〔29〕走——跑也。《孟子·梁惠王上》：「棄甲曳兵而走。」這裏引申為丟失。

〔30〕三度介——表示三次重複現象的省稱。參見本劇第七齣注〔54〕。

〔31〕准——折償、抵充的意思。唐·韓愈《贈崔立之評事》詩：「牆根菊花好沽酒，錢帛縱空衣可准。」《聊齋誌異·白秋練》：「既歸所自置貨，資本大虧，幸少從女言，得厚息，略相准。」

〔32〕讀書破萬卷——語見唐·杜甫《奉贈韋左丞丈》詩。破，超過、突破。

〔33〕夢筆吐千花——即「夢筆生花」之意。五代·王仁裕《開元天寶遺事·天寶下·夢筆頭生花》：「李太白少時，夢所用之筆頭生花，後天才贍逸，名聞天下。」

〔34〕金貂（diāo）——皇帝左右近臣的冠飾。漢制：侍中、中常侍之冠，於武冠上加黃金璫，附蟬為文，貂尾為飾，謂之趙惠文冠。《漢書·谷永傳》：「戴金貂之飾，執常伯之職者，皆使學先王之道。」晉·潘岳《秋興賦》：「登春臺之熙熙兮，珥金貂之炯炯。」《晉書·阮孚傳》：「（孚）遷黃門侍郎，散騎常侍。嘗以金貂換酒，復為所司彈劾，帝宥之。轉太子中庶子，左衛率，領屯騎校尉。」

〔35〕則甚——做什麼。

〔36〕太平宴——謂太平飯，即指在安定和平環境中度日。

〔37〕多——這裏用作甚辭，「很」的意思。元·楊梓《豫讓吞炭》一、白：「敢借一、二區，以供樵採，不拒幸多。」「幸多」，謂幸甚也，此亦用作甚辭之例。

〔38〕背搭袱雨傘——搭，原作「答」，茲據曲意改。袱雨，即伏雨，「袱」是借字。所謂伏雨，即下起不停的連綿雨。唐·杜甫《秋雨歎》詩之二：「闌風伏雨秋紛紛，四海八荒同一雲。」仇兆鰲注引趙子櫟曰：「闌珊之風，沉伏之雨，言其風雨之不已也。」清·納蘭性德《浣溪沙》詞之二：「伏雨朝寒愁不勝，那

能還傍杏花行？」

〔39〕三巴——古地名。巴郡、巴東、巴西的合稱。相當於今四川省嘉陵江和綦江流域以東的大部分地區。見晉·常璩《華陽國志·巴志》。後多泛指四川。

〔40〕閒雜——指在一定場合中無職務、不相干的人。《京本通俗小說·錯斬崔寧》：「至今三口，並無閒雜人在家。」

〔41〕地方——地保（保正）的俗稱，即舊時社會基層的小首腦，相當於後來的保甲長。參見本劇第四十齣注〔38〕。

〔42〕扶同——意猶一同、相同、一致。《魏書·濟南王匡傳》：「於時議者，多云芳是，唯黃門侍郎孫惠蔚與崇扶同。」《隋書·經籍志二》：「諸所記事，多與《春秋》、《左氏》扶同」

〔43〕須至關防者——猶「至須關防者」，意謂發至各地檢查人員務須防範、提防。關防，詳參《宋金元明清曲辭通釋·關防（一）》。

〔44〕建炎——宋高宗（趙構）年號（公元 1127-1130 年）。

〔45〕初五——原無此二字，據文林、朱墨本補。

〔46〕花押——在文件或契約的末尾簽名，習用花字，防人冒簽，因稱「花押」。此蓋古人畫諾之遺。六朝時有鳳書，亦曰花書，或稱花押。花押，也叫「押花」，參見本劇第二十三齣注〔18〕。

〔47〕消停——謂休息。同本劇第十齣注〔105〕。

〔48〕恓惶——參見本劇第四十齣注〔10〕。

〔49〕漂（piǎo）母——漢大將韓信，少時貧困，在淮陰城邊釣魚，遇見漂洗衣物的老婦，給他飯吃。後來韓信顯達，找到漂母，以千金相報。事見《史記·淮陰侯列傳》。後遂用為典故。唐·李白《贈新平少年》詩：「千金答漂母，萬古共嗟稱。」

〔50〕「昔賢懷一飯」二句——此語出自《全唐詩》卷 147、劉長卿《經漂母墓》詩：「昔賢懷一飯，茲事已千秋。」昔賢，古之賢人，指韓信。懷一飯，記著漂母的一飯之恩。

〔51〕假齊王——秦末韓信助劉邦打下山東一帶地方，要求劉邦封他做假齊王，劉邦封他為真齊王。事見《史記·淮陰侯列傳》。

〔52〕不能勾——不能夠也，意即不能如願。勾，同「夠」。宋·秦觀《滿園花》詞：「從今後，休道共我，夢見也不能勾。」元·張國賓《合汗衫》四〔碧玉簫〕：「他去了十八年，不能勾見。」

〔53〕瘦王孫——指韓信。《史記·淮陰侯列傳》：「信釣於城下，諸母漂，有一母見信饑，飯信。」故稱「瘦王孫」。稱韓信為王孫者，是一種客氣的表示。《列傳》漂母有云：「吾哀王孫而進食，豈望報乎！」王孫，「公子」的意思。

〔54〕楚重瞳較比這秋波瞎——楚重瞳，謂楚項羽有兩個瞳孔。《史記·項羽本紀贊》：「舜目蓋重瞳子，又聞項羽亦重瞳子。」長兩個瞳孔，看人看物應該明亮，但韓信在項羽部下未得賞識而重用之，結果投到劉邦陣營。秋波，指在河邊洗衣的漂母。這句連起來是說，重瞳的項羽，眼光反不如一個漂母。言「瞎」者，蓋極喻項羽看不出韓信是個人才而委以重任也。

〔55〕太史公表他——太史公，指曾任太史令的司馬遷。他，指漂母。

〔56〕俏眼——謂眼力很高，能看準英傑，辨明真偽。

〔57〕文公乞食，僖妻禮他——春秋時晉文公重耳遭驪姬之譖，亡命外國，到處碰壁，只有曹國大臣僖負羈的妻子有見識，才暗中送東西給他吃。《左傳·僖公二十三年》晉公子重耳「過衛，衛文公不禮焉。出於五鹿，乞食於野人，野人與之塊。」又云：「及曹，曹共公聞其駢脅，欲觀其裸。浴，薄而觀之。僖負羈之妻曰：『吾觀晉公子之從者，皆足以相國。若以相，夫子必反其國。反其國，必得志於諸侯。得志於諸侯而誅無禮，曹其首也。子盍早自貳焉。』乃饋盤飧，置璧焉。」

〔58〕昭關乞食，相逢浣紗——春秋時楚人伍子胥，父兄被平王殺害，逃難奔吳途中，曾向浣紗女乞食。浣紗女為他去得放心，抱石投江而死。《吳越春秋》卷三《王僚使公子光傳》：伍子胥「至吳，疾於中道，乞食溧陽。適會女子擊綿於瀨水之上，筥中有飯。子胥遇之，謂曰：『夫人，可得一餐乎？』……女子知非恒人，言曰：『妾豈可逆人情乎？』即發其簞筥，飯其盎漿，長跪而與之。子胥再餐而止。女子曰：『君有遠逝之行，何不飽而餐之？』子胥已餐而去，又謂女子曰：『掩夫人之漿，無令其漏。』……子胥行五步，反顧女子，已自投瀨水矣。」元雜劇《伍員吹簫》亦衍其事。昭關，地名，在今安徽省含山縣北，小峴山西。伍子胥逃楚至吳，曾經此地。

〔59〕鳳尖頭叩首三千下——鳳尖頭，即「鳳頭」，古代一種婦女穿用的鞋的式樣。以鳳形作妝飾，故云。「尖」者，言其細瘦也。這裏代指漂母、僖妻、浣紗女。叩首，磕頭。全句是說：應該在她們三個婦女腳下磕三千個頭，以表敬重。

〔60〕舊事無人可共論——語見《全唐詩》卷344、韓愈《過始興江口感懷》詩。

〔61〕只應漂母識王孫——語見《全唐詩》卷602、王遵《淮陰》詩。按：王遵，《全唐詩》作「汪遵」。又作王遒、江遵。

〔62〕轅門拜手儒衣弊——語見《全唐詩》卷150、劉長卿《送秦侍禦外甥張篆之福州謁鮑大夫秦侍御與大夫有舊》詩。拜手，古代禮儀。謂拜時頭低到手，表示恭敬。但《全唐詩》原作「首」，作者改為「手」。

〔63〕莫使沾濡有淚痕——語見《全唐詩》外編下卷十四、韋洵美《答崔素娥》詩。沾濡，浸濕。

第五十齣　鬧　宴

【梁州令】〔外引丑眾上〕長淮千騎雁行秋，浪捲雲浮[1]。思鄉淚國倚層樓。〔合〕看機邁[2]，逢奏凱，且遲留[3]。

【昭君怨】萬里封侯岐路，幾輛英雄草屨[4]。秋城鼓角[5]催，老將來。烽火平安昨夜[6]，夢醒家山淚下。兵戈未許歸，意徘徊。我杜寶身為安撫，時值兵衝[7]。圍絕[8]救援，貽書[9]解散。李寇既去，金兵不來。中間善後事宜[10]，且自看詳停當[11]。分付中軍，門外伺候。〔眾下、丑把門介、外嘆介〕雖有存城之歡，實切亡妻之痛。〔淚介〕我的夫人呵，昨已單本[12]題請他的身後恩典，兼求賜假西歸。未知旨意何如？正是：功名富貴草頭露[13]，骨肉團圓錦上花[14]。〔看文書介〕

【金蕉葉】〔生破衣巾攜春容上〕窮愁客愁，正搖落[15]雁飛時候。〔整容介〕帽兒光[16]整頓從頭，還則怕未分明[17]的門楣認[18]否？

〔丑喝介〕甚麼人行走？〔生〕是你老爺女婿拜見。〔丑〕當真？〔生〕秀才無假。〔丑進稟介、外〕關防[19]明白了。〔問丑介〕那人材[20]怎的？〔丑〕也不怎的？袖著一幅畫兒。〔外笑介〕是個畫師。則說老爺軍務不閒便了。〔丑見生介〕老爺軍務不閒。請自在[21]。〔生〕叫我自在，自在不成人了。〔丑〕等你去，成人不自在。〔生〕老爺可拜客？〔丑〕今日文武官僚吃太平宴，牌簿都繳了[22]。〔生〕大哥，怎麼叫做太平宴？〔丑〕這是各邊方年例[23]。則今年退了賊，筵宴盛些。席上有金花樹，金臺盤，長尺頭[24]，大元寶，無數的。你是老爺女婿，背幾個去。〔生〕原來如此。則怕進見之時，考一首《太平宴詩》，或是《軍中凱歌》，或是《淮清頌》，急切怎好？且在這班房[25]裏等著，打想一篇，正是有備無患。〔丑〕秀才還不走，文武官員來也。〔生下〕

【梁州令】〔末文官上〕長淮望斷塞垣[26]秋，喜兵甲潛[27]收。賀昇平、歌頌許吾流[28]。〔淨武官上〕兼文武，陪將相，宴公侯。

請了。〔末〕今日我文武官屬太平宴，水陸[29]務須華盛，歌舞都要整齊。〔末淨見介〕聖天子萬靈擁輔[30]，老君侯[31]八面威風。寇兵銷咫尺之書[32]，軍禮設太平之宴。謹已完備，伏乞俯容。〔外〕軍功雖卑末[33]難當，年例有諸公怎廢？難言奏凱，聊用舒懷。〔內鼓吹介、丑

持酒上〕黃石兵書〔34〕三寸舌，清河雪酒五加皮〔35〕。酒到。

【梁州序】〔外澆酒介〕天開江左，地沖淮右。氣色夜連刁斗〔36〕。〔末淨進酒介〕長城一線，何來得御君侯！喜平銷戰氣，不動征旗，一紙書回〔37〕寇。那堪〔38〕羌笛裏望神州！這是萬里籌邊第一樓〔39〕。〔合〕乘塞草，秋風候，太平筵上如淮酒〔40〕，盡慷慨，爲君壽〔41〕。

【前腔】〔外〕吾皇福厚。君才策湊〔42〕，半壁圍城堅守。〔末淨〕分明軍令，杯前借箸題籌〔43〕。〔外〕我題書與李全夫婦呵，也是燕支卻虜〔44〕，夜月吹簾〔45〕，一字連環透〔46〕。不然無救也，怎生休！不是天心不聚頭。〔合前〕

〔內擂鼓介、老旦報子上〕金貂〔47〕送入三公府。錦帳誰當萬里城？報老爺，奏本已下，奉有聖旨，不准致仕〔48〕。欽取老爺還朝，同平章軍國大事〔49〕。老夫人追贈一品貞烈夫人。〔末淨〕平章乃宰相之職，君侯出將入相，官屬不勝欣仰。〔末淨送酒介〕

【前腔】攬貂蟬〔50〕歲月淹留〔51〕，慶龍虎風雲輻輳〔52〕。君侯〔53〕此一去呵，看洗兵河漢〔54〕，接天高手。偏好桂花時節，天香〔55〕隨馬，簫鼓鳴清晝。到長安宮闕裏報高秋，可也河上砧聲〔56〕憶舊遊？〔合前〕

〔外〕諸公皆高才壯歲，自致封侯。如杜寶者，白首還朝，何足道哉！

【前腔】每日價看鏡登樓，淚沾衣渾不如舊。似江山如此，光陰難又。猛把吳鉤看了，闌干拍遍〔57〕，落日重回首。此去呵，恨南歸草草也寄東流〔58〕，〔舉手介〕你可也明月同誰嘯庾樓〔59〕？〔合前〕

〔生上〕腹稿已吟就，名單還未通。〔見丑介〕大哥替我再一稟。〔丑〕老爺正吃太平宴。〔生〕我太平宴詩也想完一首了，太平宴還未完。〔丑〕誰叫你想來？〔生〕大哥，俺是嫡親女婿，沒奈何稟一稟。〔丑進稟介〕稟老爺，那個嫡親女婿沒奈何稟見。〔外〕好打！〔丑走起惱推生走介、生〕老丈人高宴未終，咱半子禮當恭候。〔下、旦貼女樂上〕壯士軍前半死生，美人帳下能歌舞〔60〕。營妓〔61〕們叩頭。

【節節高】轅門〔62〕簫鼓啾，陣雲〔63〕收。君恩可借淮揚寇〔64〕？

貂插首，玉〔65〕垂腰，金佩肘〔66〕。馬敲金鐙也秋風驟，展沙堤〔67〕笑拂朝天袖。〔合〕但捲取江山獻君王，看玉京〔68〕迎駕把笙歌奏。

〔生上〕欲窮千里目，更上一層樓〔69〕。想歌闌宴罷，小生饑困了。不免衝席〔70〕而進。〔丑攔介〕饑鬼不羞？〔生惱介〕你是老爺跟馬賤人，敢辱我乘龍〔71〕貴婿？打不的你。〔生打丑介、外問介〕軍門外誰敢喧嚷？〔丑〕是早上嫡親女婿，叫做沒奈何的，破衣、破帽、破裕祆、破雨傘，手裏拿一幅破畫兒，說他餓的荒了，要來衝席。但勸的都打，連打了九個半，則剩下小的這半個臉兒〔外惱介〕可惡。本院自有禁約，何處寒酸，敢來胡賴〔72〕？〔末淨〕此生委係乘龍，屬官禮當攀鳳〔73〕。〔外〕一發中他計了。叫中軍官〔74〕暫時拿下那光棍。逢州換驛，遞解到臨安監候。〔老旦中軍官應介、出縛生介、生〕冤哉，我的妻呵！因貪弄玉〔75〕爲秦贅，且帶儒冠學楚囚〔76〕。〔下、外〕諸公不知。老夫因國難分張〔77〕，心痛如割。又放著這等一個無名子〔78〕來聒噪〔79〕人，愈生傷感。〔末淨〕老夫人受有國恩，名標烈史。蘭玉〔80〕自有，不必慮懷。叫樂人進酒。

【前腔】〔末淨〕江南好宦遊。急難休，樽前且進平安酒。看福壽有，子女悠〔81〕，夫人又。〔外〕徑醉矣。〔旦貼作扶介、外淚介〕閃英雄淚倩盈盈袖〔82〕。傷心不爲悲秋瘦〔83〕。〔合前〕

〔外〔84〕〕諸公請了。老夫歸朝念切，即便〔85〕起行。〔內鼓樂介〕

【尾聲】明日離亭一杯酒。〔末淨〕則無奈丹青聖主求。〔外笑介〕怕畫的上麒麟〔86〕人白首。

萬里沙西寇已平〔87〕，東歸銜命見雙旌〔88〕。

塞鴻過盡殘陽裏〔89〕，淮水長憐似鏡清〔90〕。

校 注

〔1〕長淮千騎雁行秋，浪卷雲浮——形容江北淮揚一帶圍剿李全的軍事形勢。化用宋・辛棄疾《聲聲慢・旅次登樓作》詞：「指點簷牙高處，浪擁雲浮。……罷長淮、千騎臨秋。」

〔2〕機遘（gòu）——謂機關，指默契的心意。明・陳所聞散套《南中呂好事近・代

懷嫣然》：「小館燭初燃，正歡聲四座喧闐。他暗投機遘，向人叢著意周旋。」

〔3〕遲留——謂停留、逗留。《聊齋誌異・念秧》：「僕終疑其偽，陰與主人謀，遲留不進。」

〔4〕萬里封侯岐路，幾輛英雄草屨——這兩句是形容建功立業的艱難。岐路，岔路也；《爾雅・釋宮》注：「道旁出也。」面臨岐路，容易走錯。幾輛，幾雙也。草屨，草鞋。

〔5〕鼓角——戰鼓和號角，軍中的兩種樂器，用以報時、警眾或發號施令。

〔6〕烽火平安昨夜——烽火，古時邊防報警的煙火。宋・周輝《清波雜誌》卷十：「沿江烽火臺，每日平安，即於發更時舉火一把；每夜平安，即於次日平明舉煙一把。緩急盜賊，不拘時候，日則舉煙，夜則舉火，各三把。」「烽火平安昨夜」，意即指早晨舉煙一把，報告昨夜邊境平安。

〔7〕兵衝——謂軍事要衝。《後漢書・荀彧傳》：「穎川，四戰之地也。天下有變，常為兵衝。」《南史・柳元景傳》：「夏口是兵衝要地。」

〔8〕圍絕——包圍斷絕。

〔9〕貽書——指讓陳最良送給李全的招降書（見本劇第四十七齣「圍釋」）。

〔10〕善後事宜——常見的熟語。謂妥善處理事情發生後的遺留問題。語本《孫子・作戰》：「夫鈍兵挫銳，屈力殫貨，則諸侯乘其而起，雖有智者，不能善其後矣。」事宜，即指事情。

〔11〕停當——妥當、妥帖。

〔12〕單本——單獨寫了奏摺。

〔13〕功名富貴草頭露——語本《全唐詩》卷216、杜甫《送孔巢父謝病歸遊江東兼呈李白》詩：「昔君只欲苦淹留，富貴何如草頭露。」草頭露，草上露水，稀少易乾，比喻難以持久。此為習用熟語。宋・蘇軾《陌上花》詩之三：「富貴何如草頭露，身後風流陌上花。」元・薩都刺《寒江釣雪圖》詩：「人間富貴草頭露，桐江何處覓羊裘？」皆是。

〔14〕錦上花——比喻美上加美、好上加好。

〔15〕搖落——凋殘、零落，暮秋的景色。戰國楚・屈原《九辯》：「悲哉秋之為氣也！蕭瑟兮草木搖落而變衰。」北周・庾信《枯樹賦》：「沉淪窮巷，蕪沒荊扉，既傷搖落，彌嗟變衰。」

〔16〕帽兒光——亦作帽光光、帽兒光光，本為宋元時代民間贊賀新郎衣帽整潔的諧語。如《水滸傳》第五回：「只見小嘍囉齊聲賀道：『帽兒光光，今夜做個新郎；衣衫窄窄，今夜做個嬌客。』」亦用作做新郎的隱語。元・李好古《張生煮海》三〔小梁州・么篇〕：「我勸你早準備帽兒光。」本劇亦指此意。

〔17〕未分明——指柳夢梅和杜麗娘的夫妻關係尚未正式建立。唐・杜甫《新婚別》詩：「妾身未分明，何以拜姑嫜？」浦江清等注：「未分明，古禮：婦人嫁三

日，告廟上墳，謂之成婚。婚禮既明，名分始定。現在結婚剛一天，婚禮尚未分明。」（見作家出版社 1956 年版《杜甫詩選》）下「門楣」，唐‧陳鴻《長恨歌傳》：「男不封侯女作妃，看女卻爲門上楣。」後因以「門楣」稱能光大門庭的女兒。此指杜麗娘。

〔18〕認——文林本作「知」。

〔19〕關防——意謂檢查。

〔20〕人材——意指容貌、身材。參見本劇第十八齣注〔57〕。

〔21〕自在——有方便、隨便、任意等義。唐‧劉禹錫《和牛相公南溪醉歌見寄》詩：「唯公出處得自在，決就放曠辭炎炎。」

〔22〕牌簿都繳了——牌簿，指官署用的會客登記簿。繳，繳納、交出、交付。這句話是說會客登記簿都交上去了。表示不會客了。

〔23〕年例——謂歷年如此的常例。《水滸傳》第三十二回：「時當臘月初旬，山東人年例，臘日上墳。」

〔24〕尺頭——即匹頭，指綾羅緞匹。元‧施惠《幽閨記》三十九〔哭相思〕白：「果有這等異事，老夫告回，即辦尺頭羊酒來作賀老司馬。」

〔25〕班房——舊時衙署、府第的差役值班的房子。清‧洪昇《長生殿》三〔錦纏道〕白：「丞相爺尚未出堂，且到班房少待。」下「蹬」字，意爲停留、呆著。

〔26〕塞垣——本指漢代爲抵禦北方少數民族的侵擾所設的邊塞，後亦泛指邊關城牆。此例是也。宋‧張元幹《石州慢‧己酉秋吳興舟中作》詞：「兩宮何處，塞垣祇隔長江，唾壺空擊悲歌缺。」

〔27〕潛（qián）——秘密、暗中。指假一函，暗中收服了李全。

〔28〕吾流——吾輩。流，謂等、輩。唐‧封演《封氏聞見錄》卷四「甀使」：「漢時趙廣漢爲穎川太守，設缿筒，言事者投書其中，甀亦缿筒中流也。」明‧來集之《鐵氏女》：「父是丈夫，姊爲奇女，妾豈奴流？」

〔29〕水陸——指水中、陸上所產的珍貴食品。《晉書‧石崇傳》：「庖膳窮水陸之珍。」唐‧白居易《輕肥》詩：「樽罍溢九醞，水陸羅八珍。」

〔30〕擁輔——擁戴輔佐。

〔31〕君侯——古代對達官貴人的尊稱。唐‧李白《與韓荊州書》：「君侯不以富貴而驕之，寒賤而忽之，則三千之中有毛遂。使白得穎脫而出，即其人焉。」下「八面威風」，形容威風十足，聲勢懾人。

〔32〕銷咫尺之書——銷，削木用具。咫尺之書，指書信。古代書寫用木簡，信箚之簡長盈尺，故稱。信箚既需要一尺長的木簡，故云「銷咫尺之書」。咫，周制八寸曰咫，合今市尺六寸二分二釐。

〔33〕卑末——自我的謙稱。

〔34〕黃石兵書——意即黃石公的兵書。黃石公，秦末人。相傳張良於博浪沙（今安

徽省亳州市）刺秦始皇失敗後，逃亡下邳（今江蘇省睢寧北），在圮上遇見黃石公（亦稱圮上老人），授以《太公兵法》。見《史記·留侯世家》及《漢書·張良傳》。

〔35〕清河雪酒五加皮——五加皮，中藥名。是用五加（灌木名）的根皮和莖皮，陰乾後製成。性溫味辛，可祛風濕、壯筋骨。用它浸製的藥酒，也叫五加皮。清河，古地名，具體說法不一。這句話是舊時酒店小二哥上場時習用的套語。

〔36〕刁斗——古代軍中用具。銅質，形狀似盆，有柄，能容一斗，故稱。白天用它燒飯吃，夜晚當作更鼓敲。漢、唐就有這種東西。《史記·李將軍列傳》：「舍止，人人自便，不擊刁斗以自衛。」裴駰集解引孟康曰：「以銅作鐎器，受一斗，晝炊飯食，夜擊持行，名曰刁斗。」唐·李頎《故從軍行》詩：「行人刁斗風沙暗，公主琵琶幽怨多。」

〔37〕回——謂掉轉、扭轉；轉到相反方向。唐·李白《長干行》詩：「低頭向暗壁，千喚不一回。」「一紙書回寇」，這裏意指一封書信就使賊寇（李全）棄暗投明。

〔38〕那（nà）堪——猶云加上、兼之。用在兩個或以上平列的分句中，爲副詞性關聯詞語。下文「神州」，中國中原地區的別稱。

〔39〕萬里籌邊第一樓——南宋長江北大片土地淪陷，爲金侵佔，故揚州一度成爲邊境地區。元·趙孟頫詩曰：「春風闐苑三千客，明月揚州第一樓。」（此詩不見《元詩選·松雪齋集》，想是漏收。）籌邊，籌畫邊境的事務。宋·劉過《八聲甘州·送湖北招撫吳獵》詞：「共計玉堂對策，欲先明大義，次第籌邊。」清·侯方域《南省試策四》：「請更以籌邊進，從來籌邊者三策：曰和，曰守，曰戰。」

〔40〕如淮酒——形容酒多。《左傳·昭公十二年》：「有酒如淮，有肉如坻。」杜預注：「淮，水名。」意言酒如淮水之多也。

〔41〕爲君壽——猶云爲君祝福、祝壽。《史記·廉頗藺相如傳》：「秦之群臣曰：請以趙爲秦王壽。」《戰國策·趙策三》：「平原君乃置酒，酒酣，起，前，以千金爲魯連壽。」《漢書·高帝紀上》：「莊入爲壽。」顏師古注：「凡言爲壽，謂進爵於尊者，而獻無疆之壽。」

〔42〕湊（zòu）——謂會合、聚齊。策湊，意言集思廣益。

〔43〕借箸題籌——憑藉筷子指畫天下大事。典出《史記·留侯世家》：「漢王方食，曰：『子房前！客有爲我計橈楚權者。』具以酈生語告，曰：『於子房何如？』良曰：『誰爲陛下畫此計者？陛下事去矣。』漢王曰：『何哉？』張良對曰：『臣請藉前箸爲大王籌之。』」借、藉義同。箸，俗云筷子。題籌，品評籌畫。

〔44〕燕支卻虜——燕支，即胭脂，指美女，這裏喻指李全之妻。虜，指李全。意言通過李全之妻收服了李全。此蓋借鑒《史記·陳丞相世家》陳平用計解高帝圍的策略。《陳丞相世家》云：高帝「至平城，爲匈奴所圍，七日不得食。高帝

用陳平奇計，使單于閼氏，圍以得開。」詳參裴駰集解引桓譚《新論》。

〔45〕 夜月吹篪（chí）——篪，古代用竹管製成的樂器，與簫相似，這裏代指胡笳，用劉琨吹胡笳渙散敵心以解圍的故事。詳見本劇第四十三齣注〔28〕。

〔46〕 連環透——指瓦解敵人的計策都密切相關。

〔47〕 金貂——見本劇第四十九齣注〔34〕。下文「迸」字，朱校等本俱作「並」，較優。下文「三公」，指朝廷最高級的官職。具體所指，歷代不同：周代三公有兩說，一曰司徒、司馬、司空；一曰太師、太傅、太保。西漢時，以丞相（大司徒）、太尉（大司馬）、御史大夫（大司空）合稱三公。東漢時以太尉、司徒、司空為三公。唐宋沿襲，唯無實際職務。

〔48〕 致仕——謂辭官、退職。《公羊傳·宣元年》：「退而致仕。」注：「致仕，還祿位於君。」《禮記·曲禮上》：「大夫七十而致事。」致仕、致事，音義並同。

〔49〕 同平章軍國大事——平章，官名，相當宰相。唐代以尚書、中書、門下三省官為宰相，慮其官高權重，不常設置，選任其它官員，加同中書門下平章事之名，簡稱「同平章事」，同參國事。唐睿宗時又有「平章軍國重事」之事。宋因之，專由年高望重的大臣擔任，位在宰相之上。

〔50〕 攬貂蟬——攬，執持。貂蟬，即貂蟬冠，以貂尾和附蟬為飾的冠冕。《宋史·輿服志四》：「貂蟬冠，一名籠巾，織藤漆之，形正方，如平巾幘。飾以銀，前有銀花，上綴玳瑁蟬，左右為三小蟬，銜玉鼻，左插貂尾。」又云：「貂蟬籠巾……蟬，舊以玳瑁為蝴蝶狀，今請改為黃金附蟬。」參看「金貂」注。

〔51〕 淹留——久留也。戰國楚·屈原《離騷》：「時繽紛其變易兮，又何可以淹留？」三國魏·曹丕《燕歌行》詩：「慊慊思歸戀故鄉，君何淹留寄他方？」晉·陶潛《與殷晉安別》詩：「負杖肆遊久，淹留忘宵晨。」唐·錢起《長信怨》詩：「誰分昭陽夜歌舞，君王玉輦正淹留。」宋·柳永《八聲甘州》詞：「歎年來蹤跡，何事苦淹留？」

〔52〕 輻輳——形容眾人或事物會聚如車輪之於轂然。漢·班固《東都賦》：「平夷洞達，萬方輻輳。」《文心雕龍·事類》：「眾美輻輳，表裏發揮。」亦作「輻湊」，如唐·韓愈《南山》詩：「或散如瓦解，或赴若輻湊。」

〔53〕 君侯——對杜寶的尊稱。

〔54〕 洗兵河漢——謂用銀河（河漢）之水洗刷兵器，表示戰爭結束，天下太平，兵器收起不用了。晉·左思《魏都賦》：「洗兵海島，刷馬江州，振旅䡾䡾，反旆悠悠。」唐·杜甫《洗兵馬》詩：「安得壯士挽天河，淨洗甲兵長不用。」明·湯顯祖《邯鄲記》十七〔夜行船〕白：「洗兵魚海雲迎陣，秣馬龍堆月照營。」

〔55〕 天香——芳香的美稱。北周·庾信《奉和同泰寺浮圖》詩：「天香下桂殿，仙梵入伊筵。」

〔56〕 砧聲——搗衣聲。明·徐復祚《投梭記》二十二〔山坡羊〕：「砧聲續斷來，孤

舟冷落無聊賴，人在天涯音信乖。」

〔57〕猛把吳鉤看了，闌干拍遍——語本宋・辛棄疾《水龍吟》詞。吳鉤，鉤，兵器，形似劍而曲。春秋時吳人善鑄鉤，故稱吳鉤。後亦泛指利劍。《金瓶梅》第一回：「吳鉤，乃古劍也。古有干將、莫邪、太阿、吳鉤、魚腸、蠋蟻之名。」

〔58〕寄東流——謂事業付之東流，比喻完全葬送或落空。語本唐・李白《夢遊天姥吟留別》詩：「世間行樂亦如此，古來萬事東流水。」

〔59〕明月同誰嘯庾樓——用晉人庾亮故事。《晉書・庾亮傳》：「亮在武昌，諸佐吏殷浩之徒，乘秋夜往共登南樓，俄而不覺亮至，諸人將越避之。亮徐曰：『諸君少住，老子於此處興復不淺。』便據胡床與浩等談詠竟坐。」

〔60〕壯士軍前半死生，美人帳下能歌舞——語見《全唐詩》卷 19、高適《燕歌行》詩。《全唐詩》「壯士」作「戰士」，「能」作「猶」。

〔61〕營妓——古代軍中的官妓。《漢武外史》：「漢武始置營妓，以待軍士之無妻者。」後蜀・何光遠《鑑戒錄・蜀才婦》：「吳越饒營妓，燕趙多美姝，宋產歌姬，蜀出才婦。」

〔62〕轅門——領兵將帥的營門。下「啾」字，謂眾聲嘈雜。《文選・馬融〈長笛賦〉》：「啾咋嘈啐似華羽兮，絞灼激以轉切。」李善注引《倉頡篇》：「啾，眾聲也。」

〔63〕陣雲——濃重厚積形似戰陣之雲，古人以爲戰爭的徵兆。唐・高適《燕歌行》詩：「殺氣三日作陣雲，寒聲一夜傳刁斗。」

〔64〕君恩可借淮揚寇——寇恂，東漢初人。劉秀起兵誅莽時，他被任爲太守，負責轉運軍需，後歷任潁川、汝南太守。這裏即借用他的故事，表示淮揚人挽留杜寶坐鎮。《後漢書・寇恂傳》：「車駕南征，恂從至潁川，盜賊悉降，而竟不拜郡。百姓遮道曰：『願從陛下復借寇君一年。』乃留恂長社，鎮撫吏人，受納餘降。」

〔65〕玉——指玉帶（飾玉的腰帶），古大官所用。明・謝肇淛《五雜組・物部四》：「內官衣蟒腰玉者，禁中殆萬人。」《宋史・輿服志五》：「三品以上服玉帶，四品以上服金帶。」

〔66〕金佩肘——金，指金印。《淮南子・氾論訓》：「盜管金。」高誘注：「金，印封。」《後漢書・馮衍傳下》：「衍少有名賢，經歷顯位，懷金垂紫。」李賢注：「金，金印也。」金佩肘，謂金印佩帶在肘後。參見本劇第十六齣注〔31〕。

〔67〕沙堤——唐代習俗，新宰相上任，先爲他鋪築沙面大路，謂之「沙堤」。唐・李肇《唐國史補》卷下：「凡拜相，禮絕班行，府縣載沙塡路，自私第至子城東街，名曰沙堤。」這裏暗指杜寶將入朝爲相。

〔68〕玉京——京都、帝都。唐・孟郊《長安旅情》詩：「玉京十二樓，峨峨倚青翠。」《宣和遺事》後集：「玉京曾憶舊繁華，萬里帝王家。」

〔69〕欲窮千里目，更上一層樓——唐・王之渙《登鸛雀樓》詩，意言登樓一望，則

　　　　千里長河，及群山萬壑，儼然在目。見《全唐詩》卷 53。

〔70〕衝席——謂食客不約而來。亦作闖席、闖食。

〔71〕乘龍——指女婿。見本劇第二十齣注〔33〕。

〔72〕胡賴——謂耍賴。

〔73〕攀鳳——地位低的攀附地位高的喻詞。這裏是指結識杜寶的女婿。

〔74〕中軍官——見本劇第三十八齣注〔8〕。

〔75〕弄玉——春秋時秦穆公的女兒名弄玉。這裏代指杜麗娘。

〔76〕楚囚——這裏泛指囚犯。典出《左傳·成公九年》：「晉侯觀於軍府，見鍾儀，
　　　　問之曰：『南冠而縶者，誰也？』有司對曰：『鄭人所獻楚囚也。』使稅之，召
　　　　而弔之，再拜稽首。問其族，對曰：『泠人也。』公曰：『能樂乎？』對曰：『先
　　　　人之職官也，敢有二事？』使與之琴，操南音。」杜預注：「南冠，楚囚。」
　　　　「稅，解也。」「泠人，樂官。」「敢有二事？言不敢學他事。」「南音，楚聲。」

〔77〕分張——謂分離。《全晉文》卷二二王羲之雜帖：「分張何可久，幼小故居患無
　　　　賴。」《宋史·王微傳》：「昔仕京師，分張六旬耳。」

〔78〕無名子——無賴之徒。唐·李肇《唐國史補》卷下：「匿而造謗，謂之無名子。」
　　　　宋·王讜《唐語林》卷二「文學」：「飛書造謗，謂之無名子。」

〔79〕聒噪——吵鬧。參見本劇第十七齣注〔32〕。

〔80〕蘭玉——謂芝蘭玉樹，比喻優秀弟子。唐·顏眞卿《祭侄季明文》：「惟爾挺生，
　　　　夙標劭德，宗廟瑚璉，階庭蘭玉。」元·高明《琵琶記》二〔錦堂月·前腔〕：
　　　　「歎蘭玉蕭條，一朵桂花難茂。媳婦，惟願取連理芳年，得早遂孫枝榮秀。」

〔81〕悠——悠悠，謂眾多也。《史記·孔子世家》：「桀溺曰：『悠悠者，天下皆是也。』」
　　　　《後漢書·朱穆傳》李賢注：「悠悠，多也。」

〔82〕閃英雄淚倩盈盈袖——閃，搵也。淚，淚水。倩，原義同「請」。袖，指勸酒
　　　　的樂人的衣袖。化用宋·辛棄疾《水龍吟·登建康賞心亭》詞：「倩何人喚取，
　　　　紅巾翠袖，搵英雄淚。」

〔83〕傷心不爲悲秋瘦——意言傷心是在國難家愁上面，而非悲秋之感。宋·李清照
　　　　《鳳凰臺上憶吹簫》詞：「新來瘦，非干病酒，不是悲秋。」

〔84〕外——原無此字，據朱墨、清暉、獨深、竹林各本補。

〔85〕即便——用爲急詞，立刻之意。《世說新語·任誕》：「時戴在剡，即便夜乘小
　　　　舟就之。」亦作「疾便」，音義並同，如元·高文秀《澠池會》一〔尾聲〕：「且
　　　　歸到驛亭中，疾便把程途盼。」

〔86〕麒麟——「麒麟閣」的省詞。漢代閣名，在未央宮中。傳爲漢武帝時所建，一
　　　　說蕭何造。漢宣帝甘露三年，曾圖畫功臣霍光等十一人於閣上，以示褒獎。見
　　　　《漢書·李廣蘇建傳》。以後凡獎勵功臣皆襲用此典。這裏是指杜寶於國有功，
　　　　理當褒獎。

〔87〕萬里沙西寇已平——語見《全唐詩》卷 639、張喬《再書邊事》詩。

〔88〕東歸銜命見雙旌——語見《全唐詩》卷 245、韓翃《送康洗馬歸滑州》詩。雙旌，唐代節度使出行的儀仗。《新唐書・百官志四》：「節度使掌總軍旅，顓誅殺。初授，具帑抹兵仗詣兵部辭見，觀察使亦如之。辭日，賜雙旌雙節。」後泛指高官之儀仗。這裏指杜寶回朝任安撫使，與唐之節度使職權相當。

〔89〕塞鴻過盡殘陽裏——語見《全唐詩》卷 269、耿湋《塞上曲》詩。《全唐詩》「陽」作「雲」。

〔90〕淮水長憐似鏡清——語見《全唐詩》卷 480、李紳《初出汜口入淮》詩。

第五十一齣　榜　下

〔老旦丑將軍持瓜槌〔1〕上〕鳳舞龍飛作帝京，巍峨宮殿羽林兵〔2〕。天門欲放傳臚〔3〕喜，江路新傳奏凱聲。請了。聖駕升殿。

【北點絳唇】〔外老樞密上〕整點朝綱，運籌邊餉〔4〕，山河壯〔5〕。〔淨苗舜賓上〕翰苑〔6〕文章，顯豁〔7〕的昇平象。

請了，恭喜李全納款〔8〕，皆老樞密〔9〕調度之功也。〔外〕正此引奏〔10〕。前日先生看定狀元試卷，蒙聖旨武偃文修〔11〕，今其時矣。〔淨〕正此題請。呀，一個老秀才走將來。好怪，好怪！〔末破衣巾捧表上〕先師孔夫子，未得見周王。本朝聖天子，得睹我陳最良。非小可〔12〕也。〔見外淨介〕生員陳最良告揖。〔淨驚介〕又是遺才〔13〕告考麼？〔末〕不敢，生員是這樞密老大人門下引奏的。〔外〕則這生員，是杜安撫叫他招安了李全，便中帶有降表。故此引見。〔內響鼓介、唱介〕奏事官上御道〔14〕。〔外前跪，引末後跪叩頭介、外〕掌管天下兵馬知樞密院事臣謹奏：恭賀吾主，聖德天威。淮寇來降，金兵不動。有淮揚安撫臣杜寶，敬遣南安府學生員臣陳最良奏事，帶有李全降表進呈。微臣不勝歡忭〔15〕！〔內〕杜寶招安李全一事，就著生員陳最良詳奏。〔外〕萬歲！〔起介、末〕帶表生員臣陳最良謹奏：

【駐雲飛】淮海維揚，萬里江山氣脈長。那安撫機謀壯，矯詔〔16〕從寬蕩〔17〕。哜，李賊快迎降，他表文封上。金主聞知，不敢兵南向。他則好看花到洛陽〔18〕，咱取次擒胡過汴梁〔19〕。

〔內介〕奏事的午門外候旨。〔末〕萬歲！〔起介、淨跪介〕前廷試看

—343—

詳文字官臣苗舜賓謹奏：

【前腔】殿策賢良〔20〕，榜下諸生候久長。亂定人歡暢，文運天開放。唻，文字已看詳，臚傳須唱。莫遣夔龍〔21〕，久滯風雲〔22〕望。早是蟾宮桂有香〔23〕，御酒封題菊半黃。

〔內介〕午門外候旨。〔淨〕萬歲！〔起行介〕今當榜期，這些寒儒，卻也候久。〔外笑介〕則這陳秀才夾帶〔24〕一篇海賊文字，到中得快。〔內介〕聖旨已到，跪聽宣讀。「朕聞李全賊平，金兵迴避。甚喜，甚喜。此乃杜寶大功也。杜寶已前有旨，欽取回京。陳最良有奔走口舌之才，可充黃門〔25〕奏事官，賜其冠帶。其殿試進士，於中柳夢梅可以狀元。金瓜儀從〔26〕，杏苑〔27〕赴宴。謝恩。」〔眾呼「萬歲」起介、雜取冠帶上〕黃門舊是鴻門客〔28〕，藍袍新作紫袍仙〔29〕。〔末作換衣冠服介〕二位老先生，告揖。〔外淨賀介〕恭喜，恭喜。明日便藉重新黃門唱榜了。〔末〕適間〔30〕宣旨，狀元柳夢梅何處人？〔淨〕嶺南人，此生遭際的奇異。〔外〕有甚奇異？〔淨〕其日試卷，看詳已定，將次進呈。恰好此生午門外放聲大哭，告收遺才。原來為搬家小，到京遲誤。學生權收他在附卷進呈，不想點中狀元。〔外〕原來有此！〔末背想介〕聽來，敢便是那個、那個柳夢梅？他那有家小？是了，和老道姑做一家兒。〔回介〕不瞞老先生，這柳夢梅也和晚生有舊。〔外淨〕一發可喜可賀了。

榜題金字射朝暉〔31〕，獨奏邊機出殿遲〔32〕。

莫道官忙身老大〔33〕，曾經倬立在丹墀〔34〕。

校　注

〔1〕瓜槌——瓜，指形狀如瓜的兵器。《後漢書·董卓傳》：「卓遂僭擬車服，乘金華青蓋，瓜畫兩轓。」李賢注：「瓜者，蓋弓頭為瓜形也。」槌，槌形兵器。以上兩者，皇帝禁軍所用的兵器，兼作儀仗用。

〔2〕羽林兵——即羽林軍，皇帝的禁衛軍。《新唐書·兵志》：「高宗龍朔二年，始取府兵越騎、步射置左右羽林軍，大朝會則執杖以衛階陛，行幸則夾馳道為內仗。」明·何景明《駕出》詩：「九重玄武仗，萬歲羽林軍。」

〔3〕傳臚——科舉時代殿試揭曉時唱名的一種儀式。其制始於宋代，進士在集英殿

宣唱名次之日，皇帝至殿宣佈，由閣門承接，傳於階下，衛士齊聲唱名高呼，謂之傳臚。

〔4〕邊餉——猶「邊糧」。《宋史・食貨志一》：「不知今日國用邊餉，皆仰和糴。」

〔5〕壯——謂鞏固。元・李文蔚《圯橋進履》三〔正宮端正好〕：「我本是整乾坤、安宇宙忠良將，保祚的萬里山河壯。」元・無名氏《射柳捶丸》一〔仙呂點絳唇〕：「扶持萬萬載山河壯。」語義並同。

〔6〕翰苑——翰林院的別稱。《宋史・蕭服傳》：「文辭勁麗，宜居翰苑。」

〔7〕顯豁——顯露、顯示。元・貫雲石小令《陽春曲・金蓮》：「如今相識眼皮薄，休顯赫，越遮護著越情多。」

〔8〕納款——歸順、降服。《文選・王融〈永明十一年策秀才文〉》：「加以納款通和，布德修禮。」李善注：「納其款關之誠，而通其和好之禮。」魯迅《且介亭雜文末篇・半夏小集》：「納款，通敵的鬼蜮行為，一到現在，就好像是『前進』的光明事業。」

〔9〕樞密——樞密使的簡稱，官名。《宋史・職官志二》：「樞密使，知院事。佐天子執兵政。」明代以後多用為掌管軍事大臣的代稱。

〔10〕引奏——謂奏知引見。《西遊記》第八十七回：「該與不該，煩為引奏引奏，看老孫的人情如何。」

〔11〕武偃文修——意謂停止武備，從事和平建設。偃，《廣韻・阮韻》：「偃，息也。」

〔12〕小可——自謙之稱，猶云小的、小人、小子或小可的、小可人。

〔13〕遺才——科考時代秀才參加鄉試，先要經過學道的科考錄送，臨時添補核准的，叫做遺才。

〔14〕御道——帝王車駕通行的道路。《後漢書・虞延傳》：「帝乃臨御道之館親錄囚徒。」唐・杜甫《傷春》詩之三：「煙塵昏御道，耆舊把天衣。」

〔15〕歡忭——高興、歡樂。忭，《廣韻・線韻》：「喜貌。」《字彙・心部》：「喜樂貌。」

〔16〕矯詔——假託皇帝的詔令。《漢書・佞倖傳・石顯》：「後果有上書告顯顓命矯詔開宮門。」北齊・顏之推《顏氏家訓・教子》：「（琅琊王）後嫌宰相，遂矯詔斬之。」

〔17〕蕩——謂寬恕。唐・元稹《彈奏劍南東川節度使狀》：「賊軍奄至，暫被脅從，狂寇既平，再蒙恩蕩。」

〔18〕他則好看花到洛陽——意言金兵不敢南下，只佔領洛陽觀賞花卉去了。按：洛陽以盛產花卉馳名，牡丹最為著稱。明・徐渭《牡丹賦》：「何名花之盛美，稱洛陽為無雙，東青州而南越，曾不足以頡頏。」

〔19〕取次擒胡過汴梁——意言戰勝金兵，接著就可以光復汴梁了。取次，意即次第

也；依次、接著。胡，指金兵。汴梁，今河南省開封市。

〔20〕賢良——「賢良方正」的簡稱，古代選拔人才的科目之一。由郡國擇賢推舉上報，由皇帝評定。漢武帝《賢良詔》：「賢良明於古今王事之體，受策察問，咸以書對，著之於篇，朕親覽焉。」宋‧高承《事物紀原‧學校貢舉‧賢良》：「漢唐逮宋，取士之制，有賢良方正、茂才異等六科，謂之制舉，亦曰大科，通謂之賢良。其制蓋自漢文帝始。」這裏指進士科。

〔21〕夔龍——相傳是舜的兩位賢臣：夔為樂官，龍為諫官。《書‧舜典》：「帝曰，夔，命汝典樂教胄子……帝曰，龍，……命汝作納言。」後因以夔龍比喻輔弼朝政的賢才。元‧耶律楚材《和人韻》詩之二：「安得夔龍立廊廟，扶持堯舜濟斯民。」

〔22〕風雲——比喻高位。《文選‧班固〈答賓戲〉》：「振拔污塗，跨騰風雲。」呂延濟注：「言當須去卑賤以升高位，亦如龍出於淺水以遊於風雲之中也。」

〔23〕蟾宮桂有香——相傳蟾宮（月宮）中有桂樹。唐以來便把科舉應試及第稱為蟾宮折桂。南唐‧李中《送黃秀才》詩：「蟾宮須展志，漁艇莫牽心。」宋‧張齊賢《洛陽搢紳舊聞記‧陶副車求薦見忌》：「好去蟾宮是歸路，明年應折桂枝香。」

〔24〕夾帶——凡隱藏違禁文章或物品，秘密攜帶，希圖蒙混檢查的，均謂之夾帶。《六部成語‧禮部‧夾帶》注：「以文章挾入衣物之中，以圖抄寫徼倖，如此入場，謂之夾帶。」同書《戶部‧夾帶》注：「糧船之中，夾帶各貨，運京發售，曰夾帶。」

〔25〕黃門——這裏指宮禁。《通典‧職官三》：「凡禁門黃闥，故曰黃門。」

〔26〕金瓜儀從——金瓜，古代衛士所執的一種兵仗，棒端呈瓜形，銅製金色。儀從，儀衛隨從。《三國演義》第九回：「次日侵晨，董卓擺列儀從入朝。」

〔27〕杏苑——見本劇第四十四齣注〔13〕。

〔28〕黃門舊是鴻門客——黃門，猶「黌門」，古代學校名，這裏代指秀才陳最良。鴻門，地名，在今陝西臨潼縣東，楚漢相爭，項羽與劉邦曾在此設宴聚會，范增命項莊舞劍，欲覓機殺掉劉邦，闖進樊噲而未果。這裏喻指陳最良出使中途曾經歷兇險。

〔29〕藍袍新作紫袍仙——藍袍，藍衫，即襴衫。《宋史‧輿服志五》：「襴衫，以白細布為之，圓領大袖，下施橫襴為裳，腰間有襞積，進士及國子生、州縣生服之。」明清秀才、舉人的公服。紫袍，紫色朝服，高官所服。據《舊唐書‧輿服志》記載：武德初，因隋舊制，「五品以上，通著紫袍。」貞觀四年又制：「三品以上服紫，五品以下服緋……。」元‧鄭光祖《　梅香》四〔落梅風〕：「你穿的是朝君王紫袍金帶。」

〔30〕適間——適才，剛才。

〔31〕榜題金字射朝暉——語見《全唐詩》卷557、鄭畋《下直早出》詩。《全唐詩》「榜」作「牓」,「題」作「懸」,「朝」作「晴」。

〔32〕獨奏邊機出殿遲——語見《全唐詩》卷300、王建《贈王樞密》詩。《全唐詩》注:「奏,一作對」,「機,一作情」。邊機,邊防機宜。亦作「邊兒」,如宋·王珪《狄武襄公青神道碑》:「上累訊以邊兒,嘗從容陳所以攻守之計,天子深然之。」

〔33〕莫道官忙身老大——語見《全唐詩》卷344、韓愈《早春呈水部張十八員外二首》之二。

〔34〕曾經倬立在丹墀——語見《全唐詩》卷413、元稹《酬孝甫見贈十首》之四。《全唐詩》「倬立」作「綽立」,「在」作「侍」。卓立,猶端立。「綽立」義同。

第五十二齣　索　元

【吳小四】〔淨郭駝傘包上〕天九萬,路三千。月餘程,抵半年〔1〕。破虱〔2〕裝衣擔壓肩,壓的頭臍〔3〕匾又圓,扢喇察〔4〕龜兒爬上天。

謝天,老駝到了臨安。京城地面,好不繁華。則不知柳秀才去向,俺且往天街〔5〕上瞧去。呀,一夥臭軍踢禿禿〔6〕走來,且自迴避。正是:不因漁父引,怎得見波濤。〔下〕〔老旦丑軍校旗鑼上〕

【六么令】朝門榜遍,怎生狀元柳夢梅不見?又不是黃巢下第題詩趄〔7〕。排門〔8〕的問,刻期宣〔9〕,再因循敢淹答〔10〕了杏園公宴。

〔老笑介〕好笑,好笑,大宋國一場怪事。你道差〔11〕不差?中了狀元乾鼈煞〔12〕。你道奇不奇?中了狀元囉唕唏〔13〕。你道興不興?中了狀元胡廝踁〔14〕。你道訕〔15〕不訕?中了狀元一道煙〔16〕。天下人古怪,不像嶺南人。你瞧這駕牌上,「欽點〔17〕狀元嶺南柳夢梅,年二十七歲,身中材,面白色。」這等明明道著,卻普天下找不出這人?敢家去哩,化哩,睡覺哩?則淹〔18〕了瓊林宴席面兒。〔丑〕哥,人山人海,那裏淘氣〔19〕去?俺們把一位帶了儒巾喫宴去。正身出來,算還他席面錢。〔老〕使不得,羽林衛宴老軍替得,瓊林宴進士替不得。他要杏苑題詩。〔丑〕哥,看見幾個狀元題詩哩。依你說叫去。〔行叫介〕狀元柳夢梅那裏?〔叫三次介、老〕長安東西十二門,大街都無人應,小衚衕叫去。〔丑〕這蘇木衚衕有個海南會館。叫地方問他。〔叫介、內應介〕老長官貴幹?〔老丑〕天大事,你在睡夢哩!聽分付。

【香柳娘】問新科狀元。問新科狀元。〔內〕何處人？〔眾〕廣南〔20〕鄉貫。〔內〕是何名姓？〔眾〕柳夢梅面白無巴鐕〔21〕。〔內〕誰尋他？〔眾〕是當今駕傳，是當今駕傳。要得柳如煙〔22〕，裁開杏花宴〔23〕。〔內〕俺這一帶鋪子都沒有，則瓦市〔24〕王大姐家，歇著個番鬼。〔眾〕這等，去，去，去。〔合〕柳夢梅也天，柳夢梅也天。好幾個盤旋，影兒不見〔25〕。〔下〕

〔貼妓上〕【集唐】殘鶯何事不知秋〔26〕，日日悲看水獨流〔27〕。便從巴峽穿巫峽〔28〕，錯把杭州作汴州〔29〕。奴家王大姐是也。開個門戶〔30〕在此。天，一個孤老〔31〕不見，幾個長官撞的來。〔老旦丑上〕王大姐喜哩。柳狀元在你家。〔貼〕什麼柳狀元？〔眾〕番鬼哩。〔貼〕不知道。〔眾〕地方報哩。

【前腔】笑花牽柳眠，笑花牽柳眠。〔貼〕昨日有個雞〔32〕，不著褲去了。〔眾〕原來十分形現。敢柳遮花映做個葫蘆纏〔33〕。有狀元麼？〔貼〕則有個狀匾。〔丑〕房兒裏狀匾去。〔進房搜介、眾譁貼走下介、眾〕找煙花狀元，找煙花狀元。熱趕〔34〕在誰邊，毛臊打〔35〕教遍。〔合前、下〕

【前腔】〔淨拐杖上〕到長安日邊〔36〕，到長安日邊。果然風憲〔37〕，九街三市〔38〕排塲遍〔39〕。柳相公呵，他行蹤杳然〔40〕，他行蹤杳然。有了俏家緣〔41〕，風聲〔42〕落誰店？少不的大道上行走。那柳夢梅也天！〔老旦丑上〕柳夢梅也天！好幾個盤旋，影兒不見。

〔丑作撞跌淨，淨叫介〕跌死人，跌死人！〔丑作拿淨介〕俺們叫柳夢梅，你也叫柳夢梅。則拿你官裏去。〔淨叩頭介〕是了，梅花觀的事發了。小的不知情〔43〕。〔眾笑介〕定說你知情！是他什麼人？〔淨〕聽稟：老兒呵！

【前腔】替他家種園，替他家種園，遠來探看。〔眾作忙〕可尋著他哩？〔淨〕猛紅塵透不出東君面〔44〕。〔眾〕你定然知他去向。〔淨〕長官可憐，則聽見他到南安，其餘不知。〔眾〕好笑，好笑！他到這臨安應試，中了狀元了。〔淨驚喜介〕他中了狀元，他中了狀元！踏的菜園穿〔45〕，攀花上林苑〔46〕。

長官，他中了狀元，怕沒處尋他！〔眾〕便是呢。〔合前、眾〔47〕〕也罷，饒你這老兒，協同尋他去。

一第由來是出身〔48〕，五更風水失龍鱗〔49〕。

紅塵望斷長安陌〔50〕，只在他鄉何處人〔51〕？

校　注

〔1〕天九萬，路三千。月餘程，抵半年——形容路途遙遠。本於《莊子·逍遙遊》：「鵬之徙於南冥也，水擊三千里，搏扶搖而上者九萬里，去以六月息者也。」

〔2〕虱——蝨子。哺乳動物體外的寄生蟲。常寄生在人畜身上，吸食血液，能傳染疾病。

〔3〕頭臍——腦袋、肚臍。

〔4〕扢喇察——象聲詞。形容烏龜爬行的聲音。

〔5〕天街——指京師中的街道。唐·韓愈《早春呈水部張十八員外二首》之一：「天街小雨潤如酥，草色遙看近卻無。」唐·鄭谷《寄職方李員外》詩：「龍墀仗下天街暖，共看圭峰並馬行。」

〔6〕踢禿禿——象聲詞。形容腳步聲。

〔7〕黃巢下第題詩趍——黃巢，唐末農民大起義的領袖。傳說他當年曾赴京趕考，沒被錄取就題一首詩走了。見《新編五代史平話·梁史平話》。趍，「走」的意思。明·王驥德注《西廂》云：「北方方言稱走為趍。」

〔8〕排門——謂挨門逐戶。《金史·陳規傳》：「排門擇屋，恐逼小民，恣其求索。」元·關漢卿《蝴蝶夢》三〔正宮端正好〕：「排門兒叫花都尋遍，討了些潑剩飯和雜面。」

〔9〕刻期宣——意謂（皇帝）限期召見他。刻期，限定日期。刻，通克（剋）。《三國志·魏志·公孫瓚傳》：「遣人與子書，刻期兵至，舉火為應。」宣，宣召也，謂皇帝召見。《西遊記》第三十回：「國王准奏，叫宣，把妖宣至金階。」

〔10〕淹答——遲誤。下「杏園公宴」，即「瓊林宴」。

〔11〕差（chà）——糟糕。

〔12〕乾鼈煞——意言很不豐滿，引申為沒興味、不開心。乾鼈，即「乾癟」，謂乾而收縮，不飽滿。煞，甚辭。

〔13〕囉唣唏——囉唣，找麻煩、惹事生非。《水滸傳》第二回：「這廝們既大弄，必然早晚要來俺村中囉唣。」又本書第五十一回：「孩兒快放了手，休要囉唣。」皆此義。唏，詞曲中的語氣詞，無義。

〔14〕胡廝踁——謂胡行亂走。踁，同「脛」，人的小腿，亦指禽獸的腿。清·錢大

昕《題黃小松看碑圖》:「古物聚所好,不躧走千里。」《花月痕》第四十一回:「走了幾里路,覺得黑魆魆的,上不見天日,下面又盡是沒躧的泥。」這裏引申義爲「走」。

〔15〕山——疑應作「訕」。訕(shàn),羞、難爲情。

〔16〕一道煙——用作形容性詞語,形容跑得很快。亦作「一溜煙」。

〔17〕欽點——皇帝親派。舊時對帝王的決定、命令或其所做的事冠以「欽」字,是表示最高的崇敬。

〔18〕淹——義同「淹答」,見本齣注〔10〕。

〔19〕淘氣——頑皮的意思。《紅樓夢》第二回:「(賈寶玉)如今長了十來歲,雖然淘氣異常,但聰明乖覺,百個不及他一個。」

〔20〕廣南——即嶺南道。宋朝分爲廣南東路和廣南西路,此指廣南東路。

〔21〕巴繪——徐朔方注:「巴繪,疤綻。爲叶韻用繪代綻。」巴,借爲「疤」。繪,借爲「綻」。巴繪,即「疤綻」,言(柳夢梅)臉上無綻開的疤痕。

〔22〕柳如煙——雙關語。既形容春光三月,柳色如煙,如唐·杜牧《汴人舟行答張祜》詩所說:「春風野岸名花發,一道帆檣畫柳煙。」亦指殿試放榜時節尋柳夢梅不見。

〔23〕杏花宴——即杏園宴。杏園在今西安市郊大雁塔之南。

〔24〕瓦市——宋元時代的妓院、茶樓、酒館、卦鋪、遊戲場、賭博場等集中的場所,都叫做瓦市或瓦子。兩宋時都城瓦市非常興盛。南宋時代臨安(今杭州),據《西湖老人繁勝錄》記載,「瓦市」有南瓦、中瓦、大瓦、北瓦、蒲橋瓦等五瓦,各種遊藝活動非常繁勝。《西湖二集·巧妓佐夫成名》云:「一時瓦子、勾闌之盛,殆不可言。」

〔25〕「好幾個盤旋」二句——意言打了幾個轉轉,連影兒都不見。

〔26〕殘鶯何事不知秋——語見《全唐詩》卷8、後主李煜《秋鶯》詩。

〔27〕日日悲看水獨流——語見《全唐詩》卷142、王昌齡《萬歲樓》詩。

〔28〕便從巴峽穿巫峽——語見《全唐詩》卷227、杜甫《聞官軍收河南河北》詩。《全唐詩》「便」作「即」。

〔29〕錯把杭州作汴州——遍查《全唐詩》林氏作家不見此詩。從內容看,當是宋人林洪詩句,林洪《西湖》詩云:「山外青山樓外樓,西湖歌舞幾時休?暖風薰得遊人醉,直把杭州作汴州。」此詩蓋慨歎南宋君臣只圖偷安江右,棄汴京(今開封)土地而不問也。

〔30〕門戶——指妓院。宋·周邦彥《瑞龍吟·春景》詞:「因念個人癡小,乍窺門戶。」明·黃遵憲《說略》:「門戶二字,伎院名也。」清·李斗《揚州畫舫錄》卷九《小秦淮錄》:「(高三)舉止大雅,望之無門戶習氣。」

〔31〕孤老——今稱嫖客。明·周祈《名義考》:「俗謂宿娼者曰孤老。」

〔32〕雞——方言，把江西籍的嫖客呼作「雞」。呼江西人爲雞或臘雞，乃元明時官場中的調侃語，其起因「蓋以元時江西人仕於朝者，多以臘雞餽客也。」見清・趙翼《陔餘叢考》卷三十八「混號」。

〔33〕葫蘆纏——胡纏的意思。

〔34〕熱趁——「熱趁郎」的省稱，這是對嫖客的輕蔑稱呼。見唐・孫棨《北里志・王蘇蘇》。這裏代指柳夢梅。

〔35〕毛臊打——即「打臎臎」，謂科舉時代落第而醉飽釋悶也。唐・李肇《國史補》卷下：「既捷，列書其姓名於慈恩寺塔……不捷而最飽，謂之打臎臎。」五代・王定保《唐摭言》卷一「述進士下」條所記，與此全同。

〔36〕日邊——天子身邊。日，指人君。明・馮夢龍《古今譚概・微詞・韓侂冑》：「嘉泰末年，平原公恃有扶日之功，凡事自作微福，政事皆不由內出。」

〔37〕風憲——本義爲風紀、法度、規範。這裏引申爲整飭、莊嚴。

〔38〕九街三市——泛指通都大邑的熱鬧街道。

〔39〕排場遍——猶云「踏遍」。

〔40〕杳（yǎo）然——形容看不到，聽不見，無影無蹤。《聊齋誌異・宅妖》：「館中人聞聲畢集，堂中人物杳然矣。」

〔41〕俏家緣——漂亮的妻子。參見《宋金元明清曲辭通釋・家計》。

〔42〕風聲——傳聞的消息。《三國志・蜀志・許靖傳》：「文多古文不載。」裴松之注引《魏略》曰：「時聞消息於風聲。」

〔43〕知情——謂瞭解事情真相。

〔44〕猛紅塵透不出東君面——東君，謂東家之人，這裏即指柳夢梅。

〔45〕踏的荼園穿——有苦盡甘來的意思。玉函山房《笑林》卷一：「有人常食蔬茄，忽食羊肉，夢五臟神日：『羊踏破荼園矣！』」穿，破也。《莊子・山木》：「衣弊履穿。」故踏穿，即踏破之意。

〔46〕攀花上林苑——意指考入狀元。花，桂花。舊時認爲考中科舉，就等於到月宮折到桂花。參見本劇第十齣注〔61〕、第二十六齣注〔23〕。上林苑，即御花園，是皇帝植林木、養禽獸、供打獵玩樂的園林。《新唐書・盧簡求傳》：「治園沼林苑，與賓客置酒自娛。」這就是說考中了狀元，就可以享受皇帝召請的優待。

〔47〕眾——原無此字，據朱墨、清暉、獨深、竹林各本補。

〔48〕一第由來是出身——語見《全唐詩》卷 675、鄭谷《卷末偶題三首》之三。

〔49〕五更風水失龍鱗——語見《全唐詩》卷 690、張曙《下第戲狀元崔昭緯》詩。龍鱗，這裏喻指狀元。

〔50〕紅塵望斷長安陌——語見《全唐詩》卷 696、韋莊《春日》詩。《全唐詩》「望」作「遮」。陌，街道。宋・辛棄疾《永遇樂・京口北固亭懷古》詞：「斜陽草樹，

尋常巷陌，人道寄奴曾住。」

〔51〕只在他鄉何處人——語見《全唐詩》卷 227、杜甫《戲作寄上漢中王二首》之
一。

第五十三齣　硬　拷

【風入松慢】〔生上〕無端雀角〔1〕土牢中。是什麼孔雀屏風〔2〕？
一杯水飯東床〔3〕用，草床頭繡褥芙蓉〔4〕。天呵，繫頸的是定昏店，赤
繩羈鳳〔5〕；領解〔6〕的是藍橋驛，配遞乘龍〔7〕。

【集唐】夢到江南身旅羇〔8〕，包羞忍恥是男兒〔9〕。自家妻父猶如此
〔10〕，若問傍人那得知〔11〕！俺柳夢梅，因領杜小姐言命，去淮揚謁
見杜安撫。他在眾官面前，怕俺寒儒薄相，故意不行識認，遞解臨安。
想他將次下馬，提審之時，見了春容，不容不認。只是眼下〔12〕恓惶
也。〔淨獄官丑〔13〕獄卒持棍上〕試喚皋陶〔14〕鬼，方知獄吏尊〔15〕。
咄〔16〕！淮安府解到囚徒那裏？〔生見舉手介、淨〕見面錢〔17〕？〔生〕
少有。〔丑〕入監油？〔生〕也無。〔淨作惱介〕哎呀，一件也沒有，
大膽來舉手。〔打介、生〕不要打，盡行裝檢〔18〕去便了。〔丑檢介〕
這個酸鬼，一條破被單，裹一軸〔19〕小畫兒。〔看畫介〕是軸觀音，
送奶奶供養去。〔生〕都與你去，則留下畫軸兒。〔丑作搶畫生扯介、
末公差上〕僵〔20〕煞乘龍婿，冤遭下馬威〔21〕。獄官那裏？〔丑揖介〕
原來平章府祗候〔22〕哥。〔末稟示介〕平章府提取遞解犯人一名，及
隨身行李赴審。〔丑〕人犯在此，行李一些也無。〔生〕都是這獄官搬
〔23〕去了。〔末〕搬了幾件？拿狗官平章府去。〔丑淨慌叩頭介〕則這
畫軸、被單兒。〔末〕這狗官！還了秀才，快起解〔24〕去。〔淨丑應介、
押生行介〕老相公，你便行動些兒〔25〕。略知孔子三分禮〔26〕，不犯
蕭何六尺條〔27〕。〔下〕

【唐多令】〔外引眾上〕玉帶蟒袍〔28〕紅，新參近九重〔29〕。耿秋光
長劍倚崆峒〔30〕。歸到把平章印總〔31〕，渾不是黑頭公〔32〕。

【集唐】秋來力盡破重圍〔33〕。入掌銀臺護紫微〔34〕。回頭卻歎浮生事
〔35〕，長向東風有是非〔36〕。自家杜平章。因淮揚平寇，叨蒙聖恩，超
遷相位。前日有個棍徒，假充門婿。已著遞解臨安府監候〔37〕。今日不

免取來細審一番。〔淨丑押生上、雜門官唱門介〕臨安府解犯人進。〔見介、生〕岳丈大人拜揖。〔外坐笑介、生〕人將禮樂爲先。〔眾呼喝介、生歎介〕

【新水令】則這怯書生劍氣吐長虹〔38〕，原來丞相府十分尊重，聲息兒忒洶湧〔39〕。咱禮數缺通融，曲曲躬躬；他那裏半擡身全不動。

〔外〕寒酸，你是那色人數〔40〕？犯了法，在相府階前不跪！〔生〕生員嶺南柳夢梅，乃老大人女婿。〔外〕呀，我女已亡故三年。不說到納采下茶〔41〕，便是指腹裁襟〔42〕，一些沒有。何曾得有個女婿？可笑，可恨！祗候們與我拿下。〔生〕誰敢拿！

【步步嬌】〔外〕我有女無郎，早把他青年送〔43〕。剗口兒〔44〕輕調鬨。便做是我遠房門婿呵，你嶺南，吾蜀中，牛馬風遙〔45〕，甚處裏絲羅共〔46〕？敢一棍兒走秋風〔47〕！指說關親、騙的軍民動。

〔生〕我這樣女婿，眠書雪案，立榜雲霄，自家行止用不盡〔48〕，定要秋風老大人？〔外〕還強嘴〔49〕！搜他裏祆裏，定有假雕書印，並贓拿賊。〔丑開祆介〕破布單一條，畫觀音一幅。〔外看畫驚介〕呀，見贓了。這是我女孩兒春容。你可到南安，認的石道姑麼？〔生〕認的。〔外〕認的個陳教授麼？〔生〕認的。〔外〕天眼恢恢〔50〕，原來劫墳賊便是你。左右採〔51〕下打。〔生〕誰敢打？〔外〕這賊快招來。〔生〕誰是賊？老大人拿賊見贓，不曾捉姦見床。

【折桂令】你道證明師〔52〕一軸春容。〔外〕春容分明是殉葬〔53〕的。〔生〕可知道是蒼苔石縫，迸坼了雲蹤〔54〕？〔外〕快招來。〔生〕我一謎的〔55〕承供〔56〕，供的是開棺見喜，擋煞逢凶〔57〕。〔外〕壙中還有玉魚、金碗〔58〕。〔生〕有金碗呵，兩口兒同匙受用；玉魚呵，和我九泉下比目〔59〕和同。〔外〕還有哩。〔生〕玉碾的玲瓏，金鎖的玎珫〔60〕。〔外〕都是那道姑。〔生〕則那石姑姑他識趣拿姦縱，卻不似你杜爺爺逞拿賊威風。

〔外〕呀，他明明招了。叫令史取過一張堅厚官綿紙，寫下親供：「犯人一名柳夢梅，開棺劫財者斬。」寫完，發與那死囚，於斬字下押個

花字。會成一宗〔61〕文卷，放在那裏。〔貼吏取供紙上〕稟爺定個斬字。〔外寫介、貼叫生押花字、生不伏介、外〕你看這喫敲才〔62〕！

【江兒水】眼腦兒天生賊〔63〕，心機使的凶〔64〕。還不畫紙〔65〕？〔生〕誰慣來。〔外〕你紙筆硯墨則好招詳〔66〕用。〔生〕生員又不犯奸盜。〔外〕你奸盜詐偽機謀中。〔生〕因令愛之故。〔外〕你精奇古怪盧頭弄〔67〕。〔生〕令愛現在。〔外〕現在麼，把他玉骨拋殘心痛。〔生〕拋在那裏？〔外〕後苑池中，月冷斷魂波動。

〔生〕誰見來？〔外〕陳教授來報知。〔生〕生員爲小姐費心，除了天知地知，陳最良那得知！

【雁兒落】我爲他禮春容、叫的凶，我爲他展幽期、耽怕恐〔68〕，我爲他點神香、開墓封，我爲他唾靈丹〔69〕、活心孔，我爲他偎燠〔70〕的體酥融，我爲他洗發〔71〕的神清瑩，我爲他度情腸、款款通，我爲他啓玉肱〔72〕、輕輕送，我爲他軟溫香、把陽氣攻，我爲他搶性命、把陰程迸〔73〕。神通，醫的他女孩兒能活動。通也麼通，到如今風月兩無功〔74〕。

〔外〕這賊都説的是甚麼話？著鬼了。左右，取桃條打他，長流水噴他。〔丑取桃條上〕要的門無鬼，先教園有桃〔75〕。桃條在此。〔外〕高弔起打。〔眾弔起生作打介、生叫痛轉動〔76〕眾譚打鬼介噴水介、淨郭駝拐杖同老旦貼軍校持金瓜上〕天上人間忙不忙？開科失卻狀元郎。一向找尋柳夢梅，今日再尋不見，打老駝。〔淨〕難道要老駝賠？買酒你喫，去叫是。〔叫介〕狀元柳夢梅那裏？〔外聽介、眾叫下、個問丑、丑〕不見了新科狀元，聖旨著俺沿街尋叫。〔生〕大哥，開榜哩。狀元誰？〔外惱介〕這賊閒管〔77〕，掌嘴，掌嘴。〔丑掌生嘴介、生叫冤屈介、老旦貼淨依前上〕但聞丞相府，不見狀元郎。咦，平章府打喧鬧〔78〕哩。〔聽介、淨〕裏面聲息〔79〕，像有俺家相公哩！〔眾進介、淨向前見哭介〕弔起的是我家相公也！〔生〕列位救俺。〔淨〕誰打相公來？〔生〕是這平章。〔淨將拐杖打外介〕拚老命打這平章。〔外惱介〕誰敢無禮？〔老貼〕駕上的〔80〕，來尋狀元柳夢梅。〔生〕大哥，柳夢梅便是小生。〔淨向前解生外扯淨跌介、生〕你是老駝，因何至此？〔淨〕俺一徑來

尋相公，喜的中了狀元。〔生〕眞個的！快向錢塘門外報杜小姐喜。〔老旦貼〕找著了狀元，連俺們也報知黃門官奏去。未去朝天子，先來激相公。〔下、外〕一路的〔81〕光棍去了。正好拷問這廝，左右，再與俺弔將起來。〔生〕待俺分訴〔82〕些，難道狀元是假得的？〔外〕凡爲狀元者，有登科記〔83〕爲證。你有何據？則是弔了打便了。〔生叫苦介、淨苗舜賓引老旦貼堂候官〔84〕捧冠袍帶上〕踏破草鞋無覓處，得來全不費工夫。老公相住手，有登科記在此。

【僥僥犯】則他是御筆親標第一紅，柳夢梅爲梁棟。〔外〕敢不是他？〔淨〕是晚生〔85〕本房取中的。〔生〕是苗老師哩，救門生一救！**〔淨笑介〕你高弔起文章鉅公**〔86〕，**打桃枝受用。**告過老公相，軍校，快請狀元下弔。〔貼放生叫「痛煞」介、淨〕可憐，可憐！**是斯文倒喫盡斯文痛，無情棒打多情種。**〔生〕他是俺丈人。〔淨〕原來是倚太山壓卵〔87〕欺鸞鳳。

〔老旦〕狀元懸梁、刺股。〔淨〕罷了，一領宮袍遮蓋去。〔外〕什麼宮袍，扯了他！

【收江南】〔外扯住冠服介、生〕呀，你敢抗皇宣罵敕封，早裂綻我御袍紅。似人家女婿呵，拜門也似乘龍。偏我帽光光走空，你桃夭夭煞風〔88〕。〔老替生冠服插花介、生〕老平章，好看我插宮花〔89〕帽壓君恩重。

〔外〕柳夢梅怕不是他。果是他，便是童生應試，也要候案〔90〕。怎生殿試了，不候榜開，淮揚胡撞？〔生〕老平章是不知。爲因李全兵亂，放榜稽遲。令愛聞得老平章有兵寇之事，著我一來上門，二來報他再生之喜，三來扶助你爲官。好意成惡意，今日可是你女婿了？〔外〕誰認你女婿！

【園林好】〔淨眾〕嗔怪〔91〕你會平章的老相公，不刮目〔92〕破窯中呂蒙。忒做作〔93〕、前輩們性重。〔笑介〕敢折倒你丈人峰〔94〕？

〔外〕悔不將劫墳賊、監候奏請爲是。

【沽美酒】〔生笑介〕你這孔夫子把公冶長陷縲絏中〔95〕。我柳盜

跕〔96〕打地洞向鴛鴦塚〔97〕。有日呵，把變理陰陽問相公，要無語對春風〔98〕。則待列笙歌畫堂中〔99〕，搶絲鞭御街攔縱。把窮柳毅賠笑在龍宮〔100〕，你老夫差失敬了韓重〔101〕。我呵，人雄氣雄，老平章深躬淺躬〔102〕，請狀元升東轉東〔103〕。呀，那時節纔提破了牡丹亭杜鵑殘夢。

老平章請了，你女婿赴宴去也。

【北尾】你險把司天臺失陷了文星空〔104〕。把一個有對付的玉潔冰清烈火烘〔105〕。咱想有今日呵，越顯的俺玩花柳的女郎能，則要你那打桃條的相公懂。〔下〕

〔外弔場〕異哉，異哉！還是賊，還是鬼？堂候官，去請那新黃門陳老爹到來商議。〔丑〕知道了。謁者有如鬼〔106〕，狀元還似人。〔下、末扮陳黃門上〕官運精神老不眠，早朝三下聽鳴鞭〔107〕。多沾聖主隨朝米，不受村童學俸錢。自家陳最良。因奏捷，聖恩可憐，欽受黃門。此皆杜老相公擡舉之恩，敬此趨謝。〔丑上見介〕正來相請，少待通報。〔進報見介、外笑介〕可喜，可喜！昔為陳白屋〔108〕，今作老黃門。〔末〕新恩無報效，舊恨有還魂。適聞老先生三喜臨門：一喜官居宰輔，二喜小姐活在人間，三喜女婿中了狀元。〔外〕陳先生教的好女學生，成精作怪哩！〔末〕老相公葫蘆提〔109〕認了罷。〔外〕先生差矣！此乃妖孽之事。為大臣的，必須奏聞減除〔110〕為是。〔末〕果有此意，容晚生登時〔111〕奏上，取旨何如？〔外〕正合吾意。

夜渡滄州怪亦聽〔112〕，可關妖氣暗文星〔113〕。

誰人斷得人間事〔114〕？神鏡高懸照百靈〔115〕。

校　注

〔1〕雀角——麻雀之嘴也。指獄訟、爭吵。這裏指柳夢梅被人誣告。《詩‧召南‧行露》：「誰謂雀無角，何以穿我屋？誰謂女無家，何以速我獄？」高亨注：「女，通汝。速，招致。獄，訴訟。」（見《詩經今注》）《聊齋誌異‧冤獄》：「偶因鵝鴨之爭，致起雀角之忿。」清‧黃元鴻《福惠全書‧刑名‧詞訟》：「閭閻雀角，起於一時之忿爭，因而趨告。」

〔2〕孔雀屏風——射中屏風上孔雀的眼睛，意謂擇得佳婿也。用唐高祖李淵的故事。《舊唐書‧竇后傳》：「高祖太穆皇后竇氏，京兆始平人。隋定州總管、神

武公毅之女也。后母，周武帝姊襄陽長公主。后生而髮垂過頸，三歲與身齊。周武帝特愛重之，養於宮中。時武帝納突厥女爲后，無寵，后尙幼，竊言於帝曰：『四邊未靜，突厥尙强，願舅抑情撫慰，以蒼生爲念。但突厥之助，則江南、關東不能爲患矣。』武帝深納之。（竇）毅聞之，謂長公主曰：『此女才貌如此，不可妄以許人，當爲求賢夫。』乃於門屏畫二孔雀，諸公子有求婚者，輒與兩箭射之，潛約中目者許之。前後數十輩莫能中，高祖後至，兩發各中一目，毅大悅，遂歸於我帝。」明・李昌祺《剪刀餘話・瓊雙傳》：「古人有射屏、牽絲、設席等事，皆所以擇婿也。」

〔3〕東床——女婿的代稱。《晉書・王羲之傳》：「太尉郗鑒使門生求女婿於（王）導，導令就東廂遍觀子弟。門生歸，謂鑒曰：『王氏諸少並佳，然聞信至，咸自矜持。惟一人在東床坦腹食，獨若不聞。』鑒曰：『正此佳婿也。』訪之，乃王羲之也，遂以女妻之。」後來，「東床」遂成爲女婿的代稱。

〔4〕草床頭繡褥芙蓉——用一床稻草代替新女婿床上的芙蓉繡褥。芙蓉，荷花的別稱。

〔5〕定昏店，赤繩羈鳳——唐・李復言《續玄怪錄・定婚店》說杜陵人韋固，將遊清河，旅次宋城南店遇一掌天下婚姻的老者向月檢書，固步覘之。……因問：「囊中何物？」曰：「赤繩子耳，以繫夫妻之足。及其生，則潛用相繫，雖仇敵之家，貴賤懸隔，天涯從宦，吳楚異鄉，此繩一系，終不可逃。君之腳，已繫於彼矣。」羈，繫也。《後漢書・文苑傳・杜篤》：「南羈鉤町，水劍強越。」李賢注：「羈，繫也。」鳳，這裏是柳夢梅自喻。

〔6〕領解——謂押解。下「藍橋驛」，見本劇第三十六齣注〔72〕。

〔7〕配遞乘龍——配遞，古代發配罪犯，途中逐站遞解，謂之配遞。乘龍，謂佳婿，這裏是柳夢梅自嘲。

〔8〕夢到江南身旅羈——語見《全唐詩》卷650、方干《旅次洋（一作揚）州寓居郝氏林亭》詩。此句《全唐詩》注：一作「夢到江頭身在茲。」

〔9〕包羞忍恥是男兒——語見《全唐詩》卷523、杜牧《題烏江亭》詩。

〔10〕自家妻父猶如此——語見《全唐詩》卷767、孫元晏《王郎》詩。

〔11〕若問傍人那得知——語見《全唐詩》卷130、崔顥《孟門行》詩。《全唐詩》「若」作「借」。

〔12〕眼下——目下、眼前、現在。唐・白居易《吾廬》詩：「眼下營求容足地，心中準擬掛冠時。」元・秦簡夫《剪髮待賓》一〔寄生草〕白：「無錢眼下受奔波。」清・李漁《奈何天》十六〔醉扶歸〕白：「俗語講得好：火燒眉毛，且顧眼下。」

〔13〕丑——原無此字，據朱墨、朱校、清暉、獨深、竹林各本補。

〔14〕皋陶（yáo）——一作咎繇。傳說是東夷族的首領，虞舜用爲臣子，創立法律、

監獄。《尚書》中的《皋陶謨》篇便是他和夏禹在舜帝面前關於施政計謀的對答。後來人們把他奉爲獄神。

〔15〕方知獄吏尊——語本《史記・絳侯周勃世家》:「吾嘗將百萬軍,然安知獄吏之貴乎!」

〔16〕咄(duō)——呵叱聲

〔17〕見面錢——和下文的「入監油」都是獄吏對犯人的勒索。

〔18〕檢——同「揀」,挑選的意思。唐・杜甫《哭李常侍嶧》詩之二:「次第尋書箚,呼兒檢贈詩。」

〔19〕軸——量詞,用於詩文、書畫等,表數量,猶言一篇、一卷、一幅。這裏便是一幅的意思。《儒林外史》第二十八回:「中間懸著一軸百子圖。」

〔20〕僵——通「偃」,倒下的意思。這裏意指被折磨得不能支持。

〔21〕下馬威——本指官吏初到任時對下屬顯示的威風,後因泛指一開頭就向對方顯示威力。清・李漁《蜃中樓》十四〔不是路〕白:「叫丫鬟取家法過來,待我賞她個下馬威。」亦其例也。語本《漢書・敘傳上》:「定襄聞伯素貴,年少,自請治劇,畏其下車作威,吏民辣息。」

〔22〕祗候——這裏意爲衙役或僕役。原是宋代武官名。《宋史・職官志六》:「東上閣門、西上閣門使各三人,……祗候十有二人。」元代各省、路、州、縣都設有祗候若干名,供奔走、傳差和伺應,是比較高級的衙役。《元典章・工部三・祗候人・額設祗候人數》:「元代各路、府、州、縣人數:諸上路祗候三十五名……諸下路祗候二十五名。」

〔23〕搬——本義爲遷移,這裏引申爲竊取。

〔24〕起解(jiè)——舊時指犯人被押送上路。《二刻拍案驚奇》卷三十八:「獄中取出李三解府,係是殺人重犯。」

〔25〕行動些兒——催促走快點。

〔26〕孔子三分禮——「禮」是孔子教育學生的重要內容。

〔27〕蕭何六尺條——泛指法律。漢初蕭何根據秦法,制定《九章律》,是漢代最早的法律,今佚。六尺條,言用六尺長的竹簡寫的律條。

〔28〕蟒袍——即蟒衣,指繡有巨蛇的衣服,古代貴官的服飾。《三寶太監西洋記通俗演義》第一百回:「奉聖旨,征西大元帥鄭某進二級,蟒衣玉帶,仍掌司禮監事。」

〔29〕九重——天子住處。參見本劇第三十九齣注〔24〕。

〔30〕耿秋光長倚崆峒——謂倚著崆峒山,拔出寒光閃耀的長劍。意本唐・杜甫《投贈哥舒翰開府二十韻》詩:「防身一長劍,將欲倚崆峒。」(《全唐詩》卷 224 注:一作「腰間有長劍,聊欲倚崆峒。」)耿,謂光明、照耀。《楚辭・離騷》:「跪敷衽以陳辭兮,耿吾既得此中正。」王逸注:「耿,明也。」宋・王安石

《示張秘校》詩：「佇子終不來，青燈耿林壑。」倚崆峒，極言劍之長也。崆峒，即崆峒山，在甘肅省平涼縣西，屬六盤山，海拔 2300－2400 米。

〔31〕總──掌管。

〔32〕渾不是黑頭公──渾不是，渾不似也。是、似乃一聲之轉。黑頭公，指少年居高位。語出《晉書·王珣傳》

〔33〕秋來力盡破重圍──語見《全唐詩》卷 654、羅鄴《征人》詩。但《全唐詩》此句作「力盡秋來破虜圍」。

〔34〕入掌銀臺護紫微──語見《全唐詩》卷 168、李白《贈郭將軍》詩。《全唐詩》注：「入，一作昔」。銀臺，宮門名，唐時翰林院、學士院都在銀臺門附近，後因以銀臺門代指翰林院。紫薇，唐開元元年改中書省爲紫微省，改中書令爲紫薇令（宰相）。

〔35〕回頭卻歎浮生事──語見《全唐詩》卷 748、李中《經古觀有感》詩。《全唐詩》「卻」作「因」。

〔36〕長向東風有是非──語見《全唐詩》卷 656、羅隱《廣陵開元寺閣上作》詩。是非，即「非」，反義詞偏用。

〔37〕監候──監禁候審。《水滸傳》第三十六回：「知縣看罷，且叫收進牢裏監候。」

〔38〕劍氣吐長虹──言劍的光芒呈現出彩虹，柳夢梅以此自喻才華和才氣。

〔39〕聲息兒忒洶湧──聲息，指聲勢。元·王實甫《西廂記》二本三折〔慶宣和〕白：「（夫人云：）小姐近前拜了哥哥者。（末背云：）呀，聲息不好了也！（旦云：）呀，俺娘變了卦也！（紅云：）這相思又索害也。」洶湧，聲音喧鬧的形容詞。

〔40〕那色人數──謂何等樣人。色，種類。唐·韓愈《國子監論新注學官牒》：「伏謂非專通經傳，博涉墳史，及進士五經諸色登科人，不以比擬。」人數，這裏即指人。

〔41〕納采下茶──舊俗訂婚時的儀式。男方請媒人向女家提親，女家答應議婚後，男家備采禮向女家求婚，謂之納采，也叫下茶。采、茶都是聘禮。明·許次紓《茶疏·考本》：「茶不移本，植必子生。古人結婚，必以茶爲禮，取其不移置子之意也。今人猶名其禮曰下茶。」

〔42〕指腹裁襟──指腹，即「指腹爲親」之意，是舊時包辦婚姻的一種形式。雙方尚在肚中，由父母預定，如爲一男一女，即成立婚約。裁襟，亦爲舊時包辦婚姻之一種，即幼年男女由雙方父母代爲定婚，裁下幼兒的衣襟，各執一方，作爲信物。對此類包辦議婚形式，元朝已明令禁止。《元史·刑法志二》：「諸男女議婚，有以指腹割衿爲定者，禁之。」

〔43〕早把他青年送──意言早在青年時就斷送了生命、死去了。

〔44〕剗口兒──猶「綻口兒」，信口胡說的意思。《禮記·內則》：「衣裳綻裂。」鄭

玄注：「綻，猶解也。」引申爲開裂。元劇每以開口爲綻口。「剗」爲音近假借字，多見之元明劇。下「調哄」，意謂戲弄、欺哄。

〔45〕牛馬風遙——風馬牛不干及的意思。語本《左傳·僖公四年》：「君處北海，寡人處南海，唯是風馬牛不相及也。」按：風，謂放逸，走失。意言齊楚兩地相離甚遠，馬牛不會走失到對方境界。後因以喻事物之間毫不相干也。

〔46〕絲蘿共——猶「結絲蘿」，結親的意思。明·李開先《斷髮記》附「絲蘿」旁注云：「接婚姻。」按：絲蘿，爲兔絲、女蘿二草名，都是纏繞、依附別種植物而牽延生長的。我國古代詩歌中常用爲兔絲和女蘿纏繞難分的情詞，比喻夫妻和戀愛的關係。如《古詩十九首·冉冉孤生竹》：「與君爲新婦，兔絲附女蘿。」是也。

〔47〕走秋風——猶「打秋風」，意指利用各種關係向富者乞求的意思。明·郎瑛《七修類稿·辯證上·憧子秋風》：「俗以干人云打秋風，予累思不得其義，偶於友人處見米芾箚有此二字，風乃『豐熟』之『豐』，然後知二字有理，而來歷亦遠。」參見本劇第十三齣「打秋風」注。

〔48〕自家行止用不盡——意言自己的活動範圍很寬廣。行止，謂動靜，亦即活動。用不盡，用不完也，即謂可供進退出處的天地寬廣無邊。《管子·幼言》：「動靜不記，行止無量。」

〔49〕強（jiàng）嘴——謂固執己見，強詞奪理。《元曲選·音釋》：「強音絳。」《漢書·周昌傳贊》：「周昌，木強人也。」注：「言其強質如木石然。」又《正韻》：「強，自是也，拗也。」

〔50〕天眼恢恢——比喻作惡必受天罰。語本《老子》第七十三章：「天網恢恢，疏而不失。」恢，《說文》謂「大」也，即廣大的意思。

〔51〕採——謂揪、扯、拉、押。元·無名氏《陳州糶米》四〔雁兒落〕白：「張千，將楊金吾採上前來！」《警世通言·玉堂春落難逢夫》：「劉爺叫皂隸把皮氏採上來問。」

〔52〕證明師——意爲見證人、證明人（包括證物）。明·凌濛初《宋公明鬧元宵雜劇》二〔仙呂過曲·醉扶歸〕：「兩字溫柔是證明師。」明·馮應京《月令廣義》：「歸來恐被兒夫怪，願賜金杯作證盟。」證盟，亦證明的意思。「盟」是借字。

〔53〕殉葬——用人或器物陪葬曰殉葬。《禮記·檀弓下》：「陳子車死於衛，其妻與其家大夫謀以殉葬。」殉，《玉篇·歹部》：「殉，用人送死也。」《左傳·文公六年》：「秦伯任好卒，以子車氏之三子奄息、仲行、鍼虎爲殉。」杜預注：「以人從葬爲殉。」

〔54〕迸坼了雲蹤——迸坼（bèng chè）指假山倒坍。參看第二十四齣《拾畫》。雲蹤，謂雨雲蹤跡也，這裏指杜麗娘的畫像。意言因假山倒坍，才露出畫像。

〔55〕一謎的——謂一概的、統統的。此與本劇第三十二齣「一謎」注〔104〕義別。

〔56〕承供（gòng）——謂受審者陳述、交代案情。

〔57〕開棺見喜，擋煞逢凶——上句言救活了杜麗娘，故云「見喜」；下句自己反倒被當作賊盜來對待，故云「擋煞逢凶」；煞、凶，都是迷信說法中降災於人的惡神。

〔58〕玉魚、金碗——都是墓穴中的殉葬物。唐·杜甫《諸將五首》之一：「漢朝陵墓對南山，胡虜千秋尚入關。昨日玉魚蒙葬地，早時金碗出人間。」俗傳以「玉魚」「金碗」殉葬，其來有自矣。

〔59〕比目——即比目魚。比喻杜、柳的婚姻關係。明·李時珍《本草綱目·鱗四·比目魚》：「比，並也。魚各一目，相併而行也。」古時常用以比喻情侶和夫妻形影不離。下文「和同」，謂和睦同心。《管子·立政》：「大臣不和同，國之危也。」敦煌變文《茶酒論一卷》：「從今已後，切須和同，酒店發福，茶坊不窮。」

〔60〕玲瓏、玎珍——皆為象聲詞，形容金玉相擊發出的清越聲。元·王實甫《西廂記》二本四折〔天淨沙〕：「莫不是步搖得寶髻玲瓏？莫不是裙拖得環佩玎珍。」

〔61〕一宗——表數量之詞，指文卷時，猶「一夾」或「一冊」。元·無名氏《朱砂擔》三〔倘秀才〕白：「（正末云：）這一宗是何文卷？（淨云：）這一宗是個開剪裁鋪的。」

〔62〕吃敲才——意即該打死的傢夥。「敲」謂擊打，見《左傳·定公二年》杜預注。今俚語以「打」為「敲」。在元代「敲」是一種杖刑。《元典章新集·刑部·延祐新定例》云：「凡處死仗（杖）殺者皆曰敲。」

〔63〕眼腦兒天生賊——謂天生的賊眼睛。眼腦兒，即「眼」；猶「臉腦」即「臉」。「腦」字和「瓜老」之「老」、「腰道」之「道」，均用為語尾助詞。

〔64〕凶——厲害。《太平天國歌謠·忠王用兵打上洋》：「忠王用兵實在凶，破蘇州，快如風，無錫、常州一齊衝。」

〔65〕畫紙——猶「畫字」，即在紙上簽字、畫押。表示承擔責任。

〔66〕招詳——招供。

〔67〕虛頭弄——即弄虛頭。虛頭，謂弄虛作假，設計騙人。宋·釋道原《景德傳燈錄·全溪禪師》：「德山曰：『闍梨是昨日新到否？』曰：『是。』德山曰：『什麼處學得遮個虛頭來？』」元·王曄《桃花女》三〔鮑老兒〕白：「你下次再休弄這虛頭了也。」

〔68〕怕恐——驚怕、惶恐。元·紀君祥《趙氏孤兒》二〔二煞〕：「那其間枯皮朽骨難禁痛，少不得從實攀供，可知道你個程嬰怕恐？」元·吳昌齡《張天師》一〔河西後庭花〕：「我只道他喜孜孜開笑容，怎麼的顫欽欽添怕恐。」

〔69〕靈丹——古代道士煉的一種丹藥，泛指極有效驗的起死回生的上等藥。

〔70〕偎熨（yùn）——緊靠著、緊貼著。

〔71〕洗發——猶雲開脫辯解。清·陳確《與劉伯繩書》：「宋儒之言，處處爲告子洗發，眞是千秋知己。」下文清瑩，謂潔淨透明，指杜麗娘神魂甦醒。

〔72〕玉肱（gōng）——玉臂也。玉，美稱。肱，謂手臂。《詩·小雅·無羊》：「麾之以肱，畢來既升。」毛傳：「肱，臂也。」《論語·述而》：「飯蔬食飲水，曲肱而枕之，樂亦在其中矣。」

〔73〕迸——逃也，奔也。《宋書·索虜傳》：「廣等矢盡力竭，大敗，廣、霸、談之等各單身迸還。」元·張壽卿《紅梨花》二〔隔尾〕：「我爲甚直抄綠徑慌忙迸，我則怕遲到藍橋淹了尾生。」

〔74〕風月兩無功——意指愛情落空。此爲曲中習用語。明·朱有燉《煙花夢》二〔採茶歌〕：「到做了一場風月兩無功。」

〔75〕要的門無鬼，先教園有桃——古代迷信說法，謂桃枝可以打鬼，凡有桃樹的地方，就不容鬼的存在。門無鬼，借用《莊子·天地》篇中的人名。園有桃，借用《詩·衛風》中的篇名。

〔76〕轉動——「動轉」的倒文。

〔77〕閒管——謂管閒事。《清平山堂話本·花燈轎蓮女成佛記》：「這日之後，蓮女只在門前做生活，若有人來買花，便去賣，再不閒管。」同書《錯認屍》：「卻如夫妻一般，在家過活。左右鄰舍皆知此事，無人閒管。」《水滸傳》第四十五回：「石秀道：『我姓石，名秀，金陵人氏。因爲只好閒管，以此叫做拼命三郎。』」

〔78〕打喧鬧——喧嘩熱鬧。

〔79〕聲息——聲音。《醒世恒言·張廷秀逃生救父》：「（玉姐）聽丫鬟們都齁齁睡熟，樓下也無一些聲息。」

〔80〕駕上的——奉旨差遣的人。駕，舊指皇帝。《字彙·馬部》：「駕，唐制天子居曰衙，行曰駕。」《後漢書·郭憲傳》：「建武七年，代張堪爲光祿勳，從駕南郊。」

〔81〕一路的——謂一類的、同一類的。《清平山堂話本·錯認屍》：「你兩個做一路，故意交他姦了我的女兒，丈夫回來，我怎的見他分說？」《老殘遊記》第七回：「進門打過暗號，他們就知道是那一路的朋友。」下文「光棍」，指無賴、流氓、地痞之流。《六部成語·刑部成語》注：「光棍，詐騙之匪也。」

〔82〕分訴——辯解。《水滸傳》第五十二回：「柴進見來捉人，便來說道：『我同你們府裏分訴去。』」

〔83〕登科記——唐宋以來科舉考試，把各科被錄取人的姓名編成冊子，叫作「登科記」或「登科錄」。詳參《宋金元明清曲辭通釋·登科記》。

〔84〕堂候官——舊時供高級官員使喚的吏役。宋·高承《事物紀原·律令刑罰部》：

「（宋太宗）太平興國九年五月，以將作監丞李元吉、丁佐爲堂候官，京官任堂吏，自此始也。」《水滸傳》第二回：「高俅取出書呈進上，端王開盒子看了玩器，都遞與堂候官收了去。」

〔85〕晚生——後輩對前輩的自謙之稱。宋代士大夫對位高年長者亦稱晚生。

〔86〕文章鉅公——猶云「文章大家」，語出唐・李賀《高軒過》詩：「馬蹄隱耳響隆隆，入門下馬氣如虹，云是東京才子，文章鉅公。」亦作「文章巨公」，明・楊愼《詞品・牧庵辭》：「姚牧庵〔醉高歌辭〕云……牧庵一代文章巨公，此辭高古，不減東坡、稼軒也。」鉅、巨，今已統一用巨字。

〔87〕太山壓卵——比喻以絕對優勢壓倒對方。語出《晉書・孫惠傳》：「況履順討逆、執正伐邪，是烏獲摧冰、賁育拉朽、猛獸吞狐、泰山壓卵、因風燎原，未足方也。」在這裏泰山又正好是指岳父，岳父之於女婿，自然也是佔優勢的一方。下文「鸞鳳」，比喻俊才，實暗指柳生。

〔88〕桃夭夭煞風——桃夭夭，語本《詩・周南・桃夭》：「桃之夭夭，灼灼其華。」這是女子出嫁時所唱的情歌。以「桃」比喻少女，以「夭夭」形容桃枝茂盛。又暗指柳生被打。煞風，「煞風景」的省語，謂俗而傷雅，敗人興致，意在譏責杜寶的無禮。

〔89〕宮花——科舉時代考中進士的，在赴御宴時，鬢旁所插的花，叫做宮花。元・薩都剌《賜恩榮宴》詩：「宮花壓帽金牌重，舞袖當筵翠袖輕。」

〔90〕候案——等候出榜。案，《資治通鑒・漢桓帝延熹九年》：「案經三省。」胡三省注：「案，文案也。」這裏具體指中第之榜。

〔91〕嗔怪——謂責怪、怪罪、埋怨。唐・顧況《田家樂》詩：「縣帖取社長，嗔怪見官遲。」亦作「瞋怪」，如宋・郭應祥《踏莎行・寄遠》詞：「此生永願不分飛，旁人一任胡瞋怪。」嗔、瞋音義並同。

〔92〕刮目——拭目也，謂改變舊看法。《三國志・吳志・呂蒙傳》裴松之注引《江表傳》：「蒙曰：『士別三日即更刮目相待。』」下文「破窯中呂蒙」，指宋人呂蒙正在破窯中苦讀成功的故事。參見本劇第二十二齣注〔22〕。

〔93〕做作——裝腔作勢。元・王實甫《西廂記》一本四折〔折桂令〕：「扭捏著身子百般做作，來往向人前賣弄俊俏。」

〔94〕丈人峰——山峰名。在山東省泰山。清・聶欽《泰山道里記》：「（泰山）絕巔西里許爲丈人峰，狀如老人傴僂。」這裏用爲岳父的代稱。

〔95〕公冶長陷縲絏中——《論語・公冶長》：「子（孔子）謂，公冶長可妻也。雖在縲絏之中，非其罪也。以其子妻之。」朱熹集注：「公冶長，孔子弟子。妻（qì）爲之妻（qī）也。縲，黑索也。絏，攣也。古時獄中以黑索拘攣罪人。」這裏是柳生借公冶長的遭遇自比。

〔96〕柳盜跖（zhí）——跖，春秋時奴隸起義的領袖，被誣稱爲盜跖，後又引申泛指

強盜。《莊子・盜跖》把他和柳下惠捏成兄弟關係，恐是傅會，不足爲憑。這裏也是柳生藉以自比。

〔97〕打地洞向鴛鴦塚——意言鑿地掘墳，救活了杜麗娘。

〔98〕把變理陰陽問相公，要無語對春風——意言把治理國家的大事問相公，恐怕無言答對。變理，謂協調治理，特喻指大臣輔佐天子治理國政。《尙書・周官》：「立太師、太傅、太保，茲惟三公，論道經邦，變理陰陽。」後世因稱宰相「官居變理」。相公，即指宰相。言其官則「相」，言其爵則「公」，尊榮之極，故爲封建時代宰相的尊稱。這裏指杜寶，因此時杜寶已提爲同平章軍國大事，平章即宰相之職。無語對春風，意言無言答對。言外之意，你杜寶身爲宰相，徒具虛名，沒有實際用處。

〔99〕則待列笙歌畫堂中，搶絲鞭御街攔縱——列笙歌畫堂中，意指舉行婚禮。絲鞭，古俗招親的一種儀式，即女方送給男方絲鞭，男方如接了就表示同意。攔縱，謂阻攔。連起來是說：待要舉行婚禮，你卻接過絲鞭加以攔阻。

〔100〕窮柳毅賠笑在龍宮——唐・李朝威作傳奇小說《柳毅傳》，言說柳毅傳書，搭救龍女，因受到洞庭龍君在龍宮款待，後來並與龍女結成夫妻。元人尙仲賢並據此寫成雜劇《柳毅傳書》，傳爲美談。言外之意，你杜寶對我柳生卻不是這樣。賠，應作「陪」。

〔101〕老夫差失敬了韓重——韓重，神話傳說中吳王夫差小女的情郎，見本劇第三十六齣注〔5〕。這裏柳生藉以自比，謂老平章杜寶對不住他。

〔102〕深躬淺躬——意謂彎下身來，表示客氣。

〔103〕升東轉東——意指請升上座。東，方位詞，古俗主位在東，賓位在西。謙請上座的意思。

〔104〕你險把司天臺失陷了文星空——司天臺，猶今之天文臺，是觀察天象的官署。《舊唐書・職官志二》：「司天臺：太史令掌觀察天文、稽定歷數。凡日月星辰之變，風雲氣色之異，率其屬而占候之。」文星，即文曲星，也叫文昌星，舊傳說主文運，亦指文才蓋世的人，這裏是柳生藉以自比，謂自己獲得狀元，就是天上文星下凡。全句意思是說：你杜寶幾乎斷送了新科狀元柳夢梅。

〔105〕把一個有對付的玉潔冰清烈火烘——有對付的，謂有才能的。玉潔冰清，形容人物風神秀異之詞。這裏指女婿。衛玠和他的岳丈樂廣，當時都很有名望，人物不同凡響。《晉書・衛玠傳》：「玠字叔寶，年五歲，風神秀異……見者皆以爲玉人，觀之者傾都。驃騎將軍王濟，玠之舅也，俊爽有風姿，每見玠，輒歎曰：『珠玉在側，覺我形穢。』……玠妻父樂廣，有海內重名，議者以『婦公冰清，女婿玉潤。』」故這裏把「冰清玉潔」比作女婿。柳生又藉以自比。烈火烘，指前文杜寶對他弔打有如烈火烘烤。

〔106〕謁者有如鬼——謁者，古代官名，始置於春秋、戰國時代。相當於黃門官之

類，掌天下傳達。《戰國策・楚策三》：「謁者難得見如鬼，王難得見如天帝。」

〔107〕鳴鞭——古代儀仗的一種，振之發聲，使人肅靜，又名「靜鞭」。《宋史・儀衛志二》：「紹興三十二年六月，上皇日常朝殿，差御龍直四十三人，執杖排立，並設傘扇，鳴鞭。」

〔108〕白屋——指不施彩色、露出木材的房屋，或謂以白茅覆蓋的房屋，爲古代平民所居，因代指平民百姓。

〔109〕葫蘆提——糊裏糊突。

〔110〕滅除——同「剪除」，謂剪去、除掉。

〔111〕登時——立刻。

〔112〕夜讀滄州怪亦聽——語見《全唐詩》卷 626、陸龜蒙《和襲美爲新羅弘惠上人撰靈鷲山周禪師碑送歸》詩。

〔113〕可關妖氣暗文星——語見《全唐詩》卷 633、司空圖《戊午三月晦二首》之一。《全唐詩》「可」作「不」。

〔114〕誰人斷得人間事——語見《全唐詩》卷 440、白居易《答元八郎中楊十二博士》詩。《全唐詩》「斷」作「拋」。

〔115〕神鏡高懸照百靈——語見《全唐詩》卷 707、殷文圭《省試夜投獻座主》詩。《全唐詩》「照」作「鑒」。

第五十四齣　聞　喜

【繞地遊】〔貼上〕露寒清怯，金井〔1〕吹梧葉，轉不斷轆轤情劫〔2〕。

咳，俺小姐爲夢見書生，感病而亡，已經三年。老爺與老夫人，時時痛他孤魂無靠。誰知小姐到活活的跟著個窮秀才，寄居錢塘江上。子母〔3〕重逢。眞乃天上人間，怪怪奇奇，何事不有！今日小姐分付安排繡床，溫習針指〔4〕。小姐早到也。

【繞紅樓】〔旦上〕秋過了平分〔5〕日易斜，恨辭梁語周遮〔6〕。人去空江，身依客舍，無計七香車〔7〕。

秋風吹冷破窗紗，夫婿揚州不到家。玉指淚彈江北草，金鍼閒刺嶺南花。春香，俺同柳郎至此，即赴試闈〔8〕。虎榜〔9〕未開，揚州兵亂。俺星夜齎〔10〕發柳郎，打聽爹娘消息。且喜老萱堂〔11〕不意而逢，則老相公未知下落。想柳郎刻下可到，料今番榜上高題。須先剪下羅衣，

覷其光彩。〔貼〕繡牀停當，請自尊裁。〔旦裁衣介〕裁下了，便待縫
將起來。〔縫介、貼〕小姐，俺淡口兒閒嗑〔12〕，你和柳郎夢裏、陰司
裏，兩下光景如何？

【羅江怨】〔旦〕春園夢一些，到陰司裏有轉折〔13〕。夢中逗〔14〕
的影兒別，陰司較迫的情兒切。〔貼〕還魂時像怎的？〔旦〕似夢重醒，
猛回頭放教〔15〕跌。〔貼〕陰司可也有耍子處？〔旦〕一般兒〔16〕輪
迴路，駕香車，愛河邊題紅葉〔17〕。便則到鬼門關〔18〕逐夜的望秋月。

【前腔】〔貼〕你風姿恁惹邪〔19〕，情腸害劣〔20〕。小姐，你香魂逗〔21〕
出了夢兒蝶，把親娘腸斷了影中蛇〔22〕。不道燕冢〔23〕荒斜，再立起鴛
鴦舍。則問你會書齋燈怎遮？送情杯酒怎賒？取喜時，也要那破頭梢一
泡血。

〔旦〕蠢丫頭，幽歡之時，彼此如夢，問他則甚〔24〕！呀，奶奶〔25〕
來的恁忙也！〔老旦慌上〕

【玩仙燈】人語鬧吱嗻〔26〕，聽風聲，似是女孩兒關節〔27〕。

兒，聽見外廂喧嚷，新科狀元是嶺南柳夢梅。〔旦〕有這等事！〔淨忙
走上〕

【前腔】旗影兒走龍蛇，甚宣差〔28〕，教來近者！

〔見介〕奶奶、小姐，駕上人〔29〕來。俺看門去也！〔下、外丑扮軍校
持黃旗上〕

【入賺】深巷門斜，抓不出〔30〕狀元門第也。這是了。〔敲門介、
老旦〕聲息兒恁怔忡〔31〕！把門兒偷瞥。〔啟門校衝開介、老旦〕那衝門
來的？〔校〕星飛不疊。你看這旗，看這旗影兒頭勢別〔32〕。是黃門官
把聖旨教傳洩。〔老旦叫介〕兒，原來是傳聖旨的。〔旦上〕斗膽〔33〕相
詢，金榜何時揭〔34〕？可有柳夢梅名字高頭列？〔校〕他中了狀元。〔旦〕
真個中了狀元？〔校〕則他中狀元，急節裏〔35〕遭磨滅〔36〕。〔旦驚介〕
是怎生？〔校〕往淮揚觸犯了杜爹爺，扭回京把他做劫墳塋的賊決〔37〕。
〔老旦〕俺兒，謝天謝地，老爺平安回京了。他那知世間有此重生之事。〔旦〕

這卻怎了？〔校〕正高弔起猛桃條細抽摯，被官裏人搶去遊街〔38〕歇。〔旦〕恰好哩。〔校〕平章他勢大，上〔39〕本了。說劫墳之賊，不可以作狀元。〔旦〕狀元可也辯〔40〕一本兒？〔校〕狀元也有本。那平章奏他惡茶白賴〔41〕把陰人竊。那狀元呵，他說頭帶魁罡〔42〕不受邪。便是萬歲爺聽了成癡呆。〔旦〕後來？〔校〕僥倖，有個陳黃門，是平章爺的故人。奏准，要平章、狀元和小姐三人，駕前勘對〔43〕，方取聖裁。〔老旦〕呀，陳黃門是誰？〔校〕是陳最良，他說南安教授曾官舍。因此杜平章擡舉他掌朝班〔44〕、通御謁〔45〕。〔老旦〕一發詫異哩。〔校〕便是他著俺們來宣旨。分付你家一更梳洗，二鼓喫飯，三鼓穿衣，四更走動。到得五更三點徹〔46〕，響玎當翠佩，那是朝時節。〔旦〕獨自個怕人。〔校〕怕則麼！平章宰相你親爺，狀元妻妾。俺去了。〔旦〕再說些去。〔校〕明朝金闕，討你幅撞門紅〔47〕去了也。〔下、旦〕娘，爹爹高陞，柳郎高中。小旗兒報捷，又是平安帖〔48〕。把神天叩謝，神天叩謝。〔拜介〕

【滴溜子】當日的、當日的梅根柳葉，無明路、無明路曾把遊魂再疊。果應夢、花園後摺〔49〕。甫能勾迸〔50〕到頭，搶了捷。鬼趣〔51〕裏因緣，人間判貼〔52〕。

【前腔】雖則是、雖則是希奇事業，可甚的、可甚的驚勞駕帖〔53〕？他道你、是花妖〔54〕害怯，看承的柳抱懷〔55〕做花下劫。你那爹爹呵，沒得介符兒，再把花神召攝〔56〕。

【尾聲】女兒，緊簪束揚塵舞蹈〔57〕搖花頰。〔旦〕叫我奏個甚麼來？〔老旦〕有了，你活人硬證無虛脅。〔旦〕少不得萬歲君王聽臣妾。

〔淨扮郭駝上〕要問黿鼉窟，還過烏鵲橋〔58〕。兩日再尋個錢塘江不著。正好撞著老軍，說知夫人下處。抖擻〔59〕了進去。〔見介、老旦〕是誰？〔淨〕狀元家裏老駝，恭喜了。〔旦〕辛苦！可見了狀元？〔淨〕俺往平章府，搶下了狀元，要夫人見朝也。

往事閑徵夢欲分〔60〕，今晨忽見下天門〔61〕。

分明爲報精靈輩〔62〕，淡掃蛾眉朝至尊〔63〕。

校 注

〔1〕金井——即石井。唐‧李賀《河南府試十二月樂詞‧九月》詩：「雞人罷唱曉瓏瓏，鴉蹄金井下疏桐。」葉蔥奇注：「金井，即石井。古人凡說堅固，多用金，如金塘、金堤等。」一說：井欄上有雕飾的井曰金井；或說是井的美稱。

〔2〕轉不斷轆轤情劫——意指情思如轆轤一般連續轉動。轆轤，利用輪軸原理製成起重的滑車，經常安在井上以汲水。元‧無名氏《黃鶴樓》二〔叨叨令〕：「那禿二姑在井口上將轆轤兒乞留曲律的攪。」

〔3〕母——原作「女」，據文林、朱墨本改

〔4〕針指——凡刺繡、縫製等女紅（工），總稱為針指，猶云「針線」。元‧白樸《東牆記》一、白：「終日在繡房中描鸞刺鳳，針指女工，十分悶倦。」《儒林外史》第一回：「他母親做些針指，供給他到學堂裏去讀書。」

〔5〕秋過了平分——意即過了秋分。秋分，二十四節氣之一，每年在陽曆 9 月 23 日或 24 日。這天南北半球晝夜等長。漢‧董仲舒《春秋繁露‧陰陽出入上下》：「至於中秋之月，陽在正西，陰在正東，謂之秋分。秋分者，陰陽相半也，故晝夜均而寒暑平。」

〔6〕周遮——象聲詞，形容鳥（燕）鳴婉轉聲。

〔7〕七香車——舊時貴婦人所乘的華麗車子。《太平御覽》卷七七五所載《曹操與楊彪書》云：「今贈足下畫輪四望通幰（xiǎn）七香車二乘。」唐‧王維《洛陽女兒行》詩：「羅幃送上七香車，寶扇迎歸九華帳。」《金瓶梅》第九十一回：「過後他得了官，娘子便是五花官誥，坐七香車，為命婦夫人。」參見本劇第三十九齣注〔29〕。

〔8〕試闈——即考場。

〔9〕虎榜——科舉時代，考試完畢，朝廷公佈的被錄取的人名單曰虎榜，也叫龍榜、龍虎榜。《新唐書‧歐陽詹傳》：「詹舉進士，與韓愈、李觀、李絳、崔群、王涯、馮宿、庚承宣聯第，皆天下選，時號龍虎榜。」

〔10〕齎發——出財物資助別人之謂也。齎，原誤作「賫」，今據各本改。

〔11〕萱堂——古稱母親的居室。後因以「萱」為母親或母親居處的代稱。《詩‧衛風‧伯兮》：「焉得諼草，言樹之背。」毛傳：「諼草令人忘憂；背，北堂也。」陸德明釋文：「諼，本又作萱。」謂北堂樹萱，可以令人忘憂也。

〔12〕淡口兒開嗑——閒口論閒話的意思。嗑，謂說話、閒談。元‧無名氏小令《玉抱肚》：「你休這裏開嗑，俺奶奶知道罵我。」

〔13〕轉折——變化、挫折。

〔14〕逗——依戀。參看本劇第十齣〔山桃紅〕曲。此與本劇第十一齣注〔6〕、第二十二齣注〔26〕俱義別。

〔15〕放教——使動詞，使也，令也。唐‧白居易《春來頻與李二十賓客同遊因贈長

句》詩：「可惜濟時心力在，放教臨水復登山。」金・元好問《滿江紅・嵩山中作》詞：「暫放教老子據胡床，邀明月。」

〔16〕一般兒——一樣的。

〔17〕題紅葉——唐代有「紅葉題詩」的佳話，後因以「紅葉」爲傳情的媒介。宋・晏幾道《虞美人》詞：「一聲長笛倚樓時，應恨不題紅葉寄相思。」元・無名氏《碧桃花》一〔賺煞尾〕：「從今後將紅葉不題詩，準備著青鳥先傳信。」明・朱鼎《玉鏡臺記》四〔解三醒〕：「紅葉題詩誰與傳？空懸念。」皆其例。

〔18〕鬼門關——舊時神話，說是冥府之門。人死後的遊魂才能進入此門。《神異經》：「東北方有鬼星、石室、屋三百戶，而其所石旁，題曰鬼門。」《論衡・訂鬼》：「《山海經》又云：『滄海之中，有度朔之山，山有大桃木，其屈蟠三千里，其枝間東北曰鬼門，萬鬼所出入也。』」參見本劇第二十三齣注〔29〕。

〔19〕惹邪——魅人，形容人的美貌。

〔20〕害劣——苦楚。與本劇第十六齣注〔6〕義別。

〔21〕逗——引惹。下文「夢蝶」是用莊子夢爲蝴蝶的故事，表示夢境的虛幻。《莊子・齊物論》：「昔者莊周夢爲蝴蝶，栩栩然蝴蝶也，自喻適志與，不知周也；俄然覺，則遽遽然周也。不知周之夢爲蝴蝶與，蝴蝶之夢爲周與？」

〔22〕把親娘腸斷了影中蛇——《晉書・樂廣傳》：「嘗有親客，久闊不復來。廣問其故，答曰：『前在坐，蒙賜酒，方欲飲，見杯中有蛇，意甚惡之，既飲而疾。』於時河南聽事壁上有角，漆畫作蛇，廣意杯中蛇即角影也。復置酒於前處，謂客曰：『酒中復有所見不？』答曰：『所見如初。』廣乃告其所以，客豁然意解，沉疴頓愈。」後遂以「杯弓蛇影」沿用爲因形容虛幻之事而致驚疑之辭。這裏藉此典是說杜麗娘並沒有死，而她母親信以爲眞，徒爲之斷腸。

〔23〕燕冢——即燕女之墳，在南朝宋末年，據《佩文韻府》卷十二引《燕女墳記》載：「女子姚玉京，室有雙燕，一爲鷙鳥所獲，其一啾啾翔集玉京之臂，玉京以紅縷足，明年復來凡六七歲。玉京遇疾死。明年燕窺窗無人，周回累夕，墳在南郊，燕悲鳴至墳，亦死。」這裏喻指杜麗娘。

〔24〕則甚——做什麼。則、做一聲之轉。宋・辛棄疾《西江月・漁父》詞：「千年往事已沉沉，閒管興亡則甚？」《清平山堂話本・刎頸鴛鴦會》：「如今則管說這情色二字則甚？」《古今小說・簡帖僧巧騙皇甫妻》：「教我把與小娘子，又不教把與你，你卻打我則甚？」

〔25〕奶奶——這裏指母親。

〔26〕吱嗻——象聲詞，形容人語細碎聲。

〔27〕似是女孩兒關節——謂像是女孩兒（指杜麗娘）的事有關聯。關節，謂有關係。

〔28〕宣差——帝王派遣的使者。見宋・孟珙《蒙韃備錄・奉使》「彼奉使曰宣差。自皇帝或國王處來者……悉來尊敬。」

〔29〕駕上人——義同本劇第五十三齣注〔80〕。

〔30〕抓不出——尋找不到。抓，俗語，意爲匆忙尋找。《老殘遊記》第十四回：「抓著被褥就是被褥，抓著衣服就是衣服，全拿去塞城門縫子。」

〔31〕忪忡——謂驚恐不安。《聊齋誌異·翩翩》：「突突忪忡間，衣已化葉。」

〔32〕頭勢別——頭勢，猶「勢頭」，意謂威勢、勢力。《醒世恒言·陸五漢硬留合色鞋》：「那老兒有一官宦人家薄薄裏有些瓜葛，冒著他的勢頭，專在地方上嚇詐人的錢財，騙人酒食。」別，異樣、不一般。宋·辛棄疾《念奴嬌》詞：「結屋溪頭，境隨人勝，不是江山別。」《宣和遺事》前集：「抵暮，至一坊，名做金環巷，那風範更別。」

〔33〕斗膽——謂大膽。

〔34〕揭——揭曉、發榜。

〔35〕急節裏——見本劇第三十二齣注〔112〕。

〔36〕磨滅——見本劇第三十二齣注〔43〕。

〔37〕決——判決、斷案。

〔38〕遊街——舊時處罰犯人的一種形式。《元典章·刑部二·禁治遊街等例》：「倘贓仗明白，雖餘黨未獲，並以遊街處治。」下「歇」字，爲量詞，猶「次」，前面省略了數詞。

〔39〕上——文林、朱墨、清暉、竹林各本俱作「動」。

〔40〕辯——辯白。

〔41〕惡茶白賴——凡蠻不講理、無理取鬧、耍無賴者，均謂之惡茶白賴。亦作惡叉白賴，蓋方音無定字也。下「陰人」，意謂女人。

〔42〕頭帶魁罡——頭頂著魁、罡二星。古代迷信傳說，謂狀元受到魁、罡二星的保祐也。魁罡，指斗魁、天罡二星。馬總《意林》卷五引三國吳·楊泉《物理論》：「豈有太一之君，坐於庶人之座，魁罡之神，存乎匹婦之神。」

〔43〕勘對——核對。

〔44〕朝班——古代群臣朝見帝王時按官品分班排列的位次，依次朝見。但歷代朝儀不一，分班情況各異。詳參《文獻通考·王禮二、三》、《清文獻通考·王禮一》、《清續文獻通考·王禮二》。

〔45〕御謁——謂受皇帝接見。謁，進見、拜見，下對上之稱。

〔46〕徹——完也、盡也。唐·杜甫《江畔獨步尋花》詩之一：「江上被花惱不徹，無處告訴只顛狂。」金·董解元《西廂記諸宮調》卷四〔柘枝令〕：「是前生宿世負償伊，也須有還徹。」《清平山堂話本·簡貼和尚》：「話本說徹，且作散場。」

〔47〕撞門紅——宋·吳自牧《夢粱錄》卷二十「嫁娶」條：迎親日把新娘迎至男家門首時，「樂官妓女及茶酒等人互念詩詞，攔門求利市錢紅」，此謂之「撞門紅」，

也叫做「喜錢」。

〔48〕帖——短簡曰帖。

〔49〕後摺——後邊。

〔50〕迸（bèng）——謂掙扎。《豆棚閒話‧介之推火封妒婦》：「伯玉驚得魂飛天外，猛力一迸，忽然蘇醒，不覺乃是南柯一夢。」《綠野仙蹤》第五十六回：「少刻，唇青面黑，身子往起一迸，大叫了一聲……就嗚呼哀哉了。」

〔51〕鬼趣——即鬼道。佛教所說的六道（天道、人道、阿修羅道、地獄道、餓鬼道）之一。六道，亦稱六趣；趣者，即指眾生輪迴的去處。南朝梁‧謝靈運《佛影塔》：「群生因染，六趣牽纏。」唐‧玄奘《大唐西域記‧憍薩羅國》：「是身如響，是身如泡，流轉四生，往來六趣。」

〔52〕判貼——斷允（柳夢梅、杜麗娘）成婚，即上文「駕前勘對，方取聖裁」意。判，對案情下斷曰判。《宋書‧許昭先傳》：「叔父肇之，坐事繫獄，七年不判。」《水滸傳》第一百一十回：「判了斬字，推出南豐市曹處斬。」貼，謂靠近，如雲貼近、貼身，這裏引申為結合，即指姻緣成就，而為一體也。

〔53〕駕帖（tiě）——謂聖旨。帖，指官府公文、文件。北朝樂府民歌《木蘭詩》：「昨夜見軍帖，可汗大點兵。」唐‧杜甫《新安史》詩：「府帖昨夜下，次選中男行。」

〔54〕花妖——花的精怪。

〔55〕柳抱懷——即指柳下惠「坐懷不亂」，稱頌柳下惠操行的高尚。柳下惠，春秋時魯國人，一次夜宿城門，遇一無家女子，恐其凍傷，而使坐在己懷，以衣裹之，通宵達旦，而無淫亂之行。見《荀子‧大略》及《詩‧小雅‧巷伯》孔傳。後因以「坐懷不亂」，泛稱男子的正派。這裏借指柳夢梅。

〔56〕召攝——召，召喚、召見。《詩‧小雅‧出車》：「召彼僕夫，謂之載矣。」《史記‧司馬穰苴列傳》：「景公召穰苴，與語兵事，大說之，以為將軍。」攝，捉拿、拘捕。《國語‧吳語》：「攝少司馬茲與王士五人，坐於王前。」韋昭注：「攝，執也。」

〔57〕揚塵舞蹈——朝見皇帝的禮節。

〔58〕要問黿鼉窟，還過烏鵲橋——化用唐‧杜甫《玉臺觀》詩：「江光隱顯黿鼉窟，石勢參差烏鵲橋。」黿鼉窟，原指江海深處大黿與豬婆龍藏身的地方，這裏指錢塘江邊。烏鵲橋，原指七夕烏鵲搭橋，讓牛郎、織女渡銀河相會。參差，一作「差池」。

〔59〕抖擻——振作、奮發。清‧龔自珍《己亥雜詩》一二五：「我勸天公重抖擻，不拘一格降人才。」

〔60〕往事閒徵夢欲分——語見《全唐詩》卷768、韓偓《松》詩。

〔61〕今晨忽見下天門——語見《全唐詩》卷385、張籍《朝日敕賜百官櫻桃》詩。《全

唐詩》「晨」作「朝」。

〔62〕分明爲報精靈輩——語見《全唐詩》卷835、僧貫休《歸東陽臨岐上杜使君七首》之六。

〔63〕淡掃蛾眉朝至尊——語見《全唐詩》卷511、張祐《集靈臺二首》之二。但《全唐詩》在此詩下注云：「此篇一作杜甫詩。」

第五十五齣　圓　駕

〔淨丑扮將軍持金瓜上〕日月光天德，山河壯帝居〔1〕。萬歲爺升朝，在此直殿。〔末上〕

【北點絳唇】寶殿雲開，御爐煙靄〔2〕，乾坤泰。〔回身拜介〕日影金階〔3〕，早唱道〔4〕黃門拜。

【集唐】鸞鳳旌旗拂曉陳〔5〕，傳聞闕下降絲綸〔6〕。興王會淨妖氣氣〔7〕，不問蒼生問鬼神〔8〕。自家大宋朝新除授〔9〕一個老黃門陳最良是也。下官原是南安府廩學秀才。因柳夢梅發了杜平章小姐之墓，徑往揚州報知。平章念舊，著俺說平李寇，告捷效勞，蒙聖恩欽賜黃門奏事之職。不想平章回朝，恰遇柳生投見。當時拿下，遞解臨安府監候〔10〕。卻說柳生先曾攛過卷子〔11〕，中了狀元。找尋之間，恰好狀元弔在杜府拷問。當被駕前官校人等衝破府門，搶了狀元上馬而去，到也罷了。又聽的說，俺那女學生杜小姐也返魂在京。平章聽說女兒成了個色精，一發惱激〔12〕。央俺題奏一本，爲誅除妖賊事。中間劾奏〔13〕柳夢梅係劫墳之賊，其妖魂託名亡女，不可不誅。杜老先生此奏，卻是名正言順。隨後柳生也奏一本，爲辨明心迹事。都奉有聖旨：「朕覽所奏，幽隱奇特。必須返魂之女，面駕敷陳〔14〕，取旨定奪。」老夫又恐怕眞是杜小姐返魂，私著官校傳旨與他。五更朝見。正是：三生石〔15〕上看來去，萬歲臺前辨假眞。道猶未了，平章、狀元早到。〔外生襆頭〔16〕袍笏同上介〕

【前腔】〔外〕有恨妝排，無明耽帶〔17〕，眞奇怪。〔生〕啞謎〔18〕難猜，今上〔19〕親裁劃〔20〕。

岳丈大人拜揖。〔外〕誰是你岳丈！〔生〕平章老先生拜揖。〔外〕誰和你平章？〔生笑介〕古詩：梅雪爭春未肯降，騷人閣筆費平章〔21〕。

今日夢梅爭辯之時，少不得要老平章閣筆。〔外〕你罪人咬文哩。〔生〕小生何罪？老平章是罪人。〔外〕俺有平李全大功，當得何罪？〔生〕朝廷不知，你那裏平的個李全，則平的個「李半」。〔外〕怎生止平的個「李半」？〔生笑介〕你則哄的個楊媽媽退兵，怎哄的全！〔外惱作扯生介〕誰說？和你官裏〔22〕講去。〔末作慌出見介〕午門之外，誰敢喧嘩！〔見介〕原來是杜老先生。這是新狀元。放手，放手。〔外放生介、末〕狀元何事激惱了老平章？〔外〕他罵俺罪人，俺得何罪？何罪？〔生〕你說無罪，便是處分令愛一事，也有三大罪。〔外〕那三罪？〔生〕太守縱女遊春，一罪。〔外〕是了。〔生〕女死不奔喪，私建庵觀，二罪。〔外〕罷了。〔生〕嫌貧逐婿，刁打欽賜狀元，可不三大罪？〔末笑介〕狀元以前也罪過些。看下官面分〔23〕，和了罷。〔生〕黃門大人，與學生有何面分？〔末笑介〕狀元不知，尊夫人請俺上學來。〔生〕敢是鬼請先生？〔末〕狀元忘舊了。〔生認介〕老黃門可是南安陳齋長？〔末〕惶恐〔24〕，惶恐。〔生〕呀，先生，俺於你分上不薄，如何妄報俺爲賊？做門館報事不眞；則怕做了黃門，也奏事不以實。〔末笑介〕今日奏事實了。遠望尊夫人將到，二公先行叩頭禮，〔內唱禮〔25〕介〕奏事官齊班〔26〕。〔外生同進叩頭介、外〕臣杜寶見。〔生〕臣柳夢梅見。〔末〕平身〔27〕。〔外生立左右介、旦上〕麗娘本是泉下女，重瞻天日向丹墀〔28〕。

【黃鐘北醉花陰】平鋪著金殿琉璃翠鴛瓦，響鳴梢〔29〕半天兒刮刺。〔淨丑喝介〕甚的婦人衝上御道？拿了！〔旦驚介〕似這般猙獰〔30〕漢，叫喳喳。在闍浮殿見了些青面獠牙〔31〕，也不似今番怕。〔末〕前面來的，是女學生杜小姐麼？〔旦〕來的黃門官像陳教授，叫他一聲：「陳師父，陳師父！」〔末應介〕是也。〔旦〕陳師父喜哩！〔末〕學生，你做鬼，怕不驚駕？〔旦〕噤聲〔32〕。再休提探花鬼喬作衙〔33〕，則說狀元妻來面駕。

〔淨丑下、內〕奏事人揚塵舞蹈〔34〕。〔旦作舞蹈呼「萬歲，萬歲」介、內〕平身。〔旦起、內〕聽旨：杜麗娘是眞是假，就著伊父杜寶，狀元柳夢梅，出班識認。〔生覷旦作悲介〕俺的麗娘妻也。〔外覷旦作惱介〕鬼乜些〔35〕，眞個一模二樣，大膽，大膽！〔作回身跪奏介〕臣杜寶謹

奏：臣女亡已三年，此女酷似，此必花妖狐媚，假託而成。俺王聽啓：

【南畫眉序】臣女沒年多〔36〕，道理陰陽豈重活？願吾皇向金階一打，立見妖魔。〔生作泣〕好狠心的父親！〔跪奏介〕他做五雷〔37〕般嚴父的規模，則待要一下裏把聲名煞抹〔38〕。〔起介、合〕便閻羅包老難彈破〔39〕，除取旨前來撒和〔40〕。

〔內〕聽旨：朕聞人行有影，鬼形怕鏡。定時臺上有秦朝照膽鏡〔41〕。黃門官，可同杜麗娘照鏡。看花陰之下，有無蹤影，回奏。〔末應同旦對鏡介〕女學生是人是鬼？

【北喜遷鶯】〔旦〕人和鬼教怎生酬答？形和影現託著面菱花〔42〕。〔末〕鏡無改面，委係人身。再向花街取影而奏。【行看影介、旦】波查〔43〕。花陰這答〔44〕，一般〔45〕兒蓮步迴鸞印淺沙。〔末奏介〕杜麗娘有蹤有影，的係人身。〔內〕聽旨：麗娘既係人身，可將前亡後化事情奏上。〔旦〕萬歲！臣妾二八年華，自畫春容一幅。曾於柳外梅邊，夢見這生。妾因感病而亡。葬於後園梅樹之下。後來果有這生，姓名柳夢梅，拾取春容，朝夕掛念。臣妾因此出現成親。〔悲介〕哎喲，悽惶煞〔46〕！這底〔47〕是前亡後化，抵多少陰錯陽差〔48〕。

〔內〕聽旨：柳狀元質證，麗娘所言真假？因何預名夢梅？〔生打躬〔49〕呼「萬歲」介〕

【南畫眉序】臣南海泛絲羅〔50〕，夢向嬌姿折梅萼〔51〕。果登程取試，養病南柯〔52〕。因借居南安府紅梅院中，遊其後苑〔53〕，拾得麗娘春容。因而感此真魂，成其人道〔54〕。〔外介〕此人欺誑陛下，兼且點污〔55〕臣之女也。論臣女呵，便死葬向水口廉貞，肯和生人做山頭撮合〔56〕！〔合前〕

〔內〕聽旨：朕聞有云：不待父母之命，媒妁之言，則國人父母皆賤之〔57〕。杜麗娘自媒自婚，有何主見？〔旦泣介〕萬歲！臣妾受了柳夢梅再活之恩。

【北出隊子】真乃是無媒而嫁。〔外〕誰保親？〔旦〕保親的是母喪

門〔58〕。〔外〕送親的？〔旦〕**送親的是女夜叉**〔59〕。〔外〕這等胡為〔60〕！
〔生〕這是陰陽配合正理。〔外〕正理，正理！花你那蠻兒〔61〕一點紅嘴哩！
〔生〕老平章，你罵俺嶺南人喫檳榔〔62〕，其實柳夢梅唇紅齒白〔63〕。〔旦〕
噤聲。眼前活立著個女孩兒，親爺不認。到做鬼三年，有個柳夢梅認親。**則
你這喇生生**〔64〕**回陽附子**〔65〕**較爭些**〔66〕，**為甚麼翠呆呆**〔67〕**下氣的檳
榔俊煞了他**？爺，你不認呵，有娘在。〔指鬼門〕現放著實丕丕〔68〕貝母
開談〔69〕親阿媽。

　　〔老旦上〕多早晚〔70〕女兒還在面駕。老身端〔71〕入正陽門叫冤去也。
〔進見跪伏介〕萬歲爺，杜平章妻一品夫人甄氏見駕。〔外末驚介〕那
裏來的？真個是俺夫人哩。〔外跪介〕臣杜寶啓，臣妻已死揚州亂賊之
手，臣已奏請恩旨褒封。此必妖鬼捏作母子一路，白日欺天。〔起介、
生〕這個婆婆，是不曾〔72〕認的他。〔內〕聽旨：甄氏既死於賊手，何
得臨安母子同居？〔老旦〕萬歲！〔起介〕

　　【南滴溜子】〔老旦〕揚州路、揚州路遭兵劫奪，只得向，只得向
長安住託。不想到錢塘夜過，嘿〔73〕撞著麗娘兒魂似脫。少不的〔74〕子
母肝腸，死同生活。

　　〔內〕聽旨：甄氏所奏，其女重生無疑。則他陰司三載，多有因果之事。
假如前輩做君王臣宰不臻〔75〕的，可有的發付〔76〕他？從直奏來。〔旦〕
這話不提罷了，提起都有。〔末〕女學生，子不語怪〔77〕。比如陽世府部
州縣，尚然磨刷卷宗〔78〕，他那裏有甚會案〔79〕處！

　　【北刮地風】〔旦〕呀，那陰司一樁樁文簿查，使不著你猾律拿喳
〔80〕。是君王有半付迎魂駕，臣和宰玉鎖金枷〔81〕。〔末〕女學生，沒對
證。似這般說，秦檜老太師在陰司裏可受用？〔旦〕也知道些。說他的受用
呵，那秦太師他一進門，忒楞楞〔82〕的黑心錘敢搗了千下，淅另另〔83〕
的紫筋肝剁作三花。〔眾驚介〕為甚剁作三花？〔旦〕道他一花兒為大宋，
一花為金朝，一花兒為長舌妻〔84〕。〔末〕這等，長舌夫人有何受用？〔旦〕
若說秦夫人的受用，一到了陰司，摢〔85〕去了鳳冠霞帔，赤體精光。跳出個
牛頭夜叉，只一對七八寸長指弧兒〔86〕，輕輕的**把那撇道兒**〔87〕**搭**，長舌

擡。〔末〕爲甚？〔旦〕**聽的是東窗事發**〔88〕。〔外〕鬼話也。且問你，鬼乜邪〔89〕，人間私奔，自有條法〔90〕。陰司可有？〔旦〕有的是〔91〕。柳夢梅七十條，爹爹發落過了，女兒陰司收贖。**桃條打，罪名加，做尊官勾管了簾下**〔92〕。**則道是沒眞場風流罪過**〔93〕**些**。有甚麼饒不過這嬌滴滴的女孩家。

〔內〕聽旨：朕細聽杜麗娘所奏，重生無疑。就著黃門官押送午門外，父子夫妻相認，歸第成親。〔眾呼「萬歲」行介、老旦〕恭喜相公高轉了。〔外〕怎想夫人無恙！〔旦哭介〕我的爹呵！〔外不理介〕青天白日，小鬼頭遠些，遠些！陳先生，如今連柳夢梅俺也疑將起來，則怕也是個鬼。〔末笑介〕是踢斗鬼〔94〕。〔老旦喜介〕今日見了狀元女婿，女兒再生，千萬〔95〕分喜也。狀元，先認了你丈母罷。〔生揖介〕丈母光臨，做女婿的有失迎待，罪之重也。〔旦〕官人，恭喜，賀喜。〔生〕誰報你來？〔旦〕到得陳師父傳旨來。〔生〕受你老子的氣也。〔末〕狀元，認了丈人翁罷。〔生〕則認的十地閻君〔96〕爲岳丈。〔末〕狀元，聽俺分勸一言。

【南滴滴金】你夫妻趕著了輪迴磨〔97〕**，便君王使的個隨風柁**〔98〕**，那平章怕不做賠錢貨**〔99〕**。到不如娘共女，翁和婿，明交割**〔100〕。〔生〕老黃門，俺是個賊犯。〔末笑介〕**你得便宜人，偏會撒科**〔101〕**。則道你偷天把桂影那**〔102〕**，不爭多**〔103〕**，先偷了地窟裏花枝朵。**

〔旦歎介〕陳師父，你不教俺後花園遊去，怎看上這攀桂客〔104〕來？

〔外〕鬼乜邪，怕沒門當户對，看上柳夢梅什麼來！

【北四門子】〔旦笑介〕**是看上他戴烏紗象簡朝衣掛，笑、笑、笑、笑的來眼媚花**〔105〕**。爹娘，人間白日裏高結綵樓，招不出個官婿。你女兒睡夢裏、鬼窟里選著個狀元郎，還說門當户對！則你個杜杜陵**〔106〕**慣把女孩兒嚇，那柳柳州他可也門户風華**〔107〕。參，認了女孩兒罷。〔外〕離異了柳夢梅，回去認你。〔旦〕**叫俺回杜家，趂**〔108〕**了柳衙。便作你杜鵑花**〔109〕**，也叫不轉子規**〔110〕**紅淚灑。**〔哭介〕哎喲，**見了俺前生的爹，即世**〔111〕**孃，顚不剌**〔112〕**俏魂靈立化。**

〔旦作悶倒介、外驚介〕俺的麗娘兒！〔末作望介〕怎那老道姑來也？連春香也活在〔113〕？好笑，好笑！我在賊營裏瞧甚來？〔淨扮道姑同貼上〕

【南鮑老催】官前定奪〔114〕，官前定奪。〔打望介〕原來一眾官員在此。怎的起狀元、小姐嘴骨都〔115〕站一邊？〔淨〕眼見他喬公案〔116〕**斷的錯，聽了那喬教學〔117〕的嘴兒嗑**〔118〕。〔末〕春香賢弟也來了。這姑姑是賊。〔淨〕咄〔119〕，陳教化〔120〕，誰是賊？你報老夫人死哩，春香死哩！**做的個紙棺材，舌鍬撥**〔121〕。〔向生介〕柳相公喜也。〔生〕姑姑喜也。這丫頭那裏見俺來？〔貼〕你和小姐牡丹亭做夢時有俺在。〔生〕好活人活證。〔淨、貼〕**鬼團圓不想到真和合**〔122〕，**鬼挪揄**〔123〕**不想做人生活。老相公，你便是鬼三臺**〔124〕，**費評跋**〔125〕。

〔淨貼並下、末〕朝門之下，人欽鬼伏之所，誰敢不從！少不得小姐勸狀元認了平章，成其大事。〔旦作笑勸生介〕柳郎，拜了丈人罷！〔生不伏介〕

【北水仙子】〔旦〕呀呀呀，你好差。〔扯生手按生肩介〕好好好，**點**〔126〕**著你玉帶腰身把玉手叉。**〔生〕幾百個桃條！〔旦〕拜、拜、拜，**拜荊條**〔127〕**曾下馬。**〔扯外介、旦〕扯、扯、扯，**做太山倒了架**〔128〕。〔指生介〕他、他、他，**點黃錢**〔129〕**聘了咱。俺、俺、俺，逗**〔130〕**寒食喫了他茶。**〔指末介〕你、你、你，**待求官、報信則把口皮**〔131〕**喳。**〔指生介〕是是是，**是他開棺見槨淵除**〔132〕**罷。**〔指外介〕爹爹爹，**你可也罵勾了咱這鬼乜邪。**

〔丑扮韓子才冠帶捧詔上〕聖旨已到，跪聽宣讀。「據奏奇異，敕賜團圓。平章杜寶，進階一品。妻甄氏，封淮陰郡夫人。狀元柳夢梅，除授編修院學士。妻杜麗娘，封陽和縣君。就著鴻臚官〔133〕韓子才送歸宅院。」叩頭謝恩。〔丑見介〕狀元恭喜了。〔生〕呀，是韓子才兄。何以得此？〔丑〕自別了尊兄，蒙本府起送先儒〔134〕之後，到京考中鴻臚之職，故此相會。〔生〕一發奇異了。〔末〕原來韓老先〔135〕也是舊朋友。〔行介〕

【南雙聲子】〔眾〕姻緣詫，姻緣詫，陰人夢黃泉下。福分大，福分大，周堂內是這朝門下〔136〕。齊見駕，齊見駕，眞喜洽〔137〕，眞喜洽。領陽間誥敕，去陰司銷假。

【北尾】〔生〕從今後把牡丹亭夢影雙描畫。〔旦〕虧殺你南枝挨暖俺北枝花。則普天下做鬼的有情誰似咱！

> 杜陵寒食草青青〔138〕，羯鼓聲高眾樂停〔139〕。

> 更恨香魂不相遇〔140〕，春腸遙斷牡丹亭〔141〕。

> 千愁萬恨過花時〔142〕，人去人來酒一巵〔143〕。

> 唱盡新詞歡不見〔144〕，數聲啼鳥上花枝〔145〕。

校　注

〔1〕日月光天德，山河壯帝居——陳後主叔寶詩句。《南史・陳本紀》：「（叔寶）及從東巡，登芒山，待飲，賦詩曰：『日月光天德，山川壯帝居，太平無以報，願上東封書。』」壯，鞏固的意思。

〔2〕煙靄——指燃燒所生的煙氣。唐・長孫佐輔《幽思》詩：「金爐煙靄微，銀釭殘影滅。」

〔3〕金階——帝王宮殿臺階的美稱。唐・王涯《宮詞》詩之二：「欲得君王一回顧，爭扶玉輦下金階。」

〔4〕唱道——在戲曲中，這個詞義很不固定，在這裏似有「高聲喊道」的意思。

〔5〕鸞鳳旌旗拂曉陳——語見《全唐詩》卷 69、韋元旦《奉和人日宴大明恩賜彩縷人勝應制》詩。《全唐詩》注：「拂曉」一作「曉夕」。陳，謂陳列。《廣雅・釋詁一》：「陳，列也。」

〔6〕傳聞闕下降絲綸——語見《全唐詩》卷 151、劉長卿《獄中聞收東京有赦》詩。絲綸，指帝王的詔書。本於《禮記・緇衣》：「王言如絲，其出如綸。」孔穎達疏：「王言初出，微細如絲，及其出行於外，言更漸大，如絲綸也。」後因稱帝王詔書為「絲綸」。

〔7〕興王會淨妖氛氣——語見《全唐詩》卷 230、杜甫《承聞河北諸道節度入朝歡喜口號絕句十二首》之五。《全唐詩》「淨」作「靜」，一作「盡」。

〔8〕不問蒼生問鬼神——語見《全唐詩》卷 540、李商隱《賈生》詩。

〔9〕除授——謂拜官授職。唐・白居易《論孫璹張奉國狀》：「況今聖政日明，朝綱日舉，每命一官一職，人皆側耳聽之。則除授之間，深宜重慎。」

〔10〕監候——見本劇第五十三齣注〔37〕。

〔11〕攧卷——謂交卷。攧，《集韻‧桓韻》謂「擲」也。引申爲「投」，爲「交」。

〔12〕惱激——謂激怒，猶今云「動怒發火」。

〔13〕劾（hè）奏——謂向皇帝檢舉官吏的過失或罪行。明‧王士貞《鳴鳳記》二十七〔瑞煙濃〕白：「昨已約兵部張鶴樓、工科吳惺齋聯名劾奏，諒他必來議本。」

〔14〕敷陳——敍說、解釋。

〔15〕三生石——此典見於唐‧袁郊《甘澤謠‧圓觀》。傳說李源與僧圓觀友善，同遊三峽，見婦人引汲，觀曰：「其中孕婦姓王者，是某託身之所。」更約定十二月後中秋月夜，相會於杭州天竺寺外，是夕，觀果歿，而孕婦產。及期，源赴約，聞牧童歌《竹枝詞》曰：「三生石上舊精魂，賞月吟風不要論。慚愧情人遠相訪，此身雖異性長存。」源因知牧童即僧圓觀的後身。後人因附會杭州天竺寺後山的三生石，即李源與圓觀相會之處。後詩文戲曲中常用爲前因宿緣的典故。

〔16〕襆頭——古代男子所戴的一種冠名。原名帕首，幘巾。後周武帝爲便利打仗，把這種頭巾改爲皀紗全幅，向後束髮，把紗的四角截直，稱爲襆頭。《新唐書‧車服志》所謂：「襆頭起於後周，便武事者也。」《舊唐書‧輿服志》名之曰「折上巾」。唐‧劉肅《大唐新語》卷十：「折上巾，戎冠也；靴，胡履也。咸便於軍服。」襆頭，又作「撲頭」，清‧張照《昇平寶筏》十六〔混江龍〕：「俺這裏按撲頭，挪玉帶。」是其例。據《說文新附》，謂「襆頭」之「襆」，義當作「撲」。

〔17〕有恨妝排，無明耽帶——意言正惱怒命運安排，讓我無緣無故承受這個遭遇。妝排，謂安排。無明，本佛家語，這裏用爲無緣無故義。耽帶，承受的意思。

〔18〕啞謎——謂隱語、謎語，喻指難以理解的言行或問題。

〔19〕今上——對當代皇帝的稱呼。《史記‧魏其武安侯列傳》：「今上初即位。」

〔20〕裁劃——考慮、裁奪、籌劃。元‧李直夫《虎頭牌》四〔梅花酒〕：「你心下自裁劃。」明‧陳大聲散套《好事近‧怨別》：「托香腮，懶梳妝，慵臨鏡臺，無語自裁劃。」

〔21〕梅雪爭春未肯降，騷人閣筆費平章——語見宋‧盧梅坡《雪梅》詩。這是前兩句。後兩句爲：「梅須遜雪三分白，雪卻輸梅一段香。」此乃評比梅雪之詩。梅飄香送暖，雪白兆早春，故云「爭春」。「未肯降」者，言二者俱佳，難分優劣也。「騷人」，詩客也。「閣筆」，謂停筆、放下筆也。「平章」，品評、評論的意思。梅遜雪白，雪輸梅香，各有短長，故「費平章」也。這裏柳夢梅引此詩，意在作和杜平章爭辯的根據。

〔22〕官裏——指天子、皇帝，猶「官家」。宋‧趙彥衛《雲麓漫鈔》卷三：「今日曰官家，禁中又相語曰官裏。」《清平山堂話本‧風月瑞仙亭》：「忽一日正在門

前賣酒，只見天使捧詔道：『朝廷觀先生所作《子虛賦》，文章潔爛，超越古今，官裏歡賞。』」「官裏歡賞」，即指漢武帝歡賞也。

〔23〕面分——謂情面、情分。元·尚仲賢《氣英布》三〔滾繡球〕白：「君侯若不飲呵，是無主公的面分了。」元·孫仲章《勘頭巾》一〔賺煞〕：「若不看解勸街坊面分，小後生從來火性緊，發狂言信口胡噴。」

〔24〕惶恐——這裏不作驚慌害怕講，而是慚愧、抱歉或羞慚的意思。《清平山堂話本·楊溫攔路虎傳》：「李貴今年無對……白拿這利物，惶恐！」

〔25〕唱禮——猶「贊禮」。清·黃六鴻《福惠全書·保甲·訓練伍壯》：「排列齊畢，禮生唱禮。」

〔26〕齊班——謂並列。明·楊慎《黨籍碑》：「今著《名臣錄》自擬於《春秋》……而孔子可與少正卯同列，孟子可與儀、秦齊班乎？」

〔27〕平身——跪拜後站起來。《元史·禮樂志一》「元正受朝儀」條：「曰『拜』，曰『興』，曰『平身』。」

〔28〕丹墀——舊時宮殿階上之地，以丹漆之，故曰「丹墀」。借喻皇帝跟前。《文選·漢·張衡〈西京賦〉》：「右平左城，青瑣丹墀。」李善注引《漢官典職》曰：「丹漆地，故稱丹墀。」《漢書·外戚傳下·孝成班倢伃》：「俯視兮丹墀，思君兮履綦。」顏師古注引孟康曰：「丹墀，赤地也。」

〔29〕鳴梢——即「鳴鞭」，古代皇帝坐朝的儀仗之一種，振之發聲，使人肅靜。《宋史·儀衛志二》：「紹興三十二年六月，詔：『上皇日常朝殿，差御龍直四十三人，執杖排立，並設傘扇，鳴鞭。』」這種朝儀制度，據宋·高承《事物紀原·旗旒采章部》謂始於唐五代。下文「刮刺」，象聲詞，形容鳴鞭的聲響。

〔30〕猙獰——兇惡貌。

〔31〕青面獠牙——形容人或鬼神的相貌十分醜陋、兇惡、可怕。

〔32〕噤聲——噤，口閉也，見《說文》。《楚辭·九歎·思古》：「口噤閉而不言。」注：「閉口為噤也。」噤聲，猶言「住口」。一作「喋聲」，見本劇第二十九齣注〔40〕。

〔33〕喬作衙——冒充長官坐堂問案子。《金瓶梅》第五十一回：「月娘道：『等我問他，我怎麼虔婆勢、喬作衙？』」又第五十四回：「賊淫婦，在二爺面上這般的拔短梯，喬作衙哩！」皆其例。喬，謂假裝、虛構。

〔34〕揚塵舞蹈——見本劇第五十四齣注〔57〕。

〔35〕鬼匕些——即「鬼」。匕些，亦作「匕斜」，這裏用作語助詞，無義。

〔36〕沒年多——沒，猶「歿」，指死亡。年多，即多年，為叶韻而倒用也。

〔37〕五雷——即指「雷」，形容厲害、兇惡。《天地會詩歌選·把守乾坤圈歌》：「忠心義氣當兄弟，奸心必定五雷焚。」此與本劇第十八齣「五雷」義別，見注〔84〕。下文「規模」，謂樣子。

〔38〕把聲名煞抹——聲名，這裏指杜寶的醜名聲；煞抹，即「抹煞」，爲叶韻而倒用，意爲勾銷、掃滅，猶「抹搬」。

〔39〕彈破——辨明。「閻羅包老難彈破」，意言就是閻王爺、包拯對案情也難辨明是非。

〔40〕撒和——這裏意爲調停、調解。

〔41〕照膽鏡——據晉・葛洪《西京雜記》卷三，相傳秦朝咸陽宮中有面大方鏡，能照見五臟病患。若女子有邪行者，以此鏡照之，亦可看見她膽張心動。後因以「照膽」爲典，極言明鏡可鑒。北周・庾信《鏡賦》：「鏡乃照膽照心，難逢難值。」其例是也。

〔42〕菱花——菱花鏡的簡稱。漢・伶玄《趙飛燕外傳》：「飛燕始加大號婕妤，奏上三千文物以賀，有七尺菱花鏡一奩。」隋・楊達《明妃怨》詩：「匣中縱有菱花鏡，羞對菱花照舊顏。」鏡何以菱花名？據宋・陸佃《埤雅・釋草》云：「舊說，鏡謂之菱華（花），以其面平光影所成如此。」又據說古代銅鏡邊緣上鑄有菱花之紋，故云。後來使用「菱花」作爲鏡子的代稱。

〔43〕波查——謂波折、磨難。元・王仲文《救孝子》一〔混江龍〕：「時坎坷，受波折。」清・洪昇《長生殿》二十五〔耍孩兒〕：「已痛兄遭戮，奈臣妾又受波查。」波查、波折，音近義並同。

〔44〕這答——謂這裏。答，附在指示代詞「這」、「那」後面，表示處所。

〔45〕一般——一樣。下文「回鸞」，舊俗指婚後三日偕婿歸省父母。明・謝肇淛《五雜組・事部二》：「今人三日後，女偕婿省父母，謂之『回鸞』，閩人謂之『轉馬』，蓋春秋時有『回馬』之義也。」

〔46〕悽惶煞——很是悲傷不安。煞，用作甚詞。悽惶，參見本劇第四十齣注〔10〕。

〔47〕這底——同「這的」。

〔48〕抵多少陰錯陽差——抵多少，猶云「勝過」。陰錯陽差，本古代歷數術語，這裏用以比喻由於各種偶然因素造成的差錯。《三俠五義》第二十六回：「明知是陽錯陰差，卻想不出如何辦理的法則來。」老舍《全家福》第三幕：「不管以前的事是怎麼陰錯陽差，今天我們都要歡天喜地！」

〔49〕打躬——見本劇第四十五齣注〔35〕。

〔50〕絲羅——見本劇第五十三齣注〔46〕。

〔51〕梅萼——梅花的蓓蕾。宋・歐陽修《玉樓春・題上林後亭》詞：「池塘隱隱驚雷曉，柳眼未開梅萼小。」萼，花萼，在花瓣下部的一圈綠色小片。

〔52〕南柯——此指南安府梅花觀。

〔53〕後苑——屋後的花園。《宋史・神宗紀一》：「廢青城後苑。」苑，通「園」。

〔54〕成其人道——指男女交合。《詩・大雅・生民》：「以弗無子，履弟武敏歆。」漢・鄭玄箋：「心體歆歆然，其左右所止住，如有人道感己者也。」孔穎達疏：

「謂如人夫妻交接之道。」元・施惠《幽閨記》二十二〔撲燈蛾・前腔〕：「一時見君子，匆匆遽成人道也。」

〔55〕點污——這裏用作動詞，意謂弄髒、糟踏。《廣雅・釋詁三》：「點，污也。」《文選・司馬遷〈報任少卿書〉》：「若僕大質已虧缺矣，雖才懷隋和，行若由夷，終不可以爲榮，適足以見笑而自點耳。」李善注：「點，辱也。」可見「點污」同義連文，實爲一複義詞也。

〔56〕山頭撮合——結合的意思。戲曲小說中常稱媒人爲撮合山，故云。

〔57〕不待父母之命，媒妁之言，則國人父母皆賤之——數語見《孟子・滕文公下》。媒妁，說合婚姻之人。

〔58〕喪門——迷信傳說中的叢辰名。星命家以爲一歲十二辰都隨著善神和凶煞，謂之叢辰。喪門，是凶煞之一，主死喪哭泣，見乾隆敕撰《協紀辨方書・義例一・喪門》。

〔59〕夜叉——佛家語，梵語之音譯，義譯爲捷疾鬼、能啖鬼，人們目之爲惡鬼，謂能傷害人也。

〔60〕胡爲——指任意胡搞，不循正道而行。《京本通俗小說・拗相公》：「如今說先朝一個宰相，他在下位之時，也著實有名有響的，後來大權到手，任性胡爲，做錯了事，惹得萬口唾罵，飲恨而終。」

〔61〕蠻兒——柳夢梅係嶺南人，故云。《孟子・滕文公上》：「今也南蠻鴃舌之人，非先王之道，子倍子之師而學之，亦異於曾子矣。」清・采蘅子《蟲鳴漫錄》：「彼時江以南，爲南蠻鴃舌之鄉。」上文「花」字，凡不眞實的、用來迷惑人的行徑，皆曰「花」，如「花言巧語」，「花你那蠻兒一點紅嘴」，正是這個意思。

〔62〕檳榔——指檳榔樹的果實。可供藥用，有消食、舒氣等作用，閩、粵人所嗜食。多吃能使牙齒變黑。《南史・劉穆之傳》：「（穆之）食畢求檳榔。江氏兄弟戲之曰：『檳榔消食，君乃常饑，何忽須此？』」明・謝肇淛《五雜組・人部一》：「覺胸間嘈雜不可耐，乃以檳榔末取石榴根東引者，煎湯調服之。暴下如傾，得蟲數斗。」

〔63〕唇紅齒白——用這句話反駁吃檳榔能使牙齒變黑的誣蠛。

〔64〕喇生生——猶「活生生」。清・惜秋旅生《維新夢・裁官》：「還有那，趁風兒脧削他窮苦民兒小，辣生生把神州送掉。」喇生生、辣生生，音義並同。

〔65〕回陽附子——回陽，中醫學名詞，使衰微陽氣復蘇。《醫學金鑒・內治雜症法・傷損出血》：「或元氣內脫不能攝血，用獨參湯加炮薑以回陽，如不應，急加附子。」所謂「附子」，乃植物名，多年生草本。葉莖有毒，根尤劇，含烏頭城，性大熱，味辛，可入藥。對虛脫、水腫、霍亂等有療效。明・李時珍《本草綱目・草六・附子》：「其母名曰烏頭。初種爲烏頭，像烏之頭也，附烏頭而生者

為附子，如子附母也。」

〔66〕較爭些——差不多。爭，差也。

〔67〕翠呆呆——失魂落魄貌。下文「下氣」，俗稱放屁，中醫學謂之「下氣」。《醫宗金鑒·雜病心法要訣·諸氣辯證》：「上氣氣逆蘇子降，下氣氣陷補中宣。」再下文「俊煞」，謂味美、可口。元·周德清小令《紅繡鞋·賞雪偶成》：「休說羊羔味偏佳，調情須酒興，壓逆索茶芽，酒和茶，都俊煞。」

〔68〕實丕丕——謂實實在在。丕丕，用作狀詞，形容「實」的程度，有「很」的意思。

〔69〕貝母開談——貝母，中藥名，取「母」之義。「回陽附子」取「子」之義，兩者相接，則「貝母開談」，乃喻指杜麗娘與母親對話也。

〔70〕多早晚——意言什麼時候。早晚，反義詞偏用，重在「晚」字，指時候。

〔71〕踹——意猶「踢」、猶「蹬」。按：踹，誤作「揣」，據朱校本改。參見本劇第四十八齣注〔47〕。下文「正陽門」，宋代汴京（今開封市）宮城門名，即指宮門。

〔72〕是不曾——同「世不曾」，謂從來沒有過。參見本劇第二十三齣注〔138〕。

〔73〕嚜（mò）——暗也，昏暗也。

〔74〕少不的——免不了。清·洪昇《長生殿》三十四〔雙調二犯江兒水·前腔〕：「明日大將軍查問，少不的一個個都是死。」與此同例。的，得，音義並同。

〔75〕不臻——不周到。參見本劇第四齣注〔27〕。

〔76〕發付——謂打發、發落。元·馬致遠《岳陽樓》楔子、白：「我若跟你出家，可把我媳婦發付在那裏？」

〔77〕子不語怪——《論語·述而》：「子不語怪、力、亂、神。」朱熹注引謝氏曰：「聖人語常而不語怪，語德而不語力，語治而不語亂，語人而不語神。」

〔78〕磨刷卷宗——元代在全國各道設置提刑按察使，至元二十八年，改為肅政廉訪使。由按察使或肅政廉訪使調閱案卷，考察所屬各衙門處理訴訟案件有無冤屈或久拖不決等情況，叫做磨刷，通常謂之「刷卷」。《正字通》云：「刷，今官司稽查簿書，謂之刷卷。」《警世通言·蘇知縣羅衫再合》：「你受恁般冤苦，見刷卷御史到任，如何不去告狀申理？」亦作「照刷」。《元典章·聖政二·均賦役》：「延祐七年十一月……廉訪分司所至之處，嚴行照刷，違者究問。」

〔79〕會案——義同「磨刷」。

〔80〕猾律拿喳——意謂惹是生非、挑撥離間，猶「挑茶斡刺」。

〔81〕玉鎖金枷——刑具的美稱。

〔82〕屼楞楞——象聲詞，形容搗錘的聲音。搗，《說文通訓定聲·孚部》謂「築」也。《說文·木部》：「築，搗也。」搗即砸的意思。《西遊記》第十八回：「狠得他將金箍棒一搗，搗開門扇。」

〔83〕淅另另——象聲詞，形容用刀砍（即剁）的聲音。下文「花」，指形狀像花的
　　　東西。

〔84〕長舌妻——指秦檜妻王氏。長舌者，謂多言陷人也。語本於《詩‧大雅‧瞻卬》：
　　　「婦有長舌，維厲之階。」鄭玄箋：「長舌，喻多言語。」漢‧焦贛《易林一‧
　　　訟之六》：「尹氏伯奇，父子生離，無罪被辜，長舌所爲。」

〔85〕挦（xián）——謂用手摘物也。下文「鳳冠霞帔」，古代貴族女子和受朝廷誥封
　　　的命婦的裝束。元‧楊顯之《瀟湘雨》四〔醉太平〕白：「（搽旦云：）阿喲！
　　　我戴鳳冠霞帔的夫人，是好鎖的？待我來！」《儒林外史》第五十四回：「將來
　　　從一個貴人，還要戴鳳冠霞帔，有太太之分哩。」

〔86〕指彄兒——指尖。彄（kōu），弓弩的尖端。

〔87〕撧道兒——指足，湯顯祖誤爲「嗓子」，非是。明‧王驥德《曲律‧論訛字三
　　　十八》：「又『撧道』，北人調侃說『腳』也。湯海若《還魂記》末折『把那撧
　　　道兒搭，長舌擡』，是以『撧道』認作嗓子，誤甚。」搭，猶「扼」，猶「掐」。
　　　宋‧司馬光《乞不貸故鬥殺箚子》：「簡用力去郭昇咽喉上搭一搭，其人當下倒
　　　地身死。」元明間‧無名氏《薛苞認母》二〔調笑令〕白：「孩兒，你分了罷！
　　　若不分呵，我則一搭搭殺了。」擡，「殺」的同音假借字。

〔88〕東窗事發——據明‧田汝成《西湖遊覽志餘‧佞倖盤荒》載宋元間傳說，言秦
　　　檜欲殺害岳飛時，曾與妻王氏在東窗下密謀。後檜遊西湖，舟中得疾，見一人
　　　披髮厲聲曰：「汝誤國害民，吾已訴天，得請矣。」秦檜死後，在地獄備受苦
　　　楚。他的鬼魂託方士告訴其妻王氏：「東窗事發矣。」元刊本《東窗事犯》雜
　　　劇，亦傳其事。後借爲陰謀敗露、自食惡果的典故。

〔89〕鬼乜邪——同本齣前注。

〔90〕條法——條例法規。唐‧韓愈《柳州羅池廟碑》：「嫁娶葬法，各有條法。」

〔91〕有的是——意謂「多得很」。今俗語猶然，如蕭軍《羊‧初秋的風（一）》：「這
　　　年頭，要別的沒有，要工人不是有的是嗎？」

〔92〕勾管了簾下——意指受了公差的凌辱。勾管，用作動詞，意謂管束。宋‧陸游
　　　《老學庵筆記》卷一：「黃元暉爲左司諫，論事忤蔡氏，謫昭潭，後復管勾江
　　　州太平觀。」「管勾」，「勾管」的倒文。簾下，指簾下的人，猶云「左右」，即
　　　指公差。

〔93〕風流罪過——因風雅或風情獲致的罪過，謂之風流罪過。語出《北齊書‧郎基
　　　傳》：「基性清愼，無所營求，曾與人言：『任官之所……唯頗會寫書。』潘子
　　　儀遺之書曰：『在官寫書，亦是風流罪過。』」後來凡輕微的過失、缺點、毛病，
　　　均謂之風流罪過。

〔94〕踢斗鬼——指奎星，舊時民間所塑奎星像作踢斗狀。

〔95〕千萬——原誤作「千十」，今據曲意改。

〔96〕十地閻君——猶云「十殿閻王」。中國佛教所傳說十個主管地獄的閻王，即秦廣王、初江王、宋帝王、伍官王、閻羅王、變成王、泰山王、平等王、都市王、五道轉輪王，諸王各居一殿，故稱。此說始於唐宋，後道教也沿用之。亦簡稱「十王」。宋・無名氏《鬼童》卷四：「望殿上十人環坐，儀衛尊嚴，曰：『此十王也。』」金・董解元《西廂記諸宮調》卷一〔越調・上平西纏令〕：「繞著聖位，隨喜十王。」元・無名氏《小張屠》二〔鬼三臺〕：「闊劍長槍排列多，有十王地府閻羅。」皆其例。這裏是借喻杜寶的兇惡。

〔97〕輪迴磨（mò）——磨，就是輪迴，指迷信傳說中的陰司十殿轉輪王，這裏指杜麗娘死而復生。

〔98〕隨風柁——意即隨風轉柁，比喻順著事態發展的方向而改變自己的行動。柁，同「舵」。亦作「柂」，宋・陸游《劍南詩稿・醉歌》：「相機使帆第一籌，隨風倒柂更何憂？」倒，亦「轉」的意思。

〔99〕賠錢貨——舊時婦女沒有經濟地位，出嫁前依靠家裏生活，出嫁時又要備辦嫁妝，故俗稱女兒為賠錢貨，實為對婦女的歧視。賠，虧損意。賠，亦作「陪」，如元・無名氏小令《殿前歡》：「保兒罵我做陪錢貨。」

〔100〕交割——凡此予彼受，雙方結清手續均曰交割。商家交易雙方銀、貨兩清亦曰交割。《水滸傳》第二十一回：「我這裏一手交錢，一手交貨。你快把來兩相交割。」

〔101〕偏會撒科——很會耍賴。偏，用作甚詞，「很」的意思。撒科，意謂撒賴。

〔102〕那——音義同「挪」。

〔103〕不爭多——差不多，這裏有沒想到的意思。下文「先偷了地窟裏花枝朵」，指柳生掘墳救活杜麗娘，見本劇第三十五齣《回生》。

〔104〕攀桂客——指柳夢梅。

〔105〕眼媚花——眼媚，猶「媚眼」，謂嬌美動人的眼睛。南朝梁・何思澄《南苑逢美人》詩：「媚眼隨羞合，丹唇逐笑分。」花，謂視覺模糊不清。唐・杜甫《飲中八仙歌》詩：「知章騎馬似乘船，眼花落井水底眠。」《西遊記》第十二回：「這老兒眼花，那綠蔭下站的不是？」

〔106〕杜杜陵——杜甫居住在長安杜陵，自稱杜陵布衣、杜陵野老或杜陵野客。這裏借指杜寶。

〔107〕門戶風華——門戶，猶門第，指家庭在社會上的地位、等級。風華指風采、才華。

〔108〕趖（shàn）——謂離去，走開。《墨娥小錄・行院聲嗽》「人事」條：「走，趖過。」元・董君瑞散套《哨遍・硬諕》：「坐時同坐，趖後同趖。」坐、趖反襯為義。

〔109〕杜鵑花——也叫映山紅。明・朱國禎《湧幢小品・花》：「杜鵑花以二三月杜

鵑鳴時開，一名映山紅，一名躑躅。」清·黃遵憲《杜鵑》詩：「杜鵑花下杜
鵑啼，苦風淒雨夢亦迷。」

〔110〕子規——鳥名。又叫杜宇。相傳爲古蜀王杜宇之魂所化。春末夏初，常晝夜
哀鳴，其聲哀切。這裏是杜麗娘以子規自比。參見本劇第三十五齣注〔12〕。

〔111〕即世——猶「今世」，與上文「前生」反襯爲義。參見本劇第十二齣注〔18〕。

〔112〕顛不剌——顛狂的意思。清·毛奇齡《論定參釋西廂記》云：「顛即顛倒，猶
言沒頭緒也。」不剌，用作語助，無義。清·洪昇《長生殿》三十八〔四轉〕：
「直弄得個伶俐的官家顛不剌、懵不剌，撇不下心兒上。弛了朝綱，佔了情
場。」

〔113〕活在——活著。「在」用爲語助詞，猶現代漢語「著」字。明·湯顯祖《紫釵
記》四十六〔太平莊〕：「別他三載，長是泣年華，眼見得去後人亡將物化。（丑：）
活在。」清·洪昇《長生殿》三十六〔駐雲飛·前腔〕：「今日裏事去人亡，
一物空留在。」兩「在」字皆與前義同。

〔114〕定奪——謂對事情的可否和去取作出決定。《皇朝政治學問答》：「定，准其如
此也；奪，不准如此也。」元·王實甫《西廂記》二本三折〔喬牌兒〕：「老
夫人轉關兒沒定奪，啞謎兒怎猜破？」

〔115〕嘴骨都——意爲撅著嘴，鼓著腮，形容不高興的樣子。

〔116〕喬公案——見本齣前「喬作衙」注。

〔117〕喬教學——這是罵陳最良的話。喬，這裏用作詈詞，「壞」的意思。據鍾繼先
《錄鬼簿》卷上，元·高文秀有雜劇《黑旋風喬教子》。

〔118〕磕（kè）——說話、閒談。元·無名氏小令《玉抱肚》：「休來這裏閒磕，俺
奶奶知道罵我。」今仍沿用，如周立波《暴風驟雨》第二部四：「他當會，盡
找三老四少，能說會磕的，都能上農會。」

〔119〕唓（cuì）——謂發出唾聲，表示鄙夷或憤怒。《二刻拍案驚奇》卷三：「桂娘
唓了一唓道：『虧你不羞！』」

〔120〕教化——這裏用作名詞，乞丐的意思。亦用作動詞，謂行乞、乞討，如宋·
無名氏《張協狀元》三十五〔五更傳·同前〕：「沒盤費，教化歸，回鄉里。」

〔121〕鍬撥——即鍬，掘土器。

〔122〕和合——謂團圓。蓋與上文「團圓」互文爲義也。《墨子·尚同中》：「內之父
子兄弟作怨仇，皆有離散之心，不能相和合。」此「和合」與上文「離散」
又反襯爲義，俱可證。

〔123〕揶揄（yé yú）——意謂嘲笑、戲弄。元·馬致遠《薦福碑》一〔六幺序·幺
篇〕：「我平生正直無私曲，一任著小兒簸弄，山鬼揶揄。」元·吳西逸小令
《殿前吹》：「山鬼放揶揄笑，村婦唱糊塗調。」

〔124〕鬼三臺——猶言「閻羅王」。三臺，古官名，借喻輔佐天子的三公或大臣。

〔125〕評跋（bá）——明・徐渭《南詞敘錄》曰：「以言論人曰評，以文論人曰跋。」混而言之，即評議、評論。元・無名氏《舉案齊眉》四〔折桂會〕：「俺和你夫婦商量，休教外人把我評跋。」清・洪昇《長生殿》三十八〔二轉〕：「把鈿盒金釵親納，評跋作昭陽第一花。」皆其例。

〔126〕點——檢查、查點。

〔127〕拜荊條——相傳荊文王（武王之子）無道，先王顧命大臣葆申，以細荊一束跪著打文王的背，做爲處分。文王從此改過自新，國大治。見《呂氏春秋・貴直》。這裏藉此典指杜寶以桃條鞭打柳生。

〔128〕倒架——倒塌的意思。

〔129〕黃錢——紙錢。見本劇第三十五齣注〔8〕。

〔130〕逗——謂到也、至也、臨也。唐・張九齡《彭蠡湖上》詩：「決晨趨北渚，逗浦已西日。」宋・張槃《水龍吟・丁經之用韻詠園亭次韻以謝》詞：「逗歸來，折得花枝教看，似人人麼？」清・洪昇《長生殿》二十〔離亭宴歇拍煞〕：「逗的鼕鼓向漁陽動也，爺爺呵，莫持傳白羽始安排。小哨呵，準備閃紅旗再報捷。」下文「吃了他茶」，見本劇第五十三齣注〔41〕。

〔131〕口皮——嘴皮。清・鄒山《雙星圖》十一〔雁兒舞〕白：「誰叫你們兩副口皮兒恁般尖酸。」下「喳」字，謂喧噥。明・孟稱舜《死裏逃生》一〔五供養〕：「沒來由撞著個潑闍黎、亂語胡喳。」明・葉憲祖《鸞鎞記》十〔八聲甘州〕：「休喳，謾思量代筆生花。」

〔132〕湔（jiān）除——謂洗滌除穢。猶「湔浣」，《史記・扁鵲倉公列傳》：「湔浣腸胃，漱滌五藏」

〔133〕鴻臚官——皇帝的司儀官。《周禮》官名有大行人之稱，秦及漢初稱典客，漢景帝六年，更名大行令，武帝太初元年，改稱大鴻臚，主掌接待賓客之事。東漢以後，大鴻臚職掌爲朝祭禮儀之贊導。此職南宋、金、元廢，明、清復置。

〔134〕先儒——這裏指韓愈。

〔135〕老先——即老先生。「先」爲「先生」之簡稱。清・趙翼《陔餘叢考》卷三十七「老先生」條：「王新城謂：明朝中官稱士大夫爲老先。」清・翟灝《通俗編・尊稱・老先》：「《香祖筆記》：今人稱先生，古人亦有只稱先者。漢・梅福曰：『孫叔先非不思也。』師古注：先，猶言先生。又鄧先好奇計及張談先之類。後世中官稱士大夫爲老先，非無因也。」

〔136〕周堂內是這朝門下——意指奉旨成婚。周堂，陰陽家語，指宜於辦理婚喪事的吉日。見《說郛》卷八十七引元・陸泳《吳下田家志》。

〔137〕喜洽——謂喜悅。「洽」用作助詞，無義。

〔138〕杜陵寒食草青青——語見《全唐詩》卷188、韋應物《寒食寄京師諸弟》詩。

〔139〕羯鼓聲高眾樂停——語見《全唐詩》卷437、李商隱《龍池》詩。

〔140〕更恨香魂不相遇——語見《全唐詩》865、鄭瓊羅《敘幽冤》詩。《全唐詩》「恨」作「怕」。

〔141〕春腸遙斷牡丹亭——語見《全唐詩》卷437、白居易《見元九悼亡詩因以此寄》詩。《全唐詩》「亭」作「庭」。

〔142〕千愁萬恨過花時——語見《全唐詩》卷825、僧無則《百舌鳥二首》之一。

〔143〕人去人來酒一卮——語見《全唐詩》卷411、元稹《病醉》詩。《全唐詩》「酒」作「剩」。

〔144〕唱盡新詞歡不見——語見《全唐詩》卷365、劉禹錫《踏歌詞四首》之一。

〔145〕數聲啼鳥上花枝——語見《全唐詩》卷700、韋莊《晏起》詩。